Projet OCDE/G20 sur l'érosion de la base d'imposition et le transfert de bénéfices

I0882362

Prévention de l'utilisation abusive des conventions fiscales – Quatrième rapport d'examen par les pairs sur le chalandage fiscal

CADRE INCLUSIF SUR LE BEPS : ACTION 6

OCDE

DES POLITIQUES MEILLEURES POUR UNE VIE MEILLEURE

Ce document, ainsi que les données et cartes qu'il peut comprendre, sont sans préjudice du statut de tout territoire, de la souveraineté s'exerçant sur ce dernier, du tracé des frontières et limites internationales, et du nom de tout territoire, ville ou région.

Les données statistiques concernant Israël sont fournies par et sous la responsabilité des autorités israéliennes compétentes. L'utilisation de ces données par l'OCDE est sans préjudice du statut des hauteurs du Golan, de Jérusalem-Est et des colonies de peuplement israéliennes en Cisjordanie aux termes du droit international.

Note de la Turquie
Les informations figurant dans ce document qui font référence à « Chypre » concernent la partie méridionale de l'Ile. Il n'y a pas d'autorité unique représentant à la fois les Chypriotes turcs et grecs sur l'Ile. La Turquie reconnaît la République Turque de Chypre Nord (RTCN). Jusqu'à ce qu'une solution durable et équitable soit trouvée dans le cadre des Nations Unies, la Turquie maintiendra sa position sur la « question chypriote ».

Note de tous les États de l'Union européenne membres de l'OCDE et de l'Union européenne
La République de Chypre est reconnue par tous les membres des Nations Unies sauf la Turquie. Les informations figurant dans ce document concernent la zone sous le contrôle effectif du gouvernement de la République de Chypre.

Merci de citer cet ouvrage comme suit :
OCDE (2022), *Prévention de l'utilisation abusive des conventions fiscales – Quatrième rapport d'examen par les pairs sur le chalandage fiscal : Cadre inclusif sur le BEPS : Action 6*, Projet OCDE/G20 sur l'érosion de la base d'imposition et le transfert de bénéfices, Éditions OCDE, Paris, https://doi.org/10.1787/3fc9415b-fr.

ISBN 978-92-64-59585-9 (imprimé)
ISBN 978-92-64-85258-7 (pdf)
ISBN 978-92-64-81440-0 (HTML)
ISBN 978-92-64-70731-3 (epub)

Projet OCDE/G20 sur l'érosion de la base d'imposition et le transfert de bénéfices
ISSN 2313-2620 (imprimé)
ISSN 2313-2639 (en ligne)

Crédits photo : Couverture © ninog-Fotolia.com.

Les corrigenda des publications sont disponibles sur : www.oecd.org/fr/apropos/editionsocde/corrigendadepublicationsdelocde.htm.

Avant-Propos

La transformation numérique et la mondialisation ont des répercussions profondes sur les économies et sur la vie des populations du monde entier, et ce phénomène s'est accéléré au cours du 21ème siècle. Ces transformations remettent en cause les règles établies pour imposer les bénéfices commerciaux internationaux, qui datent de plus d'un siècle et qui permettent aux entreprises multinationales (EMN) d'échapper largement à l'impôt en dépit des bénéfices considérables que beaucoup d'entre elles génèrent dans un monde de plus en plus interconnecté.

En 2013, l'OCDE a redoublé d'efforts pour relever ces défis et ainsi répondre aux préoccupations grandissantes des citoyens et des responsables publics face aux pratiques d'évasion fiscale des grandes multinationales. Les pays de l'OCDE et du G20 se sont unis pour élaborer en septembre 2013 un Plan d'action visant à combattre ces pratiques. Le Plan d'action a identifié 15 actions à mener avec pour objectif d'harmoniser les règles nationales qui influent sur les activités transnationales, de renforcer les exigences de substance dans les standards internationaux existants, et d'améliorer la transparence ainsi que la sécurité juridique.

Après deux ans de travail, des rapports en réponse aux 15 actions, y compris ceux publiés à titre provisoire en 2014, ont été réunis au sein d'un ensemble complet de mesures et présentés aux dirigeants des pays du G20 en novembre 2015. Le paquet BEPS représente le premier remaniement d'importance des règles fiscales internationales depuis près d'un siècle. Au fur et à mesure de la mise en œuvre des mesures, les entreprises seront amenées à déclarer leurs bénéfices là où les activités économiques qui les génèrent sont réalisées et là où la valeur est créée. Les stratégies de planification fiscale qui s'appuient sur des règles périmées ou sur des dispositifs nationaux mal coordonnés seront caduques.

Les pays de l'OCDE et du G20 ont également convenu de continuer à travailler ensemble pour assurer une mise en œuvre cohérente et coordonnée des recommandations du Projet BEPS, et de le rendre plus inclusif. De ce fait, ils ont établi le Cadre inclusif sur le BEPS de l'OCDE et du G20 (Cadre inclusif), rassemblant sur un pied d'égalité tous les pays et juridictions intéressés et engagés dans le Comité des affaires fiscales et ses organes subsidiaires. Avec plus de 140 membres, le Cadre inclusif contrôle la mise en œuvre des standards minimums à travers des examens par les pairs, et finalise l'élaboration de normes pour résoudre les problèmes liés au BEPS. Au-delà de ses membres, d'autres organisations internationales et organismes fiscaux régionaux sont engagés dans les travaux du Cadre inclusif, et les entreprises et la société civile sont également consultées sur différentes problématiques.

Bien que la mise en œuvre du paquet BEPS continue de transformer radicalement le paysage fiscal international et d'améliorer l'équité des systèmes fiscaux, l'une des principales problématiques liées au BEPS – relever les défis fiscaux posés par l'économie numérique – demeurait en suspens. Le 8 octobre 2021, plus de 135 membres du Cadre inclusif, représentant plus de 95 % du PIB mondial, ont réalisé une avancée majeure en adhérant à une solution reposant sur deux piliers qui vise à réformer les règles fiscales internationales et à faire en sorte que les entreprises multinationales paient une juste part d'impôt partout où elles exercent des activités et génèrent des bénéfices dans l'économie numérique et mondialisée d'aujourd'hui. La mise en œuvre de ces nouvelles règles est envisagée d'ici 2023.

Ce rapport a été approuvé par le Cadre inclusif le 9 février 2022 et préparé pour publication par le Secrétariat de l'OCDE.

Remerciements

Ce document a été préparé par l'Unité des conventions fiscales du Centre de politique et d'administration fiscales de l'OCDE. Les données contenues dans ce document ont été soumises par les délégués du Groupe de travail no 1 (GT1), dans son format de Cadre inclusif sur le BEPS (Cadre inclusif), de chaque juridiction membre du Cadre inclusif. La quatrième édition de ce rapport a été préparée par Jessica Di Maria et Sara Shearmur, conseillères de l'Unité des conventions fiscales du Centre de politique et d'administration fiscales de l'OCDE. Les autrices tiennent à remercier les délégués du GT1 pour leur contribution.

Les autrices tiennent également à remercier Lee Harley, Chef de l'Unité des conventions fiscales, ainsi que Théo Leclercq, Yves Van Brussel et Kazuya Shimizu pour l'analyse des données pertinentes et leur contribution à la préparation du rapport ; Caroline Devlin-Genin pour son aide sur les questions relatives à la Convention multilatérale pour mettre en œuvre des mesures relatives aux conventions fiscales pour prévenir l'érosion de la base d'imposition et le transfert de bénéfices ; Andrew Dawson et Edward Barret pour leurs commentaires sur le rapport préliminaire ; et Raphaël Clément pour son aide avec la version française du rapport. Les autrices sont particulièrement reconnaissantes envers Ria Sandilands pour son soutien en matière de coordination et de communication, ainsi qu'envers Karena Garnier et Carrie Tyler pour leur aide dans la préparation à la publication.

Table des matières

TABLEAUX

Résumé

1. Le standard minimum relatif au chalandage fiscal décrit dans le Rapport sur l'Action 6 est l'un des quatre standards minimums établis par le projet BEPS. L'Action 6 du projet BEPS mentionne l'utilisation abusive des conventions fiscales et, en particulier, le chalandage fiscal comme l'une des principales sources de préoccupation dans le domaine de l'érosion de la base d'imposition et du transfert de bénéfices (BEPS). En raison de la gravité du chalandage fiscal, les juridictions ont convenu d'adopter, comme standard minimum, des mesures de lutte contre cette pratique et de soumettre leurs efforts à un examen annuel par les pairs (OCDE, 2017[1]) (OCDE, 2021[2]). Le Cadre inclusif sur le BEPS a publié des rapports pour chacun des trois processus d'examen par les pairs réalisés en 2018, 2019 et 2020 (OCDE, 2019[3]) (OCDE, 2020[4]) (OCDE, 2021[5])

2. Ce rapport d'examen par les pairs de 2021 correspond au quatrième exercice d'examen par les pairs de la mise en œuvre du standard minimum de l'Action 6. Il rassemble les résultats agrégés de l'examen par les pairs, des informations générales sur le chalandage fiscal au chapitre 7, et 139 sections ventilées par juridiction qui fournissent des renseignements détaillés sur la mise en œuvre du standard minimum par chaque membre du Cadre inclusif au chapitre 8. Ce quatrième examen par les pairs était régi par une méthodologie révisée décrite à la section 2 ci-dessous.

3. En 2021, la *Convention multilatérale pour la mise en œuvre des mesures relatives aux conventions fiscales pour prévenir l'érosion de la base d'imposition et le transfert de bénéfices* (l'Instrument multilatéral ou IM) est resté le principal outil utilisé pour appliquer le standard minimum dans les juridictions qui l'ont ratifié.

4. De fait, le nombre de conventions conformes conclues entre membres du Cadre inclusif et couvertes par l'IM a presque doublé, passant d'environ 350 à plus de 650 (sur un total de quelque 710 conventions conformes) entre les examens par les pairs de 2020 et de 2021. Plus de 960 conventions supplémentaires deviendront bientôt conformes en vertu de l'IM, une fois que tous les Signataires de l'IM l'auront ratifié. Au total, près de 70 % des conventions conclues entre membres du Cadre inclusif sont mises en conformité grâce à l'IM. De façon générale, les juridictions qui n'ont pas signé ou ratifié l'IM ont beaucoup moins progressé dans l'application du standard minimum.

5. Au total, au 30 juin 2021, environ 2 330 conventions conclues entre membres du Cadre inclusif étaient conformes, faisaient l'objet d'un instrument de mise en conformité ou de mesures prises par au moins un partenaire de convention pour appliquer le standard minimum, ou d'une déclaration générale formulée par l'un des partenaires indiquant son intention d'utiliser la règle détaillée de limitation des avantages pour mettre en œuvre le standard minimum dans l'ensemble de ses conventions bilatérales.

6. En outre, l'examen par les pairs de cette année met en lumière les plans élaborés par les juridictions en vue d'appliquer le standard minimum dans les conventions non conformes conclues avec d'autres membres du Cadre inclusif, qui ne font pas déjà l'objet d'un instrument de mise en conformité ou d'une déclaration générale relative à la règle détaillée de limitation des avantages, et pour lesquelles aucune mesure n'a été prise en vue de mettre en œuvre le standard minimum (sans qu'il soit fait état des raisons pour lesquelles, concernant ce membre, la convention ne soulève pas de préoccupations

importantes en matière de chalandage fiscal). La grande majorité de ces juridictions prévoient d'appliquer l'IM aux conventions concernées. Une fois que les dispositions prévues pour appliquer le standard minimum auront pris effet, le standard minimum sera mis en œuvre, ou en passe de l'être, dans pratiquement toutes les conventions conclues entre les membres du Cadre inclusif.

7. Enfin, le rapport d'examen par les pairs de cette année adresse des recommandations aux juridictions qui doivent établir un plan de mise en œuvre du standard minimum, et à celles qui ont signé l'IM mais n'ont pas encore pris toutes les mesures nécessaires pour que ses dispositions prennent effet.

Contexte de l'examen par les pairs

8. Ce quatrième rapport sur la mise en œuvre du standard minimum de l'Action 6 correspond au premier processus d'examen par les pairs effectué selon la méthodologie révisée.

9. Les examens de 2018, 2019 et 2020 ont été menés conformément à une approche convenue qui a été définie dans un document publié le 29 mai 2017, lequel a servi de base à la réalisation des examens par les pairs (les documents pour l'examen par les pairs de 2017) (OCDE, 2017[1]). Les documents pour l'examen par les pairs de 2017 contenaient les termes de référence, qui définissent les critères à prendre en compte afin d'évaluer la mise en œuvre du standard minimum, ainsi que la méthodologie décrivant la procédure à suivre pour mener à bien les examens par les pairs.

10. En 2021, les membres du Cadre inclusif sur le BEPS ont approuvé une méthodologie révisée dans le document d'examen par les pairs de 2021 (OCDE, 2021[2])[1], qui régit la conduite des examens de cette année et des années futures du standard minimum de l'Action 6.

11. Comme les années précédentes, les juridictions étaient tenues de répondre à un questionnaire d'examen par les pairs avant le 31 mai 2021, en indiquant l'état de la mise en œuvre du standard minimum dans l'ensemble de leurs conventions fiscales complètes sur le revenu alors en vigueur (y compris celles conclues avec des juridictions non membres du Cadre inclusif). Pour chaque convention fiscale répertoriée, les membres ont précisé si elle est ou non conforme au standard minimum et, si elle n'est pas conforme, si elle est ou non en voie de satisfaire au standard minimum.

12. Toutefois, selon la méthodologie révisée, les progrès accomplis dans la mise en œuvre du standard minimum sont mesurés de façon beaucoup plus détaillée.

13. Les changements apportés à la méthodologie d'examen par les pairs ont été approuvés dans le cadre du processus d'examen défini dans les documents d'examen par les pairs de 2017. Le paragraphe 14 des documents pour l'examen par les pairs de 2017 disposait que la méthodologie concernant l'examen de la mise en œuvre du standard minimum sur le chalandage fiscal serait réexaminée en 2020 à la lumière des enseignements tirés de l'expérience acquise.

14. La méthodologie révisée (expliquée plus en détail au chapitre 7) vise à établir un cadre permettant de fournir une assistance à une juridiction membre du Cadre inclusif ayant conclu des conventions non conformes avec un ou plusieurs autres membres du Cadre inclusif, susceptibles selon sa propre évaluation de créer des possibilités de chalandage fiscal, et pour lesquelles la juridiction n'avait encore pris aucune mesure afin de les mettre en conformité avec le standard minimum.

15. Le processus d'examen par les pairs de cette année a permis de réunir des données nouvelles et plus complètes sur l'état de mise en œuvre du standard minimum de l'Action 6 par les juridictions. Les juridictions ont communiqué des renseignements beaucoup plus détaillés sur leurs progrès dans la mise en œuvre du standard minimum. Les juridictions étaient notamment invitées à fournir des informations supplémentaires sur chaque convention conclue avec un membre du Cadre inclusif qui soit n'était pas conforme au standard minimum, soit ne faisait pas l'objet d'un instrument de mise en conformité (ex. l'IM ou un instrument signé portant modification issu de négociations bilatérales). Les juridictions qui ont signé

l'IM mais qui ne l'ont pas ratifié étaient également invitées à communiquer des renseignements complémentaires sur leur processus de ratification.

16. Les juridictions ont, le cas échéant, élaboré des plans de mise en œuvre du standard minimum dans certaines de leurs conventions. Cela concerne les conventions conclues avec d'autres membres du Cadre inclusif qui ne sont pas conformes, qui ne font pas l'objet d'un instrument de mise en conformité, pour lesquelles aucune mesure n'a été prise en vue de mettre en œuvre le standard minimum, et qui ne font pas l'objet d'une déclaration formulée par l'un des partenaires indiquant son intention d'utiliser la clause détaillée de limitation des avantages pour mettre en œuvre le standard minimum dans l'ensemble de ses conventions fiscales bilatérales.

17. L'assistance apportée aux juridictions en vertu de la méthodologie révisée comprend également la formulation de recommandations mentionnées dans ce rapport. Ces recommandations sont les suivantes : élaborer un plan de mise en œuvre du standard minimum en l'absence d'un tel plan ; prendre les mesures nécessaires pour que l'IM prenne effet lorsqu'une juridiction utilise l'IM pour appliquer le standard minimum.

18. Les plans de mise en œuvre et les recommandations sont examinés plus en détail respectivement dans les sections 4 et 5 ci-dessous, ainsi que dans les sections ventilées par juridiction concernées au chapitre 8.

Références

OCDE (2021), *BEPS Action 6 : Empêcher l'utilisation abusive des conventions fiscales lorsque les circonstances ne s'y prêtent pas - Documents révisés pour l'examen par les pairs*, https://www.oecd.org/fr/fiscalite/beps/beps-action-6-empecher-utilisation-abusive-conventions-fiscales-documents-revises-examen-par-les-pairs.pdf. [2]

OCDE (2021), *Prévention de l'utilisation abusive des conventions fiscales – Troisième rapport d'examen par les pairs sur le chalandage fiscal: Le Cadre Inclusif sur le BEPS : Action 6*, Projet OCDE/G20 sur l'érosion de la base d'imposition et le transfert de bénéfices, OECD Publishing, Paris, https://doi.org/10.1787/bcdc38c0-fr. [5]

OCDE (2020), *Prévention de l'utilisation abusive des conventions – Deuxième rapport d'examen par les pairs sur le chalandage fiscal*, https://www.oecd.org/fr/fiscalite/beps/prevention-de-l-utilisation-abusive-des-conventions-deuxieme-rapport-d-examen-par-les-pairs-sur-le-chalandage-fiscal.pdf. [4]

OCDE (2019), *Prévention de l'utilisation abusive des conventions - Rapport d'examen par les pairs sur le chalandage fiscal: Cadre inclusif sur le BEPS : Action 6*, Projet OCDE/G20 sur l'érosion de la base d'imposition et le transfert de bénéfices, Éditions OCDE, Paris, https://dx.doi.org/10.1787/9789264312401-fr. [3]

OCDE (2017), *BEPS Action 6 : Empêcher l'utilisation abusive des conventions fiscales lorsque les circonstances ne s'y prêtent pas - Documents pour l'examen par les pairs*, https://www.oecd.org/fr/fiscalite/conventions/beps-action-6-empecher-utilisation-abusive-conventions-fiscales-documents-examen-par-les-pairs.pdf. [1]

Note

[1] Approuvé par le Cadre inclusif dans le document d'examen par les pairs de 2021 le 17 février 2021.

1 Mise en œuvre du standard minimum : données agrégées et principaux chiffres

19. Cette section présente les données agrégées sur la mise en œuvre du standard minimum relatif au chalandage fiscal figurant dans le rapport sur l'Action 6 (OCDE, 2017[1]).

20. Le standard minimum impose aux juridictions d'inclure deux éléments dans leurs conventions : une déclaration explicite sur la volonté d'éliminer la double imposition sans créer de possibilités de non-imposition (généralement dans le préambule) ; et l'une des trois méthodes permettant de résoudre le problème du chalandage fiscal. Il ne précise pas comment ces deux éléments doivent être mis en œuvre (via l'IM ou via des instruments bilatéraux) (OCDE, 2017[1])[1].

21. Des données agrégées sur les progrès accomplis par les juridictions pour mettre en œuvre le standard minimum figurent ci-dessous. Les sections ventilées par juridiction au chapitre 8 contiennent des informations détaillées sur les progrès accomplis par chaque juridiction. En outre, les informations figurant dans la partie « Conclusion » dans certaines des sections ventilées par juridiction du chapitre 8 mettent en lumière les faits suivants :

- Les membres du Cadre inclusif qui ont signé l'IM mais qui ne l'ont pas ratifié sont invités à prendre les mesures nécessaires pour que l'IM prenne effet le plus rapidement possible (section 5 ci-dessous) ;
- De même, certaines parties à l'IM qui ont formulé une réserve en vertu du l'IM afin d'en retarder l'entrée en vigueur jusqu'à ce que les procédures internes soient achevées sont invitées à prendre les mesures nécessaires pour que l'IM prenne effet le plus rapidement possible (section 5 ci-dessous)[2].
- Un plan de mise en œuvre doit être élaboré pour les conventions conclues avec d'autres membres du Cadre inclusif qui ne sont pas conformes, ne font pas l'objet d'un instrument de mise en conformité ou d'une déclaration générale relative à la règle détaillée de limitation des avantages, pour lesquelles aucune mesure n'a été prise afin de mettre en œuvre le standard minimum et aucune raison n'a été citée pour expliquer pourquoi, pour une juridiction, la convention ne soulève pas de préoccupations importantes en matière de chalandage fiscal. Lorsqu'aucun plan de mise en œuvre n'a été élaboré pour ces conventions, les juridictions concernées sont invitées à élaborer un tel plan (sections 4 et 5 ci-dessous).
- Le Secrétariat de l'OCDE est disposé à s'entretenir avec toute juridiction qui a élaboré ou qui doit élaborer un plan de mise en œuvre du standard minimum afin de déterminer la meilleure façon d'apporter son soutien pour mettre les conventions concernées en conformité avec le standard minimum.
- Les juridictions qui ont adhéré à la Convention de la CARICOM sont invitées à actualiser cette convention en entamant des discussions avec l'ensemble de leurs partenaires (section 6 ci-dessous).

Données agrégées et principaux chiffres

22. Au total, les 139 juridictions membres du Cadre inclusif ont fait état de 2 390 conventions (dont 5 conventions multilatérales) en vigueur le 31 mai 2021 conclues entre elles et d'environ 890 conventions supplémentaires entre des membres et des non-membres[3]. Huit juridictions membres ne disposaient d'aucune convention fiscale complète en vigueur[4].

23. Les données recueillies sur la mise en œuvre du standard minimum de l'Action 6 ont montré qu'au 31 mai 2021, 116 juridictions du Cadre inclusif comptaient certaines conventions qui étaient déjà conformes au standard minimum, qui faisaient l'objet d'un instrument de mise en conformité, pour lesquelles des mesures avaient été prises en vue d'appliquer le standard minimum, ou qui faisaient l'objet d'une déclaration générale relative à la règle détaillée de limitation des avantages[5].

24. Les conventions conclues entre des membres et des non-membres du Cadre inclusif ne sont pas soumises à l'examen par les pairs et les résultats agrégés présentés dans ce chapitre portent sur les 2 390 conventions (dont 5 conventions multilatérales) conclues entre membres du Cadre inclusif. Néanmoins, les sections ventilées par juridiction au chapitre 8 indiquent le statut déclaré de mise en œuvre du standard minimum dans les conventions qui ne sont pas soumises à l'examen par les pairs[6].

Conventions conformes

25. Au 31 mai 2021, plus de 710 conventions bilatérales entre membres du Cadre inclusif étaient conformes au standard minimum. Soixante autres conventions non soumises à cet examen (conclues entre des membres du Cadre inclusif et des non-membres) étaient également conformes au standard minimum. Cela représente plus du double par rapport au chiffre de 2020.

26. Dans toutes les conventions conformes au standard minimum, la déclaration du préambule et le critère des objets principaux (COP) ont été appliqués pour se conformer au standard minimum. Dans 40 de ces conventions conformes, le critère des objets principaux était complété par une clause de limitation des avantages.

Conventions faisant l'objet d'un instrument de mise en conformité

27. De nombreuses juridictions membres du Cadre inclusif disposent de conventions qui font actuellement l'objet d'un instrument de mise en conformité non encore entré en vigueur, mais qui mettra en œuvre le standard minimum.

28. Le 31 mai 2021, plus de 960 des 2 385 conventions bilatérales entre membres du Cadre inclusif devaient devenir des conventions fiscales couvertes aux fins de l'IM (les deux Juridictions contractantes ayant formulé une notification indiquant que ces conventions sont visées par l'IM, qui les modifiera dès son entrée en vigueur) et devaient donc devenir conformes au standard minimum. Ces conventions seront conformes au standard minimum une fois que les dispositions pertinentes de l'IM auront pris effet, soit après ratification par les deux juridictions contractantes[7].

29. Vingt-trois conventions supplémentaires entre membres du Cadre inclusif font l'objet d'un instrument bilatéral modificatif qui n'est pas encore entré en vigueur. Le nombre de conventions faisant l'objet d'un instrument bilatéral modificatif, comparé au nombre de conventions modifiées par l'IM, atteste de l'efficacité comparative avec laquelle celui-ci met en œuvre le standard minimum.

30. Concernant les conventions notifiées aux fins de l'IM, tous les 93 membres du Cadre inclusif qui sont parties à l'IM et signataires de l'IM mettent en œuvre le préambule et le critère des objets principaux. Quinze juridictions ont également choisi d'appliquer la règle simplifiée de limitation des avantages via l'IM en complément du critère des objets principaux lorsqu'il était possible de le faire. Six juridictions

supplémentaires ont accepté une règle simplifiée de limitation des avantages dans des conventions conclues avec des partenaires qui ont opté pour la règle simplifiée.

Mesures prises afin de mettre en œuvre le standard minimum (y compris la déclaration générale relative à la règle détaillée de limitation des avantages)

31. De nombreuses juridictions membres du Cadre inclusif disposent de conventions non conformes qui ne font pas l'objet d'un instrument de mise en conformité, mais à l'égard desquelles des mesures ont été prises afin qu'elles fassent l'objet d'un instrument de mise en conformité. Par exemple, selon la méthodologie révisée, on considère qu'une juridiction a pris des mesures pour mettre en œuvre le standard minimum dans une convention en vertu de l'IM si elle a signé l'IM et notifié cette convention pour qu'elle soit couverte par l'IM, mais que son partenaire de convention ne l'a pas fait (si les deux partenaires ont signé l'IM et ont notifié une convention pour qu'elle soit couverte, on considère à l'inverse que l'IM fait office d'instrument de mise en conformité de cette convention). C'est aussi le cas si un membre a engagé des renégociations bilatérales avec un partenaire conventionnel, a accepté d'engager de telles renégociations, ou a contacté son partenaire conventionnel avec un projet de protocole, ces étapes visant à mettre en œuvre le standard minimum.

32. Certaines juridictions ont sélectionné une seule méthode pour mettre en œuvre le standard minimum (en notifiant l'ensemble de leurs conventions au titre de l'IM, par exemple), tandis que d'autres ont modulé leur approche (en engageant des renégociations bilatérales de certaines conventions, et en utilisant l'IM pour d'autres conventions, par exemple). L'IM demeure la solution la plus largement retenue pour mettre en œuvre le standard minimum dans les conventions non conformes, puisqu'il couvre plus de 470 conventions. D'autres options que l'IM ont été exercées pour appliquer le standard minimum dans quelque 240 conventions (y compris 90 conventions environ pour lesquelles un partenaire a pris des mesures concomitantes au titre de l'IM). Comme expliqué ci-dessous (section 6), il se peut que des partenaires conventionnels aient pris différentes mesures pour appliquer le standard minimum dans une convention en particulier, et doivent encore s'entendre sur la méthode à retenir (IM ou négociations bilatérales, par exemple).

33. Deux juridictions, les États-Unis et Trinité-et-Tobago, ont fait une déclaration générale en vue de recourir à la règle détaillée de limitation des avantages dans le cadre de leur engagement d'appliquer le standard minimum dans l'ensemble de leurs conventions bilatérales (ces deux pays ont, au total, conclu 79 conventions avec d'autres membres du Cadre inclusif). La règle détaillée de limitation des avantages ne figure pas dans l'IM, et nécessite des discussions bilatérales approfondies et une adaptation pour chaque convention fiscale, ce qui pourrait prendre plusieurs années. Si une juridiction fournit une telle déclaration, ses partenaires conventionnels ne communiqueront en règle générale pas d'informations supplémentaires au sujet de leur convention fiscale conclue avec cette juridiction.

34. Au total, cette année, environ 2 330 conventions conclues entre membres du Cadre inclusif sont conformes, font l'objet d'un instrument de mise en conformité ou de mesures prises par au moins un partenaire conventionnel pour appliquer le standard minimum, ou d'une déclaration générale formulée par l'un des partenaires indiquant son intention d'utiliser la règle détaillée de limitation des avantages.

Dispositions utilisées pour mettre en œuvre le standard minimum

35. Comme les années précédentes, l'examen par les pairs de cette année a montré que des trois méthodes disponibles pour appliquer la deuxième composante du standard minimum[8], la COP reste celle la plus largement employée. La plupart des juridictions ont choisi d'appliquer le standard minimum en optant pour cette solution. De fait, c'est la seule option à même de satisfaire à elle seule à la deuxième composante du standard minimum et qui peut être déployée au moyen de l'IM.

36. Environ 65 conventions sont ou seront mises en conformité avec le standard minimum au moyen de la règle COP complétée par une règle détaillée ou simplifiée de limitation des avantages. L'IM peut servir à appliquer la règle COP associée à une règle simplifiée de limitation des avantages, et 14 juridictions ont choisi cette option. Six autres se sont engagées à appliquer la règle simplifiée de limitation des avantages de l'IM dans les cas où leur partenaire conventionnel a choisi d'adopter cette mesure[9].

37. Comme indiqué précédemment, deux juridictions, les États-Unis et Trinité-et-Tobago, ont fait une déclaration générale indiquant leur intention de recourir à la règle détaillée de la limitation des avantages dans le cadre de leur engagement d'appliquer le standard minimum dans l'ensemble de leurs conventions bilatérales. Au total, ces déclarations couvrent 83 conventions (dont 79 conclues avec d'autres membres du Cadre inclusif).

Méthodes de mise en œuvre

38. L'IM se révèle être un moyen efficace de mettre en œuvre le standard minimum. C'est même la méthode privilégiée. Cependant, une juridiction préférant mettre en œuvre le minimum standard au moyen d'une clause détaillée de limitation des avantages ne peut pas utiliser l'IM à cette fin. Quatre-vingt-seize juridictions ont adhéré à l'IM (dont 93 membres du Cadre inclusif), 68 l'ont ratifié et, une fois pleinement en vigueur, l'IM mettra en œuvre le standard minimum dans plus de 1 700 conventions bilatérales (de sorte qu'il modifiera la majorité des conventions conclues entre les membres du Cadre inclusif).

39. Les efforts consentis par la plupart des membres du Cadre inclusif pour combattre le chalandage fiscal ont commencé à porter leurs fruits en 2020 pour ceux qui ont ratifié l'IM. De façon générale, les juridictions qui n'ont pas signé ou ratifié l'IM ont beaucoup moins progressé dans l'application du standard minimum.

40. Néanmoins, pour un certain nombre de conventions, il se peut qu'une juridiction ait signé l'IM et notifié la convention comme devant être couverte par l'IM, tandis que son partenaire préfère engager des renégociations bilatérales. Comme les termes de référence le précisent, les modalités de mise en œuvre du standard minimum dans chacune des conventions fiscales bilatérales devront faire l'objet d'un accord entre les juridictions contractantes ; la participation à l'IM n'étant pas obligatoire, les juridictions peuvent préférer d'autres options pour garantir le respect du standard minimum.

Références

OCDE (2017), *Empêcher l'octroi inapproprié des avantages des conventions fiscales, Action 6 - Rapport final 2015*, Projet OCDE/G20 sur l'érosion de la base d'imposition et le transfert de bénéfices, Éditions OCDE, Paris, https://dx.doi.org/10.1787/9789264278035-fr. [1]

Notes

[1] Le rapport final sur l'Action 6 indique en outre que : (i) une juridiction est tenue d'appliquer le standard minimum dans une convention uniquement si un autre membre du Cadre inclusif le lui demande ; (ii) la décision d'adopter l'une des trois méthodes doit être convenue entre les parties (une solution ne peut être imposée) ; et (iii) en raison du caractère bilatéral des conventions, il n'y a pas de date limite à laquelle une juridiction doit avoir atteint le standard minimum.

[2] La réserve prévue à l'article 35(7) de l'IM retarde la prise d'effet des dispositions de l'IM concernant une Convention fiscale couverte jusqu'à ce que la Partie qui en est à l'origine (article 35(7)(b) de l'IM) indique qu'elle a accompli les procédures internes prévues à cet effet. Plusieurs parties à l'IM ont formulé une telle réserve, mais elles n'ont pas encore formulé de notification en vertu de l'article 35(7)(b) de l'IM. Aussi, leurs conventions ne peuvent pas encore être mises en conformité avec le standard minimum au titre de l'IM.

[3] En 2020, le Cadre inclusif faisait mention de 2 295 conventions entre ses membres. Les 88 conventions supplémentaires examinées en 2021 incluent les nouvelles conventions conclues entre membres du Cadre inclusif entre le 1er juillet 2020 et le 31 mai 2021, et les conventions existantes concernées des deux nouveaux membres du Cadre inclusif, qui n'avaient pas été soumises à l'examen par les pairs de 2020.

[4] Aucune convention n'était en vigueur dans les juridictions suivantes : Anguilla, Bahamas, Îles Caïman, Îles Cook, Djibouti, Haïti, Honduras et Îles Turques-et-Caïques.

[5] Au 31 mai 2021, 95 juridictions étaient signataires de l'IM ou parties à l'IM, mais trois d'entre elles (Chypre, Fidji et le Koweït) ne sont pas membres du Cadre inclusif. Ainsi, à cette date, 92 membres du Cadre inclusif étaient signataires de l'IM ou parties à l'IM. La Namibie a signé l'IM le 30 septembre 2021, portant ce nombre à 93. D'autres membres du Cadre inclusif, bien que n'étant pas signataires ou parties à l'IM, ont conclu des protocoles portant modification afin de mettre en œuvre le standard minimum.

[6] Un « instrument de mise en conformité » peut désigner l'IM ou un nouveau protocole portant modification qui n'est pas encore entré en vigueur. Il peut également s'agir d'une convention entièrement nouvelle qui n'est pas encore entrée en vigueur.

[7] Et, le cas échéant, la notification conformément à l'article 35(7)(b) de l'IM (voir la note de bas de page 7 pour plus d'explications).

[8] Ces trois méthodes sont les suivantes : la règle COP, la règle COP complétée par une règle détaillée ou simplifiée de limitation des avantages, ou une règle détaillée de limitation des avantages complétée par un mécanisme anti sociétés-relais.

[9] Comme le prévoit l'article 7(7) de l'IM.

2 Rôle essentiel de l'IM

Ratification de l'IM

41. L'IM a commencé à produire ses effets et à renforcer le réseau des conventions fiscales bilatérales des juridictions qui l'ont ratifié en 2020. Le nombre de conventions qui sont devenues conformes à l'IM est passé de 60 à plus de 350 entre 2019 et 2020. En 2021, ce chiffre a dépassé 650. Toutefois, l'examen par les pairs révèle toujours un écart important dans les progrès de mise en œuvre du standard minimum entre les juridictions qui ont ratifié l'IM et celles qui ne l'ont pas ratifié.

42. L'année dernière, 21 juridictions ont ratifié l'IM : l'Allemagne, l'Albanie, l'Andorre, la Barbade, la Bosnie-Herzégovine, le Burkina Faso, le Chili, le Costa Rica, la Croatie, l'Égypte, l'Espagne, l'Estonie, la Grèce, la Hongrie, la Jordanie, le Kazakhstan, la Malaisie, Oman, le Pakistan, le Panama et les Seychelles.

43. En moyenne, près de 50 % des réseaux de conventions des juridictions pour lesquelles l'IM a pris effet à compter du 1er janvier 2021[1] étaient conformes au standard minimum en 2021, comme l'indique le tableau ci-dessous.

44. Pour les juridictions qui ont ratifié l'IM après octobre 2020[2], les dispositions concernées de l'IM n'avaient généralement pas commencé à prendre effet pour leurs conventions le 31 mai 2021. En effet, les dispositions de l'IM ne peuvent généralement commencer à prendre effet pour une convention qu'après expiration d'une certaine période qui suit la dernière des dates à laquelle l'IM entre en vigueur pour chacun des partenaires ayant conclu une convention. Cette période pourrait correspondre à environ un an à compter de la dernière ratification[3].

45. Alors que les juridictions qui ont ratifié l'IM ont beaucoup progressé dans l'application du standard minimum, ce n'est pas le cas de celles qui n'ont pas signé ou ratifié l'IM. Seulement 8 % environ des conventions conclues par ces juridictions sont conformes au standard minimum.

46. L'examen par les pairs de 2021 illustre à nouveau l'importance d'une ratification rapide de l'IM. Dès lors, tous les signataires de l'IM qui ne l'ont pas encore ratifié sont invités à le faire.

47. Le Secrétariat de l'OCDE s'est rapproché des signataires de l'IM qui, au moment de la rédaction de ce rapport, ne l'avaient pas encore ratifié, et constate que la Bulgarie, le Cameroun, la Jamaïque et la Macédoine du Nord comptent déposer leur instrument de ratification de l'IM au quatrième trimestre de 2021[4].

Tableau 2.1. Réseaux de conventions et ratification de l'IM

Juridiction	Date de ratification de l'IM	Conventions en vigueur	Conventions conformes au 31 mai 2021	% du réseau conforme	% du réseau avec des membres du CI conforme
Albanie	22 septembre 2020	42	18	43 %	44 %
Arabie saoudite	23 janvier 2020	54	22	40 %	52 %
Australie	26 septembre 2018	45	22	49 %	54 %
Autriche	22 septembre 2017	90	26	29 %	33 %
Belgique	27 juin 2019	95	39	41 %	49 %
Bosnie-Herzégovine	16 septembre 2020	38	16	42 %	47 %
Canada	29 août 2019	94	36	38 %	45 %
Corée	13 mai 2020	94	41	44 %	50 %
Costa Rica	22 septembre 2020	3	0	0 %	0 %
Curaçao	29 mars 2019	4	1	25 %	25 %
Danemark	30 septembre 2019	76	30	39 %	49 %
Égypte	30 septembre 2020	59	24	41 %	49 %
Émirats arabes unis	29 mai 2019	105	38	36 %	46 %
Finlande	25 février 2019	73	40	54 %	61 %
France	26 septembre 2018	119	41	34 %	44 %
Géorgie	29 mars 2019	56	23	41 %	45 %
Guernesey	12 février 2019	14	10	71 %	69 %
Île de Man	25 octobre 2017	10	6	60 %	60 %
Inde	25 juin 2019	95	42	44 %	53 %
Indonésie	28 avril 2020	70	21	30 %	38 %
Irlande	29 janvier 2019	73	40	55 %	57 %
Islande	26 septembre 2019	45	29	64 %	63 %
Israël	13 septembre 2018	58	28	48 %	55 %
Japon	26 septembre 2018	75	44	59 %	66 %
Jersey	15 décembre 2017	15	8	53 %	54 %
Jordanie	29 septembre 2020	37	15	41 %	58 %
Kazakhstan	24 juin 2020	55	23	42 %	49 %
Lettonie	29 octobre 2019	62	34	55 %	61 %
Liechtenstein	19 décembre 2019	21	16	76 %	76 %
Lituanie	11 septembre 2018	56	33	59 %	65 %
Luxembourg	9 avril 2019	83	46	55 %	57 %
Malte	18 décembre 2018	77	43	56 %	59 %
Maurice	18 octobre 2019	44	12	27 %	33 %
Monaco	10 janvier 2019	10	6	60 %	67 %
Norvège	17 juillet 2019	89	24	27 %	30 %
Nouvelle-Zélande	27 juin 2018	40	21	53 %	57 %
Oman	7 juillet 2020	35	9	26 %	33 %
Pays-Bas	29 mars 2019	94	45	48 %	54 %
Pologne	23 janvier 2018	82	38	46 %	54 %
Portugal	28 février 2020	78	35	45 %	50 %
Qatar	23 décembre 2019	78	29	37 %	45 %
République slovaque	20 septembre 2018	69	32	46 %	53 %
République tchèque[1]	13 mai 2020	92	35	38 %	43 %
Royaume-Uni	29 juin 2018	131	53	40 %	50 %
Russie[2]	18 juin 2019	85	36	42 %	52 %
Saint-Marin	11 mars 2020	23	10	43 %	43 %
Serbie	5 juin 2018	61	35	57 %	63 %

Singapour	21 décembre 2018	88	45	51 %	60 %
Slovénie	22 mars 2018	59	34	58 %	63 %
Suède[3]	22 juin 2018	85	7	8 %	9 %
Suisse[4]	29 août 2019	107	14	13 %	15 %
Ukraine	8 août 2019	75	31	41 %	48 %
Uruguay	6 février 2020	22	14	64 %	67 %

1. La République tchèque a 92 conventions en vigueur. Ces 92 conventions concernent 93 juridictions, car la République tchèque continue d'appliquer la convention conclue avec l'ancienne Serbie-et-Monténégro à la fois à la Serbie et au Monténégro. La République tchèque a notifié sa convention aux fins de l'IM seulement en ce qui concerne la Serbie. La convention est conforme au standard minimum seulement en lien avec la Serbie.
2. La Fédération de Russie a formulé une réserve conformément à l'article 35(7) de l'IM afin de reporter l'entrée en vigueur de l'IM jusqu'au moment où elle aura accompli ses procédures internes.
3. La Suède a formulé une réserve conformément à l'article 35(7) de l'IM afin de reporter l'entrée en vigueur de l'IM jusqu'au moment où elle aura accompli ses procédures internes.
4. La Suisse a formulé une réserve conformément à l'article 35(7) de l'IM afin de reporter l'entrée en vigueur de l'IM jusqu'au moment où elle aura accompli ses procédures internes.

Lacunes dans la couverture de l'IM

48. L'examen par les pairs de 2021 a mis en évidence des lacunes dans la couverture de l'IM. Ces lacunes s'expliquent par le fait que l'IM est un instrument flexible qui autorise chaque signataire à choisir parmi ses conventions celles qu'il souhaite soumettre à l'IM. Ainsi, au moment de la signature, les signataires sont tenus de déposer des listes de conventions qu'ils souhaitent modifier. L'IM modifie uniquement les conventions bilatérales notifiées par les deux partenaires de convention.

Conventions unilatérales

49. Lorsque deux partenaires de convention ont signé l'IM mais qu'un seul a notifié une convention aux fins de l'IM, le standard minimum ne sera pas mis en œuvre dans cette convention. La méthodologie révisée précise que lorsque deux partenaires ont signé l'IM mais qu'un seul a notifié la convention, la notification de cette convention serait interprétée comme une demande de mise en œuvre du standard minimum. Les parties seraient tenues de mettre en œuvre le standard minimum dans la convention et de s'entendre au niveau bilatéral sur les modalités de cette mise en œuvre.

50. L'examen par les pairs de 2021 révèle qu'environ 160 conventions bilatérales, conclues entre des paires de signataires de l'IM qui sont membres du Cadre inclusif, ne seraient pas modifiées par l'IM parce qu'au stade actuel, une seule juridiction a notifié la convention aux fins de l'IM (« conventions unilatérales »)[5].

51. Dans certains cas, le partenaire qui n'a pas notifié une « convention unilatérale » pour qu'elle soit couverte par l'IM a élaboré un plan visant à mettre en œuvre le standard minimum dans cette convention en l'incluant dans la liste de ses conventions fiscales couvertes par l'IM. Dans d'autres cas, ces « conventions unilatérales » n'ont pas été notifiées aux fins de l'IM parce que les parties ont engagé des renégociations bilatérales. Ces parties peuvent également avoir l'intention de couvrir des éléments allant au-delà de la mise en œuvre du standard minimum et des autres mesures BEPS se rapportant aux conventions.

Conventions en attente

52. L'examen par les pairs de 2021 révèle qu'il y a environ 390 conventions bilatérales conclues entre des paires de juridictions membres du Cadre inclusif pour lesquelles une seule d'entre elles a signé l'IM (« conventions en attente »). Aussi, au stade actuel, aucune de ces conventions ne serait modifiée par

l'IM. Presque toutes ces conventions seraient couvertes par l'IM si le partenaire qui ne l'a pas encore signé y adhère et notifie la convention.

53. Au cours de cet examen par les pairs, le Secrétariat de l'OCDE a communiqué avec certaines des juridictions qui se préparaient à signer l'IM dans le cadre de leur plan de mise en œuvre du standard minimum (section 4 ci-dessous). Il s'agissait notamment du Botswana, de la Mongolie, du Monténégro, de la Thaïlande et du Viet Nam, liés par plus de 140 conventions en attente qui deviendront des conventions couvertes aux fins de l'IM une fois celui-ci signé. Aussi, la signature de l'IM par des juridictions disposant de réseaux de conventions étendus permettrait d'améliorer sensiblement la couverture de l'IM.

Notes

[1] En général, l'IM a commencé à prendre effet au 1er janvier 2021 pour les conventions conclues par les juridictions qui l'ont ratifié avant fin septembre 2020.

[2] L'Allemagne, l'Andorre, la Barbade, le Burkina Faso, le Chili, la Croatie, l'Espagne, l'Estonie, la Grèce, la Hongrie, la Malaisie, le Pakistan, le Panama et les Seychelles ont déposé leur instrument de ratification de l'IM après octobre 2020.

[3] L'article 35 de l'IM énonce les règles de prise d'effet et répartit les modifications en deux catégories en fonction du type d'impôts auxquels elles s'appliquent. En général, en vertu de l'article 35(1)(a), s'agissant des impôts prélevés à la source sur des sommes payées ou attribuées à des non-résidents, l'IM prend effet à partir du premier jour de l'année civile qui commence à compter de la dernière des dates à laquelle la Convention entre en vigueur pour chacune des Juridictions contractantes ayant conclu une Convention fiscale couverte. Concernant tous les autres impôts prélevés par une juridiction, l'article 35(1)(b) dispose que l'IM prend généralement effet au titre de périodes d'imposition commençant à l'expiration ou après l'expiration d'une période de six mois calendaires à compter de la dernière des dates à laquelle la Convention entre en vigueur pour chacune des Juridictions contractantes ayant conclu une Convention fiscale couverte.

[4] Il est attendu que la Chine complète son processus de ratification avant la fin de 2021, et que l'instrument de ratification de l'IM soit déposé en 2022. Le dépôt de l'instrument de ratification de la Chine couvrira aussi Hong Kong (Chine).

[5] L'IM ne peut modifier que les conventions bilatérales qui ont été notifiées par les deux partenaires aux fins de l'IM.

3 Plans en vue de la mise en œuvre du standard minimum, et soutien apporté aux juridictions

Cadre régissant l'élaboration de plans de mise en œuvre du standard minimum

54. Un certain nombre de juridictions ont signalé des conventions, conclues avec d'autres membres du Cadre inclusif, qui ne sont pas conformes, qui ne font pas l'objet d'un instrument de mise en conformité ou d'une déclaration générale relative à l'adoption de la règle détaillée de limitation des avantages, et pour lesquelles aucune mesure n'a été prise en vue de mettre en œuvre le standard minimum. Ces conventions sont répertoriées dans le tableau intitulé « Autres conventions » des sections ventilées par juridiction.

55. Lorsqu'une juridiction n'a pas indiqué les raisons pour lesquelles, selon sa propre évaluation, ces conventions ne soulèvent pas de préoccupations importantes en matière de chalandage fiscal, elle était invitée à élaborer un plan visant à mettre en œuvre le standard minimum dans ces conventions conclues avec un autre membre du Cadre inclusif[1].

56. Le plan devra préciser les modalités de mise en œuvre du standard minimum – par exemple, les juridictions devront :

- inscrire leurs conventions fiscales dans la liste des conventions couvertes par l'IM ;
- entreprendre des négociations bilatérales en vue de mettre en œuvre le standard minimum ;
- signer et ratifier l'IM et ajouter les conventions à la liste des conventions fiscales couvertes.

57. Les juridictions seront invitées à actualiser chaque année leur plan de mise en œuvre si des évolutions devaient survenir. Les juridictions qui éprouveraient des difficultés à mettre en œuvre le plan pourront signaler ces difficultés au Secrétariat.

58. Une recommandation a été adressée aux juridictions qui n'ont pas élaboré de plan (ou qui n'ont pas fourni de mise à jour d'un plan existant) visant à mettre en œuvre le standard minimum et qui étaient tenues de le faire. Ces recommandations sont résumées à la section 6 ci-dessous.

Statut des plans de mise en œuvre du standard minimum

59. Comme mentionné précédemment, les plans de mise en œuvre peuvent prendre des formes diverses. Alors que certaines juridictions ont adopté le même plan de mise en œuvre pour toutes les conventions concernées, d'autres ont élaboré un plan sur mesure pour chaque convention. Cinq juridictions ont fait savoir que leur plan, qui a été examiné avec le Secrétariat de l'OCDE, est toujours à l'étude, de sorte que le présent rapport n'en fait pas état.

60. Au total, 28 juridictions ont élaboré un plan pour la mise en œuvre du standard minimum, couvrant environ 350 conventions non conformes. Le tableau ci-dessous résume les différentes catégories de plans de mise en œuvre élaborés par les juridictions concernées.

Tableau 3.1. Plans de mise en œuvre du standard minimum

Juridiction	IM		Autre	À l'étude
	Projet d'adhérer à l'IM	Projet de compléter la liste des conventions fiscales couvertes		
Afrique du Sud				x
Albanie		x		
Allemagne			x	
Antigua-et-Barbuda	x			
Autriche		x	x	
Belize		x		
Bénin				x
Botswana	x			
Bulgarie			x	
Cabo Verde			x	
Eswatini				x
Gabon		x		
Géorgie		x	x	
Indonésie		x		
Italie		x		
Kenya		x		
Maldives				x
Mongolie	x			
Monténégro	x			
Norvège			x	
Paraguay				x
République démocratique du Congo	x			
République tchèque		x	x	
Saint-Kitts-et-Nevis				x
Sri Lanka			x	
Thaïlande	x			
Viet Nam	x			
Zambie				x

Note : La section consacrée à chaque juridiction contient des renseignements détaillés sur le plan de mise en œuvre de chaque juridiction.

61. La plupart des plans qui ont été établis en vue de mettre en œuvre le standard minimum prévoient l'application des dispositions de l'IM. De fait, 15 des 21 juridictions qui ont confirmé leur plan ont l'intention d'appliquer le standard minimum dans les conventions concernées en complétant leur liste de conventions fiscales couvertes ou en adhérant à l'IM. À la lumière de l'expérience acquise par de nombreux membres du Cadre inclusif concernant la signature, la ratification et la mise en œuvre de l'IM, cet instrument reste de toute évidence la solution privilégiée pour appliquer le standard minimum. De nombreuses juridictions font observer que la majorité de leurs conventions sont ou devraient devenir des conventions appariées en vertu de l'IM, et apprécient l'efficience offerte par l'IM en termes de temps et de ressources.

62. Les juridictions qui choisissent d'appliquer le standard minimum par d'autres moyens, comme des négociations bilatérales, le font pour plusieurs raisons. Parfois, ce plan s'inscrit dans un effort plus large

visant à renégocier différents aspects d'une convention, au-delà de la mise en œuvre du standard minimum. Il se peut aussi que leur partenaire conventionnel ait indiqué qu'il ne souhaite pas utiliser l'IM pour mettre en œuvre le standard minimum dans cette convention. Par ailleurs, les juridictions qui disposent d'un réseau de conventions restreint sont plus susceptibles d'envisager des négociations bilatérales pour appliquer le standard minimum.

63. L'édition 2022 du rapport d'examen par les pairs au titre de l'Action 6 fera un point sur l'état d'avancement de chacun des plans de mise en œuvre.

Note

[1] Le Secrétariat a pris contact avec les juridictions qui comptent des conventions pour lesquelles un plan de mise en œuvre du standard minimum devait être élaboré afin de les aider à concevoir et à déployer un tel plan. Si une juridiction souhaite mettre en œuvre le standard minimum par l'intermédiaire de la règle du critère des objets principaux, et que certains ou la totalité de ses partenaires conventionnels sont déjà signataires de l'IM, le Secrétariat l'encourage à signer et ratifier l'IM. Si une juridiction a déjà adhéré à l'IM, le Secrétariat l'encourage également à inclure les conventions concernées dans la liste de ses conventions fiscales devant être couvertes par l'IM. En ce qui concerne les conventions fiscales qui ne seront pas couvertes par l'IM, le Secrétariat engage les partenaires conventionnels à élaborer un plan, et si possible un plan conjoint, visant à mettre en œuvre le standard minimum.

4 Recommandations

64. Dans le cadre du soutien apporté aux juridictions dans la mise en œuvre du standard minimum selon la méthodologie révisée d'examen par les pairs, les membres se voient adresser des recommandations dans deux cas de figure. Premièrement, les membres qui mettent en œuvre le standard minimum en signant l'IM seront invités à prendre les mesures nécessaires pour qu'il prenne effet au regard des conventions fiscales qu'ils ont conclues. Deuxièmement, les juridictions ayant conclu des conventions fiscales pour lesquelles un plan de mise en œuvre du standard minimum doit être élaboré se verront adresser, si elles n'en ont pas formulé un (ou communiqué une version actualisée d'un plan existant), une recommandation leur permettant d'en présenter un au regard des conventions fiscales concernées.

65. Cette année, 26 juridictions se sont vu recommander de prendre des mesures en vue de la prise d'effet de l'IM[1]. Par ailleurs, 9 juridictions se sont vu adresser des recommandations en vue de l'élaboration d'un plan ou de la communication d'une version actualisée d'un plan existant pour la mise en œuvre du standard minimum. On trouvera au chapitre 8, dans les sections ventilées par juridiction, plus de détails sur les recommandations formulées.

66. Le Secrétariat a contacté les juridictions concernées pour leur proposer de les aider, en tant que de besoin, à prendre les mesures nécessaires pour que l'IM prenne effet et à élaborer un plan de mise en œuvre du standard minimum. Comme indiqué à la section 4, le plan devra préciser les modalités de mise en œuvre du standard minimum. Les juridictions devront, par exemple :

- inscrire leurs conventions fiscales dans la liste des conventions couvertes par l'IM ;
- entreprendre des négociations bilatérales en vue de mettre en œuvre le standard minimum ; ou
- signer et ratifier l'IM et inscrire les conventions fiscales dans la liste des conventions fiscales couvertes.

67. Des recommandations ont été adressées aux juridictions n'ayant pas confirmé l'élaboration d'un plan de mise en œuvre pour les conventions qui en nécessitent un.

68. Le rapport d'examen par les pairs au titre de l'Action 6 de 2022 fera un point sur les mesures prises par chaque juridiction qui s'est vu adresser une recommandation.

Note

[1] Ce type de recommandations concerne principalement les juridictions qui ont signé l'IM, mais n'ont pas encore entrepris les démarches relatives au dépôt de son instrument de ratification (conformément aux articles 34 et 35 de l'IM, les dispositions de l'IM ne peuvent pas commencer à prendre effet avant l'accomplissement de ces formalités). Dans certains cas, une recommandation similaire est adressée aux juridictions qui sont parties à l'IM, mais ont formulé une réserve, aux termes de l'article 35(7) de l'IM, retardant la prise d'effet des dispositions de l'IM jusqu'à l'aboutissement de leurs procédures internes, et n'ont pas encore fait savoir que celui-ci était intervenu pour l'une quelconque de leurs conventions fiscales couvertes.

5 Difficultés liées à la mise en œuvre du standard minimum

69. L'examen par les pairs permet aux juridictions qui se heurtent à des difficultés pour obtenir l'accord d'une autre juridiction en vue de la mise en œuvre du standard minimum de l'Action 6 de soumettre la question au Secrétariat de l'OCDE. Ce processus, décrit au paragraphe 35 de la version révisée des documents pour l'examen par les pairs, a initialement été mis en place dans la version 2017 des documents pour l'examen par les pairs (paragraphe 19) afin de recenser les situations où une juridiction se retrouve face à un partenaire conventionnel membre du Cadre inclusif qui n'a pas la volonté de respecter son engagement de mettre en œuvre le standard minimum. Il a fait l'objet d'un examen dans le cadre de la révision de la méthodologie d'examen par les pairs, au terme duquel il a été décidé que le processus convenait en l'état et ne nécessitait pas d'être modifié.

Préoccupation concernant la convention de la CARICOM

70. Au cours de l'examen par les pairs mené en 2019, une juridiction a exprimé sa préoccupation concernant la Convention entre les États membres de la Communauté des Caraïbes (CARICOM), convention multilatérale conclue entre onze juridictions, dont dix membres du Cadre inclusif. Lors de l'examen par les pairs mené en 2020, les juridictions qui ont adhéré à la convention de la CARICOM ont été invitées à actualiser cette convention en engageant des discussions avec l'ensemble des partenaires conventionnels. Cette préoccupation reste d'actualité cette année du fait que les parties à la convention de la CARICOM ne l'ont pas encore modernisée.

71. La Convention de la CARICOM, conclue en 1994 afin d'encourager le commerce régional et l'investissement au sein de la Communauté des Caraïbes, contient plusieurs particularités[1], absentes du Modèle de Convention fiscale de l'OCDE ou du Modèle de Convention des Nations Unies concernant les doubles impositions, qui pourraient conduire certains flux de revenus à complètement échapper à l'impôt. Il est possible qu'à l'époque, ces dérogations aux dispositions types des conventions fiscales aient encouragé une plus grande intégration économique au sein de la Communauté de la CARICOM, mais il se peut aussi qu'elles aient rendu la Convention de la CARICOM plus vulnérable au chalandage fiscal et à d'autres formes d'abus.

72. La mise à jour de la convention de la CARICOM requiert l'approbation des onze juridictions qui sont parties à cet accord. Les précédentes tentatives de renégociation de la Convention de la CARICOM se sont révélées difficiles. Des événements récents (catastrophes naturelles telles qu'ouragans et éruptions volcaniques dans la région, pandémie de COVID-19, notamment) ont également rendu difficile l'amorce de discussions sur la modernisation de la Convention.

73. Le Secrétariat s'est rapproché des juridictions qui ont adhéré à la convention de la CARICOM et qui sont membres du Cadre inclusif[2] dans le cadre du processus d'examen par les pairs de 2021. Il a été reconnu que la convention de la CARICOM n'est pas conforme au standard minimum à ce stade et que des discussions visant à la moderniser seraient envisagées[3]. Les gouvernements en ont été informés et il est attendu qu'une révision de la convention de la CARICOM soit effectuée à terme.

Autres préoccupations

74. La méthodologie révisée d'examen par les pairs a mis en lumière un certain nombre de cas de désaccord, entre les juridictions, quant à la méthode de mise en œuvre du standard minimum (au-delà du processus décrit plus haut concernant les difficultés à s'entendre avec une autre juridiction). Le plus souvent, la situation est la suivante : une juridiction a signé l'IM et notifié une convention pour qu'elle soit couverte, tandis que l'autre n'a pas signé l'Instrument et affirme préférer s'engager dans des négociations bilatérales (elle peut aussi avoir signé l'IM, mais ne pas avoir notifié de convention pour qu'elle soit couverte — c'est le cas des conventions unilatérales). Comme le prévoient les paragraphes 10 à 12 de la version révisée des documents pour l'examen par les pairs, il est entendu que les juridictions contractantes doivent s'entendre sur le moyen de mettre en œuvre le standard minimum dans chaque convention bilatérale. Si l'IM apporte aux juridictions qui choisissent d'appliquer la règle du COP un moyen efficace d'assurer la mise en œuvre rapide du standard minimum, la participation à l'IM n'étant pas obligatoire, les juridictions peuvent préférer satisfaire au standard minimum par d'autres voies.

75. Cela dit, il a été observé que plusieurs membres du Cadre inclusif souhaitant mettre en œuvre le minimum standard au moyen de renégociations bilatérales ont, à la même occasion, demandé que leur partenaire conventionnel intègre dans leurs conventions d'autres éléments sans rapport avec le standard minimum. S'il est aisément concevable que des juridictions souhaitent préserver leurs ressources et renégocier différents aspects d'une convention au cours d'un même processus de renégociation, le fait d'accepter de mettre en œuvre le standard minimum ne doit pas être conditionné à d'autres modifications apportées à la convention.

Notes

[1] La Convention de la CARICOM prévoit une imposition à la source quasi exclusive de tous les revenus, gains et bénéfices. Par ailleurs, certains revenus, les dividendes par exemple, sont entièrement exonérés d'impôt en application de cette convention.

[2] Les onze juridictions ayant adhéré à la convention de la CARICOM sont les suivantes : Antigua-et-Barbuda, Barbade, Belize, Dominique, Grenade, Guyane*, Jamaïque, Sainte-Lucie, Saint-Kitts-et-Nevis, Saint-Vincent-et-les-Grenadines et Trinité-et-Tobago.

[3] Les révisions de la convention de la CARICOM nécessitent l'accord des onze partenaires.

6 Conclusion et prochaines étapes

76. L'examen par les pairs de 2021 montre qu'en général, la plupart des juridictions qui sont membres du Cadre inclusif respectent leur engagement à mettre en oeuvre le standard minimum. L'examen par les pairs de 2021 montre également que l'IM, principal outil utilisé pour mettre en œuvre le standard minimum, continue de produire des effets de plus en plus importants et vient désormais renforcer le réseau de conventions fiscales bilatérales des juridictions qui l'ont ratifié.

77. Comme celui mené l'année dernière, l'examen par les pairs de cette année révèle toutefois que le standard minimum établi au titre de l'Action 6 n'est pas mis en œuvre de façon homogène et, en particulier, qu'il existe une nette différence, au regard de la progression dans la mise en œuvre, entre les juridictions qui ont ratifié l'IM et les autres.

78. Il montre en effet que les juridictions qui n'ont pas signé ou ratifié l'IM n'ont, généralement, que peu progressé, voire pas du tout, dans la mise en œuvre du standard minimum. L'examen par les pairs de 2021 met ainsi en évidence le fait que la ratification de l'IM est un outil efficace pour la mise en œuvre du standard minimum.

79. Cela dit, la méthodologie révisée d'examen par les pairs a permis d'apporter de nouveaux éclairages sur les démarches accomplies pour mettre en œuvre le standard minimum autres que les mesures prises au titre de l'IM. Pour l'heure, des démarches de cette nature ont été engagées pour quelque 240 conventions (parmi lesquelles environ 90 sont aussi concernées par des mesures prises par le partenaire conventionnel au titre de l'IM). Par ailleurs, 79 autres conventions conclues entre membres du Cadre font l'objet d'une déclaration générale, de la part d'une partie, quant à son intention de recourir à la règle LOB détaillée dans le cadre de son engagement à mettre en œuvre le standard minimum. À titre de comparaison, des mesures destinées à mettre en œuvre le standard minimum au titre de l'IM ont été prises pour plus de 470 conventions (parmi lesquelles les 90 susmentionnées, visées par des démarches accomplies par le partenaire conventionnel autres qu'au titre de l'IM).

80. Au total, cette année, environ 2 330 conventions conclues entre membres du Cadre inclusif étaient conformes, faisaient l'objet d'un instrument de mise en conformité ou de mesures prises par au moins un partenaire conventionnel pour appliquer le standard minimum, ou d'une déclaration générale formulée par l'un des partenaires indiquant son intention d'utiliser la règle LOB détaillée pour mettre en œuvre le standard minimum dans l'ensemble de ses conventions bilatérales. Ce nombre est impressionnant, puisqu'il englobe plus de 70 % du réseau conventionnel.

81. En outre, l'examen par les pairs de cette année révèle que les juridictions auxquelles il a été préconisé d'assurer la mise en œuvre du standard minimum prévoient de le faire (voir la section 4 plus haut). La grande majorité de ces juridictions prévoient d'appliquer l'IM aux conventions concernées. Une fois que les dispositions prévues pour appliquer le standard minimum auront pris effet, le standard minimum sera mis en œuvre, ou en passe de l'être, dans pratiquement toutes les conventions conclues entre les membres du Cadre inclusif.

Prochaines étapes pour certains membres du Cadre inclusif

82. L'examen par les pairs de cette année contient, au chapitre 8, des recommandations adressées aux juridictions qui n'ont pas encore accompli les démarches permettant à l'IM de prendre effet ainsi qu'à celles qui n'ont pas encore élaboré de plan de mise en œuvre (ou communiqué une version actualisée d'un plan existant) dans le but de pouvoir leur apporter le soutien nécessaire à l'application du standard minimum. Les prochaines étapes immédiates consisteront, pour les juridictions, à prendre note de ces recommandations et à les suivre dans leur progression vers la mise en œuvre du standard minimum.

83. Lorsqu'aucune recommandation n'est formulée, qu'aucun autre problème de mise en œuvre n'est soulevé concernant la juridiction concernée et qu'aucune autre juridiction n'a fait part de préoccupations concernant les conventions qu'elle a conclues avec la juridiction concernée, cette dernière ne se voit pas indiquer d'étapes immédiates à suivre[1].

Prochaines étapes pour le Cadre inclusif

84. La mise en œuvre du standard minimum, en particulier les mesures prises pour suivre les recommandations formulées et les progrès accomplis dans l'application des plans de mise en œuvre qui ont été élaborés, continuera de faire l'objet d'un suivi. Comme l'indique la version révisée des documents pour l'examen par les pairs, le prochain exercice d'examen par les pairs sera lancé au premier semestre de 2022.

Note

[1] La section consacrée à chaque juridiction indique la mention « Aucune juridiction n'a soulevé de préoccupations concernant les conventions qu'elle a conclues avec la juridiction ».

7 Rappel des faits concernant le standard minimum établi par l'Action 6 du BEPS et le mécanisme d'examen par les pairs

Contexte de l'examen par les pairs

85. Ces dernières décennies, les conventions fiscales bilatérales conclues par la plupart des juridictions dans le monde ont permis d'empêcher une double imposition préjudiciable et de lever les obstacles aux échanges internationaux de biens et de services, ainsi qu'aux mouvements de capitaux, de technologies et de personnes. Néanmoins, ce réseau étendu de conventions fiscales a aussi donné lieu à des mécanismes de « chalandage fiscal ».

86. Ainsi que l'explique le rapport final sur l'Action 6, le chalandage fiscal désigne habituellement le fait pour une personne de tenter de bénéficier indirectement des avantages prévus par une convention conclue entre deux États sans être résidente de l'un de ces États[1].

87. Le chalandage fiscal est dommageable pour plusieurs raisons, notamment :

- Les avantages négociés entre les parties à une convention sont économiquement étendus aux résidents d'une juridiction tierce selon des modalités qui ne correspondaient pas à l'intention des parties. Le principe de réciprocité est donc violé et l'équilibre des concessions effectuées par les parties s'en trouve perturbé ;
- Le revenu peut échapper totalement à l'impôt ou faire l'objet d'une imposition inadéquate selon des modalités qui n'étaient pas voulues par les parties ; et
- La juridiction de résidence du bénéficiaire ultime du revenu est moins incitée à conclure une convention fiscale avec la juridiction de la source parce que les résidents de la juridiction de résidence du bénéficiaire ultime peuvent recevoir indirectement des avantages de la juridiction de la source sans obligation pour la juridiction de résidence d'accorder des avantages réciproques.

Tentatives précédentes de traiter le problème du chalandage fiscal

88. Les préoccupations soulevées par le chalandage fiscal ne sont pas nouvelles. Par exemple, en 1977, le concept de « bénéficiaire effectif » a été introduit dans les articles relatifs aux dividendes, intérêts et redevances du Modèle de Convention fiscale de l'OCDE afin de préciser la signification des termes « payés à » et de traiter les situations simples de chalandage fiscal dans lesquelles les revenus sont versés à un résident intermédiaire d'un pays signataire de la convention qui n'est pas considéré comme le bénéficiaire de ce revenu à des fins d'imposition (tel qu'un agent ou un mandataire)[2].

89. En 1977, les Commentaires sur l'article 1 du Modèle de Convention fiscale de l'OCDE ont également été mis à jour en vue d'inclure une section consacrée à l'usage incorrect des conventions fiscales[3]. En 1986, le Comité des affaires fiscales (CAF) a publié deux rapports : *Les conventions préventives de la double imposition et l'utilisation des sociétés-écrans* et *Les conventions préventives de la double imposition et l'utilisation des sociétés relais*. En 2002, le Comité a publié le rapport intitulé *La limitation du droit aux avantages des conventions fiscales*. Les Commentaires sur l'article 1 ont été enrichis à plusieurs occasions, notamment en 2003, avec l'ajout de divers exemples de dispositions dont les pays pouvaient s'inspirer pour lutter contre le chalandage fiscal.

90. L'examen des pratiques des juridictions montre qu'elles ont tenté de résoudre les problèmes de chalandage fiscal par le passé en suivant diverses approches. Certaines ont eu recours à des règles anti-abus spécifiques fondées sur la nature juridique, la propriété et les activités générales des résidents d'une juridiction partie à une convention fiscale[4]. D'autres ont privilégié une règle anti-abus de portée plus générale faisant référence à l'objet principal des montages ou des transactions.

Le BEPS et chalandage fiscal

91. Le Plan d'action BEPS[5], élaboré par le CAF et validé par les dirigeants des pays du G20[6] en septembre 2013, recensait 15 actions à engager pour apporter une réponse aux pratiques d'érosion de la base d'imposition et de transfert de bénéfices (BEPS). Il mentionnait l'utilisation abusive des conventions fiscales et, en particulier, le chalandage fiscal, comme l'un des plus importants sujets de préoccupation dans le domaine du BEPS.

92. L'Action 6 (Empêcher l'utilisation abusive des conventions fiscales) du Plan d'action BEPS prévoyait l'élaboration de dispositions conventionnelles visant à empêcher l'octroi des avantages des conventions fiscales lorsque les circonstances ne s'y prêtent pas. En parallèle, l'Action 15 du Plan d'action BEPS prévoyait d'analyser la possibilité d'élaborer un instrument multilatéral en vue de déployer les mesures BEPS relatives aux conventions fiscales « permettant aux juridictions qui le souhaitent de mettre en œuvre les mesures mises au point dans le cadre des travaux relatifs au Projet BEPS et de modifier les conventions fiscales bilatérales ».

93. Après deux années de travaux, le CAF, réunissant les pays de l'OCDE et du G20 œuvrant sur un pied d'égalité, a produit l'Ensemble final des rapports BEPS[7], qui a été entériné par le Conseil de l'OCDE et par les dirigeants du G20 en novembre 2015.

94. Les juridictions ont convenu que quatre mesures BEPS constitueraient des standards minimums que les juridictions participantes devraient s'engager à appliquer. Le Rapport sur l'Action 6 établit l'un de ces standards minimums, à savoir que les juridictions s'engagent à inclure dans leurs conventions fiscales des dispositions portant sur le chalandage fiscal visant à garantir une protection minimale contre l'utilisation abusive des conventions.

Le standard minimum établi par l'Action 6

95. Le standard minimum relatif au chalandage fiscal impose aux juridictions d'inclure deux éléments dans leurs conventions fiscales : une déclaration explicite sur la volonté d'éliminer la double imposition sans créer de possibilités de non-imposition (généralement dans le préambule) et l'une des trois méthodes permettant de résoudre le problème du chalandage fiscal.

96. Le standard minimum ne précise pas comment ces deux éléments doivent être mis en œuvre (via l'IM ou des instruments portant modification). Il est toutefois reconnu que ces dispositions doivent être adoptées au niveau bilatéral et qu'une juridiction sera tenue d'appliquer le standard minimum lorsqu'un autre membre du Cadre inclusif le lui demande.

La déclaration explicite

97. Comme indiqué aux paragraphes 22 et 23 du rapport final sur l'Action 6, les juridictions se sont engagées à inclure dans leurs conventions fiscales une déclaration explicite indiquant que leur intention commune est d'éliminer la double imposition sans créer de possibilités de non-imposition ou d'imposition réduite résultant de comportements de fraude ou d'évasion fiscale, en particulier par le recours à des mécanismes de chalandage fiscal. La disposition suivante figure désormais dans la version 2017 du Modèle de Convention fiscale de l'OCDE :

> *Entendant conclure une Convention pour l'élimination de la double imposition en matière d'impôts sur le revenu et sur la fortune sans créer de possibilités de non-imposition ou d'imposition réduite par l'évasion ou la fraude fiscale (y compris par des mécanismes de chalandage fiscal destinés à obtenir les allégements prévus dans la présente Convention au bénéfice indirect de résidents d'États tiers)*

Trois méthodes pour traiter le chalandage fiscal

98. Les juridictions se sont également engagées à concrétiser leur « intention commune » en intégrant des dispositions dans leurs conventions sous l'une des trois formes suivantes :

- i) un critère des objets principaux (COP) équivalent au paragraphe 9 de l'article 29 du Modèle de Convention fiscale de l'OCDE de 2017, accompagné d'une version simplifiée ou d'une version détaillée de la règle de la limitation des avantages figurant aux paragraphes 1 à 7 du Modèle de l'OCDE de 2017 ; ou
- ii) le COP seul ; ou
- iii) une version détaillée de la règle de la limitation des avantages (LOB) complétée par un mécanisme (sous la forme d'un critère des objets principaux limité aux mécanismes de relais ou de règles législatives ou jurisprudentielles anti-abus nationales aboutissant à un résultat similaire) permettant de viser les mécanismes de relais qui ne sont pas déjà traités dans les conventions fiscales.

L'obligation de mettre en œuvre le standard minimum

99. Le rapport sur l'Action 6 reconnaît qu'une « certaine souplesse dans l'application du standard minimum est requise, car ces dispositions doivent être adaptées à la situation spécifique du pays et aux circonstances qui entourent la négociation des conventions bilatérales ». En particulier :

- Une juridiction est tenue d'appliquer le standard minimum dans une convention uniquement si un autre membre du Cadre inclusif le lui demande.
- Les modalités de mise en œuvre de ce standard minimum dans chacune des conventions fiscales bilatérales devront faire l'objet d'un accord entre les juridictions contractantes.
- Cet engagement s'applique aux conventions existantes et futures, mais étant donné que la conclusion d'une nouvelle convention et la modification d'une convention existante dépendent de l'équilibre général des dispositions d'une convention, cet engagement ne doit pas être interprété comme l'engagement de conclure de nouvelles conventions ou de modifier des conventions existantes dans un certain délai.
- Si une juridiction n'est pas inquiète des conséquences du chalandage fiscal sur ses propres droits d'imposition en tant qu'État de la source, elle ne sera pas obligée d'appliquer des dispositions telles que la règle de la limitation des avantages ou du critère des objectifs principaux dès lors qu'elle accepte d'inclure dans une convention des dispositions que son partenaire conventionnel pourra utiliser à cette fin.

100. Il ressort aussi de l'Action 6 que, si l'IM offre aux juridictions qui choisissent d'appliquer la règle du critère des objets principaux un moyen efficace d'assurer la mise en œuvre rapide du standard minimum, la participation à l'IM n'étant pas obligatoire, les juridictions peuvent préférer d'autres options pour garantir le respect du standard minimum. Toutefois, les juridictions qui ont adhéré à l'IM sont censées prendre des mesures pour s'assurer qu'il commence à prendre effet au regard de leurs conventions fiscales couvertes. Lorsque deux parties à une convention fiscale ont signé l'IM mais qu'une seule a inclus la convention fiscale dans la liste des conventions fiscales couvertes, le fait d'inscrire la convention fiscale équivaut à une demande de mise en œuvre du standard minimum.

101. En mai 2017, le Cadre inclusif a défini les termes de référence et la méthodologie applicables à l'examen par les pairs (documents pour l'examen par les pairs de 2017) (OCDE, 2017[1]), et a décidé que la méthodologie serait réexaminée en 2020. En 2021, les membres du Cadre inclusif ont approuvé le document relatif à l'examen par les pairs de 2021 (OCDE, 2021[2]), qui est une version actualisée des documents d'examen par les pairs de 2017. Les modifications apportées aux documents pour l'examen par les pairs portent sur la méthodologie ; les modifications concernant les autres sections sont essentiellement de nature rédactionnelle. Le standard minimum de l'Action 6 et les éléments figurant dans les Termes de référence restent inchangés.

102. Ce document d'examen par les pairs de 2021 sert de base à la conduite des examens par les pairs du standard minimum de l'Action 6 menés à partir de 2021. Il décrit : le principal résultat de l'examen par les pairs et du processus de suivi ; le processus de résolution des questions d'interprétation et d'application susceptibles de se poser au cours de la mise en œuvre du standard minimum sur le chalandage fiscal ; la procédure à suivre par les juridictions qui rencontrent des difficultés à obtenir l'accord d'une autre juridiction membre du Cadre inclusif sur le BEPS pour mettre en œuvre le standard minimum de l'Action 6 ; et la confidentialité des documents produits au cours du processus d'examen.

L'examen par les pairs de 2018

103. Réalisé en 2018, le premier examen par les pairs couvrait les 116 juridictions membres du Cadre inclusif au 30 juin 2018. Le Rapport d'examen par les pairs, adopté par le Cadre inclusif en janvier 2019, a été publié le 14 février 2019.

104. L'examen par les pairs de 2018 a révélé que, dans la mesure où les dispositions de l'IM n'avaient pas pris effet au moment de ce premier examen, pratiquement aucune des conventions examinées pour ce rapport n'était encore conforme au standard minimum. Des progrès substantiels avaient cependant été accomplis en 2017 et 2018 en faveur de la mise en œuvre du standard minimum, et les membres du Cadre inclusif, dans leur grande majorité, avaient commencé à traduire leur engagement vis-à-vis du chalandage fiscal en actions concrètes et s'employaient à modifier leur réseau de conventions.

105. Au total, l'examen par les pairs a révélé qu'au 30 juin 2018, 82 juridictions comptaient un certain nombre de conventions déjà conformes au standard minimum ou faisant l'objet d'un instrument de mise en conformité qui devaient les rendre conformes[8]. Le premier examen par les pairs a mis en exergue l'efficacité avec laquelle l'IM met en œuvre les mesures relatives aux conventions fiscales pour prévenir le BEPS. Cet instrument constituait de loin l'outil préféré par les membres du Cadre inclusif pour mettre en œuvre le standard minimum.

106. Toutes les inquiétudes soulevées par les juridictions dans le cadre du premier examen par les pairs quant à la mise en œuvre du standard minimum dans leurs conventions avaient été levées lors de l'approbation du rapport par le Cadre inclusif. Par conséquent, aucune recommandation n'a été formulée dans le cadre du premier examen par les pairs.

L'examen par les pairs de 2019

107. Réalisé en 2019, le deuxième examen par les pairs couvrait les 129 juridictions membres du Cadre inclusif au 30 juin 2019. Le rapport d'examen par les pairs, adopté par le Cadre inclusif en janvier 2020, a été publié le 24 mars 2020.

108. L'examen par les pairs de 2019 a révélé qu'au 30 juin 2019, 91 membres du Cadre inclusif avaient commencé à actualiser leur réseau de conventions fiscales bilatérales et mettaient en œuvre le standard minimum. Les données compilées pour cet examen par les pairs montraient que l'IM avait été l'outil utilisé par la grande majorité des juridictions qui avaient commencé à mettre en œuvre le standard minimum.

109. Au 30 juin 2019, l'IM avait déjà modifié environ 60 conventions bilatérales et son impact devait augmenter rapidement avec sa ratification par les juridictions.

110. Au cours du deuxième examen par les pairs, une juridiction a exprimé une inquiétude concernant la Convention de la CARICOM, convention multilatérale conclue entre onze juridictions, dont dix membres du Cadre inclusif. La Convention de la CARICOM, conclue en 1994 afin d'encourager le commerce régional et l'investissement au sein de la Communauté des Caraïbes, contient plusieurs particularités[9], absentes du Modèle de Convention fiscale de l'OCDE ou du Modèle de Convention des Nations Unies concernant les doubles impositions, qui pourraient conduire certains flux de revenus à complètement échapper à l'impôt. Il est possible qu'à l'époque, ces dérogations aux dispositions types des conventions fiscales aient encouragé une plus grande intégration économique au sein de la Communauté de la CARICOM. Cependant, il est également possible qu'elles aient rendu la Convention de la CARICOM plus vulnérable au chalandage fiscal et à d'autres formes d'abus. Les précédentes tentatives de renégociation de la Convention de la CARICOM s'étaient heurtées à des difficultés.

L'examen par les pairs de 2020

111. Réalisé en 2020, le troisième examen par les pairs couvrait les 137 juridictions membres du Cadre inclusif au 30 juin 2020. Le Rapport d'examen par les pairs, adopté par le Cadre inclusif en février 2021, a été publié le 1er avril 2021.

112. Il a révélé qu'au 30 juin 2020, 98 juridictions du Cadre inclusif comptaient des conventions déjà conformes au standard minimum ou qui, parce qu'elles faisaient l'objet d'un instrument de mise en conformité, étaient en passe de l'être. Les données compilées pour cet examen par les pairs montraient que l'IM avait été l'outil utilisé par la grande majorité des juridictions qui avaient commencé à mettre en œuvre le standard minimum.

113. Au 30 juin 2020, l'IM avait déjà modifié environ 350 conventions bilatérales et son impact devait augmenter rapidement avec sa ratification par les juridictions.

114. En ce qui concerne la convention de la CARICOM, la préoccupation soulevée en 2019 était toujours actuelle, puisque les parties à la convention de la CARICOM ne l'avaient pas encore modernisée. Toutes les juridictions qui ont adhéré à la convention de la CARICOM ont été invitées à actualiser cette convention en engageant des discussions avec l'ensemble des partenaires conventionnels.

115. En outre, des encouragements ont été adressés aux membres du Cadre inclusif ayant signé l'IM, mais ne l'ayant pas encore ratifié, car les conventions notifiées au titre de l'IM ne commencent à devenir conformes qu'à l'issue de leur ratification.

116. Par ailleurs, le rapport d'examen par les pairs 2020 sur l'Action 6 a mis en évidence des lacunes dans la couverture de l'IM ou des « conventions non couvertes » par l'IM (conventions conclues entre des paires de signataires de l'IM dont l'un des partenaires n'a pas notifié la convention aux fins de l'IM, et conventions conclues entre des juridictions dont une seule a signé l'IM).

Réalisation de l'examen par les pairs de 2021

117. L'examen a débuté par l'envoi d'un questionnaire aux membres du Cadre inclusif en avril 2021. Du fait de la méthodologie révisée figurant dans le document pour l'examen par les pairs de 2021, ce questionnaire comportait de nombreux éléments nouveaux par rapport aux années précédentes. Comme pour les questionnaires envoyés en 2018, 2019 et 2020[10], les juridictions étaient invitées à dresser la liste de l'ensemble de leurs conventions fiscales complètes sur le revenu alors en vigueur.

118. Pour chaque convention fiscale répertoriée, les membres précisent si elle est ou non conforme au standard minimum tel que décrit dans les termes de référence au paragraphe 2 ci-dessus. Une convention fiscale est considérée conforme au le standard minimum si tel était le cas au moment de sa conclusion, si un instrument portant modification qui met en œuvre le standard minimum est en vigueur, ou si les dispositions applicables de l'IM ont commencé à prendre effet pour cette convention fiscale (conformément à l'article 35 de l'IM).

119. Pour chaque convention fiscale répertoriée non conforme au standard minimum, les membres précisent si la convention est ou non en voie de satisfaire au standard minimum (c'est-à-dire si elle fait l'objet d'un instrument de mise en conformité). C'est le cas si un membre a signé l'IM et que les deux juridictions ont inscrit la convention dans la liste des conventions devant être couvertes par l'IM. C'est aussi le cas si une convention fiscale bilatérale portant modification et mettant en œuvre le standard minimum dans la convention a été signée ou si une toute nouvelle convention conforme au standard minimum de l'Action 6 et destinée à remplacer cette convention a été signée.

120. Les membres ont été invités à communiquer des informations supplémentaires au sujet des conventions fiscales non conformes et ne faisant pas l'objet d'un instrument de mise en conformité :

- *Projet de mise en œuvre d'une règle détaillée de limitation des avantages* : si un membre prévoit de recourir à la règle détaillée de limitation des avantages au titre de son engagement à mettre en œuvre le standard minimum dans toutes ses conventions fiscales bilatérales, les informations supplémentaires qu'il devra fournir sont une déclaration générale stipulant qu'il a l'intention de mettre en œuvre le standard minimum au niveau bilatéral en négociant une règle détaillée de limitation des avantages et que la négociation de ses conventions aura lieu sous réserve du temps et des ressources disponibles.
- *Mesures prises afin de faire en sorte que la convention fiscale fasse l'objet d'un instrument de mise en conformité* : les membres qui ne prévoient pas d'utiliser la règle détaillée de limitation des avantages au titre de leur engagement à mettre en œuvre le standard minimum dans toutes leurs conventions fiscales bilatérales doivent fournir des informations sur les mesures qu'ils ont prises afin de mettre en œuvre le standard minimum pour chaque convention fiscale non conforme ou qui ne fait pas l'objet d'un instrument de mise en conformité.
- *Autres conventions fiscales* : en ce qui concerne les conventions fiscales autres que celles mentionnées ci-dessus et conclues avec d'autres membres du Cadre inclusif, les membres doivent indiquer les raisons pour lesquelles la convention fiscale en question ne soulève pas de préoccupations importantes en matière de chalandage fiscal. Lorsqu'une juridiction ne fournit pas ces informations relativement à une convention fiscale, elle doit élaborer un plan afin d'inclure le standard minimum dans cette convention fiscale.

121. Chaque juridiction a été invitée à remplir le questionnaire en tenant compte des conventions en vigueur ou en passe de l'être au 31 mai 2021.

122. Chaque juridiction a également été invitée à répondre à d'autres questions sur la ratification des instruments de mise en conformité et sur les points décrits dans les sections D et E du document pour l'examen par les pairs concernant les difficultés rencontrées pour l'obtention de l'accord d'une autre juridiction pour mettre en œuvre la norme minimale. Les juridictions ont en outre eu la liberté d'ajouter tout

autre commentaire éventuel. La liste des 139 juridictions ayant fait l'objet d'un examen par les pairs et tous les détails concernant chaque juridiction figurent en chapitre 8.

123. Le Secrétariat a analysé les réponses des juridictions afin de vérifier et de recouper les informations éventuellement divergentes et établi un avant-projet de rapport.

Références

OCDE (2021), *BEPS Action 6 : Empêcher l'utilisation abusive des conventions fiscales lorsque les circonstances ne s'y prêtent pas - Documents révisés pour l'examen par les pairs*, https://www.oecd.org/fr/fiscalite/beps/beps-action-6-empecher-utilisation-abusive-conventions-fiscales-documents-revises-examen-par-les-pairs.pdf. [2]

OCDE (2017), *BEPS Action 6 : Empêcher l'utilisation abusive des conventions fiscales lorsque les circonstances ne s'y prêtent pas - Documents pour l'examen par les pairs*, https://www.oecd.org/fr/fiscalite/conventions/beps-action-6-empecher-utilisation-abusive-conventions-fiscales-documents-examen-par-les-pairs.pdf. [1]

Notes

[1] Voir le paragraphe 17 du Rapport final sur l'Action 6 du BEPS (2015). Comme le rapport l'indique, les cas dans lesquels un résident de l'État contractant où le revenu a sa source tente d'obtenir des avantages au titre d'une convention (par exemple, par un transfert de résidence vers l'autre État contractant ou en recourant à une entité établie dans cet autre État) pourraient également être considérés comme constituant une forme de chalandage fiscal.

[2] Voir le paragraphe 2 des articles 10 et 11 et le paragraphe 1 de l'article 12 du Modèle de convention fiscale de l'OCDE.

[3] Voir les paragraphes 7 à 10 des Commentaires sur l'article 1 du Modèle de Convention fiscale de l'OCDE de 1977.

[4] Les dispositions sur la limitation des avantages généralement contenues dans les conventions conclues par les États-Unis en sont le meilleur exemple.

[5] https://www.oecd.org/fr/ctp/PlanActionBEPS.pdf.

[6] http://www.g20.utoronto.ca/2013/2013-0906-declaration.html.

[7] En octobre 2015, le CAF, incluant les pays de l'OCDE et du G20 œuvrant sur un pied d'égalité, a produit l'Ensemble final des rapports BEPS, présenté sous la forme de rapports portant sur chacune des 15 actions, accompagné d'un Projet BEPS — Exposé des actions 2015. L'Ensemble final BEPS donne aux États et aux économies les outils dont ils ont besoin pour garantir l'imposition des bénéfices là où s'exercent réellement les activités économiques qui génèrent ces bénéfices et là où la valeur est créée,

tout en offrant aux entreprises une sécurité accrue grâce à la réduction du nombre de différends relatifs à l'application.

[8] Sept autres juridictions ne disposaient d'aucune convention fiscale complète en vigueur et n'étaient donc pas incluses dans le champ de cet exercice.

[9] La Convention de la CARICOM prévoit une imposition à la source quasi exclusive de tous les revenus, gains et bénéfices. Par ailleurs, certains revenus, les dividendes par exemple, sont entièrement exonérés d'impôt en application de cette convention.

[10] Voir par exemple le questionnaire de l'examen par les pairs de 2018 sur l'Action 6 (https://www.oecd.org/fr/fiscalite/conventions/beps-action-6-empecher-utilisation-abusive-conventions-fiscales-documents-examen-par-les-pairs.pdf).

8 Données correspondant à chacune des juridictions membres du Cadre inclusif

Membres du Cadre inclusif le 31 mai 2021

1	Afrique du Sud	51	Gabon	101	Oman
2	Albanie	52	Géorgie	102	Pakistan
3	Allemagne	53	Gibraltar	103	Panama
4	Andorre	54	Grèce	104	Papouasie-Nouvelle-Guinée
5	Angola	55	Grenade	105	Paraguey
6	Anguilla	56	Groenland	106	Pays-Bas
7	Antigua-et-Barbuda	57	Guernesey	107	Pérou
8	Arabie Saoudite	58	Haïti	108	Pologne
9	Argentine	59	Honduras	109	Portugal
10	Arménie	60	Hong Kong (Chine)	110	Qatar
11	Aruba	61	Hongrie	111	République démocratique du Congo
12	Australie	62	Îles Caïmanes	112	République dominicaine
13	Autriche	63	Îles Cook	113	République slovaque
14	Bahamas	64	Île de Man	114	République tchèque
15	Bahreïn	65	Îles Féroé	115	Roumanie
16	Barbade	66	Îles Turques et Caïques	116	Royaume-Uni
17	Bélarus	67	Îles Vierges britanniques	117	Russie
18	Belgique	68	Inde	118	Saint-Kitts-et-Nevis
19	Belize	69	Indonésie	119	Saint-Marin
20	Bénin	70	Irlande	120	Sainte-Lucie
21	Bermudes	71	Islande	121	Saint-Vincent-et-les-Grenadines
22	Bosnie-Herzégovine	72	Israël	122	Samoa
23	Botswana	73	Italie	123	Sénégal
24	Brésil	74	Jamaïque	124	Serbie
25	Brunei Darussalam	75	Japon	125	Seychelles
26	Bulgarie	76	Jersey	126	Sierra Leone
27	Burkina Faso	77	Jordanie	127	Singapour
28	Cabo Verde	78	Kazakhstan	128	Slovénie
29	Cameroun	79	Kenya	129	Sri Lanka
30	Canada	80	Lettonie	130	Suède
31	Chili	81	Libéria	131	Suisse
32	Chine (République populaire de)	82	Liechtenstein	132	Thaïlande
33	Colombie	83	Lituanie	133	Trinité-et-Tobago
34	Congo	84	Luxembourg	134	Tunisie
35	Corée	85	Macao (Chine)	135	Turquie

36	Costa Rica	86	Macédoine du Nord	136	Ukraine
37	Côte d'Ivoire	87	Malaisie	137	Uruguay
38	Croatie	88	Maldives	138	Viet Nam
39	Curaçao	89	Malte	139	Zambie
40	Danemark	90	Maroc		
41	Djibouti	91	Maurice		
42	Dominique	92	Mexique		
43	Égypte	93	Monaco		
44	Émirats Arabes Unis	94	Mongolie		
45	Espagne	95	Monténégro		
46	Estonie	96	Montserrat		
47	Eswatini	97	Namibie		
48	États-Unis	98	Nigéria		
49	Finlande	99	Norvège		
50	France	100	Nouvelle-Zélande		

Note : Les sections ventilées par jurisdiction comprennent des conventions fiscales conclues avec des juridictions qui ne sont pas membres du Cadre inclusif. Ces conventions sont indiquées avec un astérisque (*).

Afrique du Sud

A. Progrès dans la mise en œuvre du standard minimum

L'Afrique du Sud compte 79 conventions fiscales en vigueur, comme l'indique sa réponse au questionnaire d'examen par les pairs. Aucune de ces conventions n'est conforme au standard minimum.

L'Afrique du Sud a signé l'IM en 2017. Les conventions qui seront modifiées par l'IM deviendront conformes au standard minimum une fois que les dispositions de l'IM auront pris effet. L'Afrique du Sud n'a pas notifié sa convention avec l'Allemagne, Grenade, la Sierra Leone et la Zambie. Aussi, à ce stade, ces conventions ne seront pas modifiées par l'IM.

L'Afrique du Sud a indiqué dans sa réponse au questionnaire d'examen par les pairs avoir pris des mesures (autres qu'au titre de l'IM) afin de mettre en œuvre le standard minimum dans ses conventions avec l'Allemagne, le Malawi* et la Zambie.

L'Afrique du Sud met en œuvre le standard minimum par l'inclusion de la déclaration du préambule et de la règle COP[1].

B. Conclusion

L'Afrique du Sud développe présentement, en consultation avec le Secrétariat, un plan de mise en œuvre du standard minimum dans ses conventions avec Grenade et la Sierra Leone.

Recommandation

Il est recommandé que l'Afrique du Sud prenne les mesures nécessaires afin que l'IM prenne effet au regard de ses conventions fiscales notifiées aux fins de l'IM, car ces conventions ne seront modifiées par l'IM (et ne deviendront conformes au standard minimum) qu'une fois que les dispositions de l'IM auront pris effet.

Synthèse de la réponse de la juridiction — Afrique du Sud

	1. Partenaires conventionnels	2. Conformité avec le standard	3. Signature d'un instrument de mise en conformité	4. Recours à la disposition relative au standard minimum
1	Algérie*	Non	Non	COP
2	Allemagne	Non	Non	COP
3	Arabie saoudite	Non	Oui, IM	COP
4	Australie	Non	Oui, IM	COP
5	Autriche	Non	Oui, IM	COP
6	Bélarus	Non	Non	COP
7	Belgique	Non	Oui, IM	COP
8	Botswana	Non	Non	COP

[1] Pour ses conventions notifiées aux fins de l'IM, l'Afrique du Sud choisit d'appliquer la disposition de la déclaration du préambule (article 6 de l'IM) et la règle COP (article 7 de l'IM).

9	Brésil	Non	Non	COP
10	Bulgarie	Non	Oui, IM	COP
11	Cameroun	Non	Oui, IM	COP
12	Canada	Non	Oui, IM	COP
13	Chili	Non	Oui, IM	COP
14	Chine (République populaire de)	Non	Oui, IM	COP
15	Chypre*	Non	Oui, IM	COP
16	Corée	Non	Oui, IM	COP
17	Croatie	Non	Oui, IM	COP
18	Danemark	Non	Oui, IM	COP
19	Égypte	Non	Oui, IM	COP
20	Émirats arabes unis	Non	Oui, IM	COP
21	Espagne	Non	Oui, IM	COP
22	Eswatini	Non	Non	COP
23	États-Unis	Non	Non	LOB dans la CDI
24	Éthiopie*	Non	Non	COP
25	Fédération de Russie	Non	Oui, IM	COP
26	Finlande	Non	Oui, IM	COP
27	France	Non	Oui, IM	COP
28	Ghana*	Non	Non	COP
29	Grèce	Non	Oui, IM	COP
30	Hong Kong (Chine)	Non	Oui, IM	COP
31	Hongrie	Non	Oui, IM	COP
32	Inde	Non	Oui, IM	COP
33	Indonésie	Non	Oui, IM	COP
34	Iran*	Non	Non	COP
35	Irlande	Non	Oui, IM	COP
36	Israël	Non	Oui, IM	COP
37	Italie	Non	Oui, IM	COP
38	Japon	Non	Oui, IM	COP
39	Kenya	Non	Oui, IM	COP
40	Koweït*	Non	Oui, IM	COP
41	Lesotho*	Non	Non	COP
42	Luxembourg	Non	Oui, IM	COP
43	Malaisie	Non	Oui, IM	COP
44	Malawi*	Non	Non	COP
45	Malte	Non	Oui, IM	COP
46	Maurice	Non	Oui, IM	COP
47	Mexique	Non	Oui, IM	COP
48	Mozambique*	Non	Non	COP
49	Namibie	Non	Non	COP
50	Nigéria	Non	Oui, IM	COP
51	Norvège	Non	Oui, IM	COP
52	Nouvelle-Zélande	Non	Oui, IM	COP
53	Oman	Non	Oui, IM	COP
54	Ouganda*	Non	Non	COP
55	Pakistan	Non	Oui, IM	COP
56	Pays-Bas	Non	Oui, IM	COP
57	Pologne	Non	Oui, IM	COP
58	Portugal	Non	Oui, IM	COP
59	Qatar	Non	Oui, IM	COP
60	République démocratique du Congo	Non	Non	COP
61	République slovaque	Non	Oui, IM	COP

62	République tchèque	Non	Oui, IM	COP
63	Roumanie	Non	Oui, IM	COP
64	Royaume-Uni	Non	Oui, IM	COP
65	Rwanda*	Non	Non	COP
66	Seychelles	Non	Oui, IM	COP
67	Singapour	Non	Oui, IM	COP
68	Suède	Non	Oui, IM	COP
69	Suisse	Non	Oui, IM	COP
70	Taipei chinois*	Non	Non	COP
71	Tanzanie*	Non	Non	COP
72	Thaïlande	Non	Non	COP
73	Tunisie	Non	Oui, IM	COP
74	Turquie	Non	Oui, IM	COP
75	Ukraine	Non	Oui, IM	COP
76	Zambie	Non	Non	COP
77	Zimbabwe*	Non	Non	COP

Autres conventions

	1. Partenaires conventionnels	2. Membre du Cadre inclusif
1	Grenade	Oui
2	Sierra Leone	Oui

Albanie

A. Progrès dans la mise en œuvre du standard minimum

L'Albanie compte 42 conventions fiscales en vigueur, comme l'indique sa réponse au questionnaire d'examen par les pairs. Dix-huit de ces conventions sont conformes au standard minimum.

L'Albanie a signé l'IM en 2019 et a déposé son instrument de ratification 22 septembre 2020. L'IM est entré en vigueur pour l'Albanie le 1er janvier 2021. Les conventions qui seront modifiées par l'IM deviendront conformes au standard minimum une fois que les dispositions de l'IM auront pris effet.

L'Albanie n'a pas notifié sa convention avec l'Arabie saoudite aux fins de l'IM, mais a indiqué dans sa réponse au questionnaire d'examen par les pairs que cette convention ne soulevait pas de préoccupation importante en matière de chalandage fiscal au regard de sa juridiction. L'Arabie saoudite a notifié sa convention avec l'Albanie dans sa liste de conventions fiscales qui seront couvertes par l'IM.

L'Albanie met en œuvre le standard minimum par l'inclusion de la déclaration du préambule et de la règle COP[2].

B. Conclusion

L'Arabie saoudite a notifié sa convention avec l'Albanie aux fins de l'IM, ce qui équivaut à une demande de mise en œuvre du standard minimum. L'Albanie a indiqué dans sa réponse au questionnaire d'examen par les pairs que quoique cette convention ne soulevait pas de préoccupation importante en matière de chalandage fiscal au regard de sa juridiction, elle souhaitait mettre en œuvre le standard minimum dans cette convention en l'incluant dans sa liste des conventions fiscales couvertes par l'IM, ce qui nécessitera l'accomplissement des procédures internes à cet effet.

Synthèse de la réponse de la juridiction – Albanie

	1. Partenaires conventionnels	2. Conformité avec le standard	3. Signature d'un instrument de mise en conformité	4. Recours à la disposition relative au standard minimum
1	Allemagne	Non	Non	COP
2	Autriche	Non	Non	COP
3	Belgique	Oui, IM		COP
4	Bosnie-Herzégovine	Oui, IM		COP
5	Bulgarie	Non	Oui, IM	COP
6	Chine (République populaire de)	Non	Oui, IM	COP
7	Corée	Non	Non	COP
8	Croatie	Non	Oui, IM	COP
9	Égypte	Oui, IM		COP
10	Émirats arabes unis	Oui, IM		COP
11	Espagne	Non	Oui, IM	COP
12	Estonie	Non	Oui, IM	COP
13	Fédération de Russie	Non	Oui, IM	COP

[2] Pour ses conventions notifiées aux fins de l'IM, l'Albanie choisit d'appliquer la disposition de la déclaration du préambule (article 6 de l'IM) et la règle COP (article 7 de l'IM).

14	France	Oui, IM		COP
15	Grèce	Non	Oui, IM	COP
16	Hongrie	Non	Oui, IM	COP
17	Inde	Oui, IM		COP
18	Irlande	Oui, IM		COP
19	Islande	Oui, IM		COP
20	Italie	Non	Non	COP
21	Kosovo*	Oui, autres		COP
22	Koweït*	Non	Non	COP
23	Lettonie	Oui, IM		COP
24	Macédoine	Non	Oui, IM	COP
25	Malaisie	Non	Oui, IM	COP
26	Malte	Oui, IM		COP
27	Moldova*	Non	Non	COP
28	Monténégro	Non	Non	COP
29	Norvège	Non	Non	COP
30	Pays-Bas	Oui, IM		COP
31	Pologne	Oui, IM		COP
32	Qatar	Oui, IM		COP
33	République tchèque	Non	Non	COP
34	Roumanie	Non	Oui, IM	COP
35	Royaume-Uni	Oui, IM		COP
36	Serbie	Oui, IM		COP
37	Singapour	Oui, IM		COP
38	Slovénie	Oui, IM		COP
39	Suède	Non	Oui, IM	COP
40	Suisse	Non	Non	COP
41	Turquie	Non	Oui, IM	COP

Autres conventions

	1. Partenaires conventionnels	2. Membre du Cadre inclusif
1	Arabie saoudite	Oui

Allemagne

A. Progrès dans la mise en œuvre du standard minimum

L'Allemagne compte 95 conventions fiscales en vigueur, comme l'indique sa réponse au questionnaire d'examen par les pairs. Quatre de ces conventions[3] sont conformes au standard minimum.

L'Allemagne a signé l'IM en 2017 et a déposé son instrument de ratification le 18 décembre 2020, notifiant 14 de ses conventions alors en vigueur. L'IM est entré en vigueur pour l'Allemagne le 1er avril 2021. Les conventions qui seront modifiées par l'IM deviendront conformes au standard minimum une fois que les dispositions de l'IM auront pris effet.

L'Allemagne se réserve le droit de retarder la prise d'effet des dispositions de l'IM jusqu'à ce qu'elle ait accompli les procédures internes prévues à cet effet au regard de chacune des conventions notifiées[4]. L'Allemagne n'a pas encore notifié qu'elle avait accompli ses procédures internes relatives à la prise d'effet de l'IM au regard de ses conventions fiscales.

L'Allemagne n'a pas notifié aux fins de l'IM ses conventions avec l'Afrique du Sud, l'Albanie, l'Argentine, l'Arménie, la Belgique, le Bélarus, la Bulgarie, la Bosnie-Herzégovine, le Canada, la Chine (République populaire de), la Corée, le Costa Rica, la Côte d'Ivoire, le Danemark, l'Égypte, les Émirats arabes unis[5], l'Estonie[6], la Fédération de Russie, la Géorgie, l'Islande, l'Inde, l'Indonésie, l'Irlande, Israël, la Jamaïque, le Kazakhstan, le Kenya, la Lettonie, le Libéria, le Liechtenstein[7], la Lituanie, la Macédoine du Nord, la Malaisie, Maurice, le Mexique, la Mongolie, le Monténégro, le Maroc, la Namibie, la Nouvelle-Zélande, la Norvège, le Pakistan, les Pays-Bas, la Pologne, le Portugal, le Royaume-Uni, la Serbie, la Slovénie, le Sri Lanka, la Suède, la Suisse, la Thaïlande, la Tunisie, l'Ukraine, l'Uruguay, le Viet Nam et la Zambie. Aussi, à ce stade, ces conventions ne seront pas modifiées par l'IM. L'Albanie, l'Arménie, la Bosnie-Herzégovine, la Chine (République populaire de), la Côte d'Ivoire, l'Égypte, les Émirats arabes unis[8], l'Inde, la Jamaïque, le Kazakhstan, le Liechtenstein[9], la Lituanie, la Malaisie, le Maroc, Maurice, le Mexique, la Namibie, les Pays-Bas, la Macédoine du Nord, la Nouvelle-Zélande, le Pakistan, le Portugal, la Serbie, Singapour, la Tunisie, l'Ukraine et l'Uruguay ont notifié leur convention avec l'Allemagne aux fins de l'IM.

[3] Au 29 juin 2021, une cinquième convention (la convention avec l'Estonie) était également conforme au standard minimum. Au 29 octobre 2021, une sixième convention (la convention avec le Liechtenstein) était également conforme au standard minimum.

[4] Les réserves ont été formulées en vertu de l'article 35(7)(a) de l'IM.

[5] La convention conclue avec les Émirats arabes unis arrive à échéance le 31 décembre 2021.

[6] L'instrument de mise en conformité concernant la convention avec l'Estonie est entré en vigueur le 29 juin 2021. La convention avec l'Estonie est conforme au standard minimum depuis cette date.

[7] L'instrument de mise en conformité concernant la convention avec le Liechtenstein est entré en vigueur le 29 octobre 2021. La convention avec le Liechtenstein est conforme au standard minimum depuis cette date.

[8] Voir la note ci-dessus concernant la convention avec les Émirats arabes unis.

[9] Voir le note ci-dessus concernant la convention avec le Liechtenstein.

L'Allemagne a signé un instrument bilatéral de mise en conformité concernant ses conventions avec Chypre*, le Danemark, l'Estonie[10], l'Irlande, le Liechtenstein[11], les Pays-Bas et le Royaume-Uni[12].

Dans sa réponse au questionnaire d'examen par les pairs, l'Allemagne a indiqué que des mesures ont été prises (autres qu'au titre de l'IM) pour mettre en œuvre le standard minimum dans ses conventions avec l'Afrique du Sud, l'Argentine, la Belgique, la Bolivie*, la Bulgarie, le Canada, la Chine (République populaire de), la Corée, le Costa Rica, l'Équateur*, l'Égypte, l'Islande, l'Inde, l'Indonésie, l'Iran*, Israël, le Kazakhstan, le Kenya, le Kosovo*, le Koweït*, la Lettonie, le Libéria, la Lituanie, le Maroc, Maurice[13], le Mexique[14], la Mongolie, la Namibie, la Norvège, la Nouvelle-Zélande, le Pakistan, la Pologne, le Portugal, la Fédération de Russie, la Serbie, la Slovénie, le Sri Lanka, la Suède, la Thaïlande, Trinité-Tobago, la Tunisie, l'Ukraine, l'Uruguay et le Viet Nam[15].

L'Allemagne a indiqué dans sa réponse au questionnaire sur les examens par les pairs que les conventions conclues avec la Bosnie-Herzégovine, le Monténégro et la Zambie ne soulevaient pas de préoccupation importante en matière de chalandage fiscal au regard de sa juridiction, notant l'application de dispositions anti-abus de droit interne allemand, telles que l'article 42 du Code fiscal allemand (GAAR) ou la section 50d, paragraphe 3 de la loi allemande de l'impôt sur le revenu (règle anti-montages-relais), qui autorise le refus proportionnel des avantages conférés par les conventions fiscales aux sociétés dont les actionnaires ne sont pas éligibles. L'Allemagne indique en outre que les conventions conclues avec l'Arménie, le Bélarus, les Émirats arabes unis[16], la Géorgie, la Malaisie et la Macédoine du Nord ne soulevaient pas de préoccupation importante en matière de chalandage fiscal au regard de sa juridiction, car elles contiennent une réserve générale permettant l'application des dispositions nationales anti-abus telles que les deux sections susmentionnées et la législation applicable aux SEC.

L'Allemagne met en œuvre le standard minimum par l'inclusion de la déclaration du préambule et de la règle COP[17].

B. Conclusion

L'Albanie, l'Arménie, la Bosnie-Herzégovine, la Chine (République populaire de), la Côte d'Ivoire, l'Égypte, les Émirats arabes unis[18], l'Inde, la Jamaïque, le Kazakhstan, la Lituanie, la Malaisie, Maurice, le Maroc,

[10] Voir la note ci-dessus concernant la convention avec l'Estonie.

[11] Voir la note ci-dessus concernant la convention avec le Liechtenstein.

[12] Des instruments bilatéraux de mise en conformité concernant les conventions avec Maurice et le Mexique ont été signés respectivement le 29 octobre 2021 et le le 8 octobre 2021.

[13] Voir la note ci-dessus concernant la convention avec Maurice.

[14] Voir la note ci-dessus concernant la convention avec le Mexique.

[15] Tel qu'indiqué plus bas, l'Allemagne a également commencé à donner effet à son plan de mise en œuvre du standard minimum dans ses conventions conclues avec l'Albanie, la Côte d'Ivoire et la Jamaïque.

[16] Voir la note ci-dessus concernant la convention avec les Émirats arabes unis.

[17] Pour ses conventions notifiées aux fins de l'IM, l'Allemagne choisit d'appliquer la disposition de la déclaration du préambule (article 6 de l'IM) et la règle COP (article 7 de l'IM). L'Allemagne a formulé une réserve conformément à l'article 6(4) de l'IM afin de ne pas appliquer l'article 6(1) concernant les conventions qui contiennent déjà la version adéquate du préambule (une convention). L'Allemagne a également formulé une réserve conformément à l'article 7(15)(b) de l'IM afin de ne pas appliquer l'article 7(1) concernant les conventions qui contiennent déjà une règle COP (une convention).

[18] Voir note ci-dessus concernant la convention avec les Émirats arabes unis.

le Mexique, la Namibie, la Nouvelle-Zélande, la Macédoine du Nord, le Pakistan, le Portugal, la Serbie, la Tunisie, l'Ukraine et l'Uruguay ont notifié leur convention avec l'Allemagne aux fins de l'IM, ce qui équivaut à une demande de mise en œuvre du standard minimum.

L'Allemagne a donné effet à un plan de mise en oeuvre du standard minimum dans ses conventions conclues avec l'Albanie, la Côte d'Ivoire et la Jamaïque en engageant des négociations bilatérales pour la mise en œuvre du standard minimum dans ces conventions.

L'Allemage a élaboré un plan de mise en œuvre du standard minimum dans ses conventions avec l'Arménie, la Bosnie-Herzégovine et la Malaisie. L'Allemagne a indiqué que des négociations bilatérales seraient engagées pour mettre en œuvre le standard minimum dans ses conventions.

Recommandations

Il est recommandé que l'Allemagne prenne les mesures nécessaires afin que l'IM prenne effet au regard de ses conventions fiscales notifiées aux fins de l'IM, car ces conventions ne seront modifiées par l'IM (et ne deviendront conformes au standard minimum) qu'une fois que les dispositions de l'IM auront pris effet.

Synthèse de la réponse de la juridiction – Allemagne

	1. Partenaires conventionnels	2. Conformité avec le standard	3. Signature d'un instrument de mise en conformité	4. Recours à la disposition relative au standard minimum
1	Afrique du Sud	Non	Non	
2	Argentine	Non	Non	
3	Australie	Oui, autres		COP
4	Autriche	Non	Oui, IM	COP
5	Belgique	Non	Non	
6	Bolivie*	Non	Non	
7	Bulgarie	Non	Non	
8	Canada	Non	Non	
9	Chine (République populaire de)	Non	Non	
10	Chypre*	Non	Oui, autres	COP
11	Corée	Non	Non	
12	Costa Rica	Non	Non	
13	Croatie	Non	Oui, IM	COP
14	Danemark	Non	Oui, autres	COP
15	Égypte	Non	Non	
16	Équateur*	Non	Non	
17	Espagne	Non	Oui, IM	COP
18	Estonie	Non	Oui, autres	COP
19	États-Unis	Non	Non	LOB détaillée
20	Fédération de Russie	Non	Non	
21	Finlande	Oui, autres		COP
22	France	Non	Oui, IM	COP
23	Grèce	Non	Oui, IM	COP
24	Hongrie	Non	Oui, IM	COP
25	Inde	Non	Non	

26	Indonésie	Non	Non	
27	Iran*	Non	Non	
28	Irlande	Non	Oui, autres	COP
29	Islande	Non	Non	
30	Israël	Non	Non	
31	Italie	Non	Oui, IM	COP
32	Japon	Oui, autres		COP + LOB
33	Kazakhstan	Non	Non	
34	Kenya	Non	Non	
35	Kosovo*	Non	Non	
36	Koweït*	Non	Non	
37	Lettonie	Non	Non	
38	Libéria	Non	Non	
39	Liechtenstein	Non	Oui, autres	COP
40	Lituanie	Non	Non	
41	Luxembourg	Non	Oui, IM	COP
42	Malte	Non	Oui, IM	COP
43	Maroc	Non	Non	
44	Maurice	Non	Non	COP
45	Mexique	Non	Non	COP
46	Mongolie	Non	Non	
47	Namibie	Non	Non	
48	Norvège	Non	Non	
49	Nouvelle-Zélande	Non	Non	
50	Pakistan	Non	Non	
51	Pays-Bas	Non	Oui, autres	COP
52	Pologne	Non	Non	
53	Portugal	Non	Non	
54	République slovaque	Non	Oui, IM	COP
55	République tchèque	Non	Oui, IM	COP
56	Roumanie	Non	Oui, IM	COP
57	Royaume-Uni	Non	Oui, autres	COP
58	Serbie	Non	Non	
59	Singapour	Oui, autres		COP
60	Slovénie	Non	Non	
61	Sri Lanka	Non	Non	
62	Suède	Non	Non	
63	Suisse	Non	Non	COP
64	Thaïlande	Non	Non	
65	Trinité-et-Tobago	Non	Non	
66	Tunisie	Non	Non	
67	Turquie	Non	Oui, IM	COP
68	Ukraine	Non	Non	
69	Uruguay	Non	Non	
70	Viet Nam	Non	Non	

Autres conventions

	1. Partenaires conventionnels	2. Membre du Cadre inclusif
1	Albanie	Oui
2	Algérie*	Non
3	Arménie	Oui

4	Azerbaïdjan*	Non
5	Bangladesh*	Non
6	Bélarus	Oui
7	Bosnie-Herzégovine	Oui
8	Côte d'Ivoire	Oui
9	Émirats arabes unis	Oui
10	Géorgie	Oui
11	Ghana*	Non
12	Jamaïque	Oui
13	Kirghizistan*	Non
14	Macédoine du Nord	Oui
15	Malaisie	Oui
16	Moldova*	Non
17	Monténégro	Oui
18	Ouzbékistan*	Non
19	Philippines*	Non
20	République arabe syrienne*	Non
21	Tadjikistan*	Non
22	Turkménistan*	Non
23	Venezuela*	Non
24	Zambie	Oui
25	Zimbabwe*	Non

Andorre

A. Progrès dans la mise en œuvre du standard minimum

Andorre compte huit conventions fiscales en vigueur, comme l'indique sa réponse au questionnaire d'examen par les pairs. L'une de ces conventions, celle avec Chypre*, est conforme au standard minimum.

Andorre a signé l'IM en 2017 et déposé son instrument de ratification le 29 septembre 2021, et a notifié ses conventions fiscales non conformes. L'IM est entré en vigueur pour Andorre le 1er janvier 2022. Les conventions qui seront modifiées par l'IM deviendront conformes au standard minimum une fois que les dispositions de l'IM auront pris effet.

Andorre met en œuvre le standard minimum par l'inclusion de la déclaration du préambule et de la règle COP[19].

B. Conclusion

Aucune juridiction n'a signalé de préoccupation relative à ses conventions conclues avec Andorre.

Synthèse de la réponse de la juridiction – Andorre

	1. Partenaires conventionnels	2. Conformité avec le standard	3. Signature d'un instrument de mise en conformité	4. Recours à la disposition relative au standard minimum
1	Chypre*	Oui, autres		COP
2	Émirats arabes unis	Non	Oui, IM	COP
3	Espagne	Non	Oui, IM	COP
4	France	Non	Oui, IM	COP
5	Liechtenstein	Non	Oui, IM	COP
6	Luxembourg	Non	Oui, IM	COP
7	Malte	Non	Oui, IM	COP
8	Portugal	Non	Oui, IM	COP

[19] Pour ses conventions notifiées aux fins de l'IM, Andorre choisit d'appliquer la disposition de la déclaration du préambule (article 6 de l'IM) et la règle COP (article 7 de l'IM). Andorre a formulé une réserve conformément à l'article 7(15)(b) de l'IM afin de ne pas appliquer l'article 7(1) concernant les conventions qui contiennent déjà une règle COP (deux conventions).

Angola

A. Progrès dans la mise en œuvre du standard minimum

L'Angola compte deux conventions fiscales en vigueur, comme l'indique sa réponse au questionnaire d'examen par les pairs. Ces deux conventions sont conformes au standard minimum.

L'Angola met en œuvre le standard minimum par l'inclusion de la déclaration du préambule et de la règle COP.

B. Conclusion

Aucune juridiction n'a signalé de préoccupation relative à ses conventions conclues avec l'Angola.

Synthèse de la réponse de la juridiction – Angola

	1. Partenaires conventionnels	2. Conformité avec le standard	3. Signature d'un instrument de mise en conformité	4. Recours à la disposition relative au standard minimum
1	Émirats arabes unis	Oui, autres		COP
2	Portugal	Oui, autres		COP

Anguilla

A. Progrès dans la mise en œuvre du standard minimum

Anguilla ne compte aucune convention fiscale en vigueur, comme l'indique sa réponse au questionnaire d'examen par les pairs.

B. Conclusion

Aucune juridiction n'a soulevé de préoccupation concernant Anguilla.

Antigua-et-Barbuda

A. Progrès dans la mise en œuvre du standard minimum

Antigua-et-Barbuda compte trois conventions fiscales en vigueur, comme l'indique sa réponse au questionnaire d'examen par les pairs, y compris la convention multilatérale entre les membres de la CARICOM conclue avec dix de ses partenaires (la convention de la CARICOM)[20]. Aucune de ces conventions n'est conforme au standard minimum.

Antigua-et-Barbuda n'a pas signé l'IM.

La Suisse a indiqué dans sa réponse au questionnaire d'examen par les pairs que la convention conclue avec Antigua-et-Barbuda ne soulevait pas de préoccupation importante en matière de chalandage fiscal au regard de sa juridiction.

B. Conclusion

Antigua-et-Barbuda a développé un plan pour la mise en œuvre du standard minimum dans sa convention avec le Royaume-Uni. Antigua-et-Barbuda a indiqué dans sa réponse au questionnaire d'examen par les pairs son intention de signer l'IM et de notifier cette convention.

La convention de la CARICOM n'est pas conforme au standard minimum à ce stade et des discussions visant à la mettre à jour devraient être envisagées. [21]

Autres conventions

Le tableau ci-après répertorie les conventions non conformes, ne faisant pas l'objet d'un instrument de mise en conformité, pas l'objet d'une déclaration générale relative à l'application d'une règle détaillée de limitation des avantages et pour lesquelles aucune mesure n'a été prise en vue de mettre en œuvre le standard minimum.

	1. Partenaires conventionnels	2. Membre du Cadre inclusif
1	Barbade	Oui
2	Belize	Oui
3	Dominique	Oui
4	Grenade	Oui
5	Guyana*	Non

[20] Accord entre les gouvernements des États membres de la Communauté des Caraïbes tendant à éviter la double imposition et à prévenir l'évasion fiscale en matière d'impôts sur le revenu, sur les profits ou les gains en capital et pour l'encouragement du commerce régional et de l'investissement, Saint-Michel (Barbade), 6 juillet 1994 ; entre Antigua-et-Barbuda (18 février 1998), la Barbade (7 juillet 1995), le Belize (30 novembre 1994), la Dominique (19 juin 1996), Grenade (1er mars 1996), le Guyana* (26 novembre 1997), la Jamaïque (16 février 1995), Saint Kitts-et-Nevis (8 mai 1997), Sainte Lucie (22 mai 1995) Saint Vincent (12 février 1998) et Trinité-et-Tobago (29 novembre 1994). Au total, Antigua-et-Barbuda a notifié douze « accords » dans sa liste des conventions fiscales : deux conventions bilatérales et la convention de la CARICOM conclue avec dix de ses partenaires.

[21] Les révisions de la convention de la CARICOM nécessitent l'accord de ses onze partenaires.

6	Jamaïque	Oui
7	Royaume-Uni	Oui
8	Sainte-Lucie	Oui
9	Saint-Kitts-et-Nevis	Oui
10	Saint-Vincent-et-les-Grenadines	Oui
11	Suisse	Oui
12	Trinité-et-Tobago	Oui

Arabie saoudite

A. Progrès dans la mise en œuvre du standard minimum

L'Arabie saoudite compte 54 conventions fiscales en vigueur, comme l'indique sa réponse au questionnaire d'examen par les pairs. Vingt-deux de ces conventions sont conformes au standard minimum.

L'Arabie saoudite a signé l'IM en 2018 et a déposé son instrument de ratification le 23 janvier 2020. L'IM est entré en vigueur pour l'Arabie saoudite le 1er mai 2020. Les conventions qui seront modifiées par l'IM deviendront conformes au standard minimum une fois que les dispositions de l'IM auront pris effet.

L'Arabie saoudite n'a pas notifié sa convention avec la Lettonie, mais a indiqué dans sa réponse au questionnaire d'examen par les pairs avoir pris des mesures (autres qu'au titre de l'IM) afin de mettre en œuvre le standard minimum dans cette convention, ainsi que dans la convention conclue avec l'Iraq*.

L'Arabie saoudite met en œuvre le standard minimum par l'inclusion de la déclaration du préambule et de la règle COP[22].

B. Conclusion

Aucune juridiction n'a signalé de préoccupation relative à ses conventions conclues avec l'Arabie saoudite.

Synthèse de la réponse de la juridiction - Arabie saoudite

	1. Partenaires conventionnels	2. Conformité avec le standard	3. Signature d'un instrument de mise en conformité	4. Recours à la disposition relative au standard minimum
1	Afrique du Sud	Non	Oui, IM	COP
2	Albanie	Non	Non	COP
3	Algérie*	Non	Non	COP
4	Autriche	Non	Non	COP
5	Azerbaïdjan*	Non	Non	COP
6	Bangladesh*	Non	Non	COP
7	Bélarus	Non	Non	COP
8	Bulgarie	Oui, autres		COP
9	Chine (République populaire de)	Non	Oui, IM	COP
10	Chypre*	Oui, IM		COP
11	Corée	Oui, IM		COP
12	Égypte	Oui, IM		COP
13	Émirats arabes unis	Oui, autres		COP
14	Espagne	Non	Oui, IM	COP
15	Éthiopie*	Non	Non	COP
16	Fédération de Russie	Oui, IM		COP
17	France	Oui, IM		COP
18	Gabon	Non	Non	COP

22 Pour ses conventions notifiées aux fins de l'IM, l'Arabie saoudite choisit d'appliquer la disposition de la déclaration du préambule (article 6 de l'IM) et la règle COP (article 7 de l'IM).

19	Géorgie	Non	Non	COP
20	Grèce	Non	Oui, IM	COP
21	Hong Kong (Chine)	Non	Non	COP
22	Hongrie	Non	Oui, IM	COP
23	Inde	Oui, IM		COP
24	Irlande	Oui, IM		COP
25	Italie	Non	Oui, IM	COP
26	Japon	Oui, IM		COP
27	Jordanie	Oui, IM		COP
28	Kazakhstan	Oui, IM		COP
29	Kirghizistan*	Non	Non	COP
30	Luxembourg	Oui, IM		COP
31	Macédoine du Nord	Non	Oui, IM	COP
32	Malaisie	Non	Oui, IM	COP
33	Malte	Oui, IM		COP
34	Mexique	Non	Oui, IM	COP
35	Ouzbékistan*	Non	Non	COP
36	Pakistan	Oui, IM		COP
37	Pays-Bas	Oui, IM		COP
38	Pologne	Oui, IM		COP
39	Portugal	Oui, IM		COP
40	République tchèque	Non	Non	COP
41	Roumanie	Non	Oui, IM	COP
42	Royaume-Uni	Oui, IM		COP
43	Singapour	Oui, IM		COP
44	Suède	Non	Oui, IM	COP
45	Suisse	Oui, autres		COP
46	Syrie*	Non	Non	COP
47	Tadjikistan*	Non	Non	COP
48	Tunisie	Non	Non	COP
49	Turkménistan*	Non	Non	COP
50	Turquie	Non	Oui, IM	COP
51	Ukraine	Oui, IM		COP
52	Venezuela*	Non	Non	COP
53	Viet Nam	Non	Non	COP

Autres conventions

	1. Partenaires conventionnels	2. Membre du Cadre inclusif
1	Kosovo*	Non

Argentine

A. Progrès dans la mise en œuvre du standard minimum

L'Argentine compte 21 conventions fiscales en vigueur, comme l'indique sa réponse au questionnaire d'examen par les pairs. Quatre de ces conventions sont conformes au standard minimum.

L'Argentine a signé l'IM en 2017. Les conventions qui seront modifiées par l'IM deviendront conformes au standard minimum une fois que les dispositions de l'IM auront pris effet.

L'Argentine n'a pas notifié sa convention avec l'Allemagne aux fins de l'IM, mais a indiqué dans sa réponse au questionnaire d'examen par les pairs avoir pris des mesures (autres qu'au titre de l'IM) afin de mettre en œuvre le standard minimum dans cette convention.

L'Argentine met en œuvre le standard minimum par l'inclusion de la disposition de la déclaration du préambule et de la règle COP associée à la règle LOB. [23]

B. Conclusion

Recommandation

Il est recommandé que l'Argentine prenne les mesures nécessaires afin que l'IM prenne effet au regard de ses conventions fiscales notifiées aux fins de l'IM, car ces conventions ne seront modifiées par l'IM (et ne deviendront conformes au standard minimum) qu'une fois que les dispositions de l'IM auront pris effet.

Synthèse de la réponse de la juridiction – Argentine

	1. Partenaires conventionnels	2. Conformité avec le standard	3. Signature d'un instrument de mise en conformité	4. Recours à la disposition relative au standard minimum
1	Allemagne	Non	Non	
2	Australie	Non	Oui, IM	COP
3	Belgique	Non	Oui, IM	COP
4	Brésil	Oui, autres		COP + règle de la limitation des avantages (LOB)
5	Canada	Non	Oui, IM	COP
6	Chili	Oui, autres		COP + LOB
7	Danemark	Non	Oui, IM	COP + LOB
8	Émirats arabes unis	Non	Oui, IM	COP

[23] Pour 15 de ses conventions notifiées aux fins de l'IM, l'Argentine choisit d'appliquer la disposition de la déclaration du préambule (article 6 de l'IM) et la règle COP (article 7 de l'IM). L'Argentine a formulé une réserve conformément à l'article 6(4) de l'IM afin de ne pas appliquer l'article 6(1) concernant les conventions qui contiennent déjà la version adéquate du préambule (deux conventions). L'Argentine a également formulé une réserve conformément à l'article 7(15)(b) de l'IM afin de ne pas appliquer l'article 7(1) concernant les conventions qui contiennent déjà une règle COP (quatre conventions). L'Argentine a également adopté la règle LOB simplifiée au titre de l'article 7(6) de l'IM.

9	Espagne	Non	Oui, IM	COP
10	Fédération de Russie	Non	Oui, IM	COP + LOB
11	Finlande	Non	Oui, IM	COP
12	France	Non	Oui, IM	COP
13	Italie	Non	Oui, IM	COP
14	Mexique	Oui, autres		COP + LOB
15	Norvège	Non	Oui, IM	COP + LOB
16	Pays-Bas	Non	Oui, IM	COP
17	Qatar	Oui, autres		COP
18	Royaume-Uni	Non	Oui, IM	COP
19	Suède	Non	Oui, IM	COP
20	Suisse	Non	Oui, IM	COP

Autres conventions

	1. Partenaires conventionnels	2. Membre du Cadre inclusif
1	Bolivie*	Non

Arménie

A. Progrès dans la mise en œuvre du standard minimum

L'Arménie compte 49 conventions fiscales en vigueur, comme l'indique sa réponse au questionnaire d'examen par les pairs. Aucune de ces conventions n'est conforme au standard minimum.

L'Arménie a signé l'IM en 2017. Les conventions qui seront modifiées par l'IM deviendront conformes au standard minimum une fois que les dispositions de l'IM auront pris effet.

L'Arménie n'a pas notifié sa convention avec le Japon aux fins de l'IM[24]. Aussi, à ce stade, cette convention ne sera pas modifiée par l'IM. Dans sa réponse au questionnaire d'examen par les pairs, le Japon a indiqué que sa convention avec l'Arménie ne soulevait pas de préoccupation importante en matière de chalandage fiscal, au regard de sa juridiction.

L'Arménie met en œuvre le standard minimum par l'inclusion de la disposition de la déclaration du préambule et la règle COP associée à la règle LOB.

B. Conclusion

Recommandation

Il est recommandé que l'Arménie prenne les mesures nécessaires afin que l'IM prenne effet au regard de ses conventions fiscales notifiées aux fins de l'IM, car ces conventions ne seront modifiées par l'IM (et ne deviendront conformes au standard minimum) qu'une fois que les dispositions de l'IM auront pris effet.

Synthèse de la réponse de la juridiction – Arménie

	1. Partenaires conventionnels	2. Conformité avec le standard	3. Signature d'un instrument de mise en conformité	4. Recours à la disposition relative au standard minimum
1	Allemagne	Non	Non	COP
2	Autriche	Non	Non	COP
3	Bélarus	Non	Non	COP
4	Belgique	Non	Oui, IM	COP
5	Bulgarie	Non	Oui, IM	COP
6	Canada	Non	Oui, IM	COP
7	Chine (République populaire de)	Non	Oui, IM	COP
8	Chypre*	Non	Oui, IM	COP
9	Croatie	Non	Oui, IM	COP

[24] Quoique l'Arménie n'ait pas notifié ses conventions avec le Danemark et Israël dans sa liste provisoire de réserves et de notifications en vertu de l'IM (Position sur l'IM), elle les a inclus dans la liste des conventions qui seront couvertes par l'IM, dans son projet de Position définitive sur l'IM, qui sera déposée au moment du dépôt de son instrument de ratification de l'IM.

10	Danemark	Non	Non	COP
11	Émirats arabes unis	Non	Oui, IM	COP
12	Espagne	Non	Oui, IM	COP
13	Estonie	Non	Oui, IM	COP
14	Fédération de Russie	Non	Oui, IM	COP+LOB
15	Finlande	Non	Oui, IM	COP
16	France	Non	Oui, IM	COP
17	Géorgie	Non	Non	COP
18	Grèce	Non	Oui, IM	COP+LOB
19	Hongrie	Non	Oui, IM	COP
20	Inde	Non	Oui, IM	COP+LOB
21	Indonésie	Non	Oui, IM	COP
22	Iran*	Non	Non	COP
23	Irlande	Non	Oui, IM	COP
24	Israël	Non	Non	COP
25	Italie	Non	Oui, IM	COP
26	Kazakhstan	Non	Oui, IM	COP+LOB
27	Koweït*	Non	Oui, IM	COP
28	Lettonie	Non	Oui, IM	COP
29	Liban*	Non	Non	COP
30	Lituanie	Non	Oui, IM	COP
31	Luxembourg	Non	Oui, IM	COP
32	Moldova*	Non	Non	COP
33	Pays-Bas	Non	Oui, IM	COP
34	Pologne	Non	Oui, IM	COP
35	Qatar	Non	Oui, IM	COP
36	République arabe syrienne*	Non	Non	COP
37	République slovaque	Non	Non	COP+LOB
38	République tchèque	Non	Oui, IM	COP
39	Roumanie	Non	Oui, IM	COP
40	Royaume-Uni	Non	Oui, IM	COP
41	Serbie	Non	Oui, IM	COP
42	Slovénie	Non	Oui, IM	COP
43	Suède	Non	Oui, IM	COP
44	Suisse	Non	Non	COP
45	Tadjikistan*	Non	Non	COP
46	Thaïlande	Non	Non	COP
47	Turkménistan*	Non	Non	COP
48	Ukraine	Non	Oui, IM	COP

Autres conventions

	1. Partenaires conventionnels	2. Membre du Cadre inclusif
1	Japon	Oui

Aruba

A. Progrès dans la mise en œuvre du standard minimum

Aruba compte une convention fiscale en vigueur avec les Pays-Bas, comme l'indique sa réponse au questionnaire d'examen par les pairs. Cette convention n'est pas conforme au standard minimum.

Aruba n'a pas adhéré à l'IM.

L'accord entre Aruba et les Pays-Bas est un instrument régi par le droit interne du Royaume des Pays-Bas.[25]. Aruba a indiqué dans sa réponse au questionnaire d'examen par les pairs avoir pris des mesures (autres qu'au titre de l'IM) afin de mettre en œuvre le standard minimum dans son accord avec les Pays-Bas.

B. Conclusion

Aucune juridiction n'a soulevé de préoccupation concernant Aruba.

Synthèse de la réponse de la juridiction – Aruba

	1. Partenaires conventionnels	2. Conformité avec le standard	3. Signature d'un instrument de mise en conformité	4. Recours à la disposition relative au standard minimum
1	Pays-Bas	Non	Non	

[25] Aruba a indiqué dans sa réponse que l'accord actuellement en vigueur avec les Pays-Bas s'appliquait entre Aruba et les Pays-Bas (y compris dans la partie caribéenne des Pays-Bas), Curaçao et Sint-Maarten*. À la lumière de la mise en œuvre du standard minimum, Aruba a rédigé un projet d'accord fiscal distinct avec les Pays-Bas. Une fois que cet accord aura été ratifiée par les Pays-Bas, Aruba prendra des mesures pour débuter les négociations en vue de conclure un accord fiscal distinct avec Curaçao et Sint-Maarten*, qui sera similaire à celui conclu avec les Pays-Bas.

Australie

A. Progrès dans la mise en œuvre du standard minimum

L'Australie compte 45 conventions fiscales en vigueur, comme l'indique sa réponse au questionnaire d'examen par les pairs. Vingt-deux de ces conventions sont conformes au standard minimum.

L'Australie a signé l'IM en 2017, déposé son instrument de ratification le 26 septembre 2018, et notifié ses conventions fiscales non conformes conclues avec d'autres membres du Cadre inclusif. L'IM est entré en vigueur pour l'Australie le 1er janvier 2019. Les conventions qui seront modifiées par l'IM deviendront conformes au standard minimum une fois que les dispositions de l'IM auront pris effet.

L'Australie met en œuvre le standard minimum par l'inclusion de la déclaration du préambule et de la règle COP.

B. Conclusion

Aucune juridiction n'a signalé de préoccupation relative à ses conventions conclues avec l'Australie.

Synthèse de la réponse de la juridiction – Australie

	1. Partenaires conventionnels	2. Conformité avec le standard	3. Signature d'un instrument de mise en conformité	4. Recours à la disposition relative au standard minimum
1	Afrique du Sud	Non	Oui, IM	COP uniquement
2	Allemagne	Oui, autres		COP uniquement
3	Argentine	Non	Oui, IM	COP uniquement
4	Autriche	Non	Non	
5	Belgique	Oui, IM		COP uniquement
6	Canada	Oui, IM		COP uniquement
7	Chili	Non	Oui, IM	COP uniquement
8	Chine (République populaire de)	Non	Oui, IM	COP uniquement
9	Corée	Oui, IM		COP uniquement
10	Danemark	Oui, IM		COP uniquement
11	Espagne	Non	Oui, IM	COP uniquement
12	États-Unis	Non	Non	
13	Fédération de Russie	Oui, IM		COP uniquement
14	Fidji*	Non	Oui, IM	COP uniquement
15	Finlande	Oui, IM		COP uniquement
16	France	Oui, IM		COP uniquement
17	Hongrie	Non	Oui, IM	COP uniquement
18	Inde	Oui, IM		COP uniquement
19	Indonésie	Oui, IM		COP uniquement
20	Irlande	Oui, IM		COP uniquement
21	Israël	Oui, autres		COP uniquement
22	Italie	Non	Oui, IM	COP uniquement
23	Japon	Oui, IM		COP et LOB
24	Kiribati*	Non	Non	
25	Malaisie	Non	Oui, IM	COP uniquement
26	Malte	Oui, IM		COP uniquement

27	Mexique	Non	Oui, IM	COP uniquement
28	Norvège	Oui, IM		COP uniquement
29	Nouvelle-Zélande	Oui, IM		COP uniquement
30	Papouasie-Nouvelle-Guinée	Non	Oui, IM	COP uniquement
31	Pays-Bas	Oui, IM		COP uniquement
32	Philippines*	Non	Non	
33	Pologne	Oui, IM		COP uniquement
34	République slovaque	Oui, IM		COP uniquement
35	République tchèque	Oui, IM		COP uniquement
36	Roumanie	Non	Oui, IM	COP uniquement
37	Royaume-Uni	Oui, IM		COP uniquement
38	Singapour	Oui, IM		COP uniquement
39	Sri Lanka	Non	Non	
40	Suède	Non	Non	
41	Suisse	Non	Non	
42	Thaïlande	Non	Non	
43	Turquie	Non	Oui, IM	COP uniquement
44	Viet Nam	Non	Non	

Autres conventions

	1. Partenaires conventionnels	2. Membre du Cadre inclusif
1	Taipei chinois*	Non

Autriche

A. Progrès dans la mise en œuvre du standard minimum

L'Autriche compte 90 conventions fiscales en vigueur, comme l'indique sa réponse au questionnaire d'examen par les pairs[26]. Vingt-six de ces conventions sont conformes au standard minimum.

L'Autriche a signé l'IM en 2017 et a déposé son instrument de ratification le 22 septembre 2017, notifiant 37 de ses conventions alors en vigueur. L'IM est entré en vigueur pour l'Autriche le 1er juillet 2018. Les conventions qui seront modifiées par l'IM deviendront conformes au standard minimum une fois que les dispositions de l'IM auront pris effet.[27]

L'Autriche n'a pas notifié aux fins de l'IM ses conventions avec l'Albanie, l'Arabie saoudite, l'Argentine, l'Arménie, l'Australie, Bahreïn, la Barbade, le Bélarus, le Belize, la Bosnie-Herzégovine, le Brésil, la Corée, le Danemark, l'Égypte, les Émirats arabes unis, la Géorgie, l'Indonésie, l'Islande, le Kazakhstan, la Macédoine du Nord, la Malaisie, le Maroc, la Mongolie, le Monténégro, la Norvège, la Nouvelle-Zélande, le Qatar, Saint-Marin, la Suède, la Thaïlande, la Tunisie, l'Ukraine et le Viet Nam. Aussi, à ce stade, ces conventions ne seront pas modifiées par l'IM. L'Albanie, l'Arabie saoudite, l'Arménie, l'Australie, la Barbade, Bahreïn, le Belize, la Bosnie-Herzégovine, le Danemark, l'Égypte, les Émirats arabes unis, le Kazakhstan, la Macédoine du Nord, la Malaisie, le Maroc, la Nouvelle-Zélande, Saint-Marin, la Tunisie et l'Ukraine ont notifié leurs conventions avec l'Autriche aux fins de l'IM.

L'Autriche a également signé un instrument bilatéral de mise en conformité concernant ses conventions avec l'Argentine[28] et l'Ukraine[29].

L'Autriche a en outre indiqué avoir pris des mesures (autres qu'au titre de l'IM) afin de mettre en œuvre le standard minimum dans ses conventions avec l'Australie, Bahreïn, le Brésil, la Corée[30], les Émirats arabes unis, les États-Unis, l'Indonésie, le Koweït*, la Nouvelle-Zélande, la Norvège, l'Ouzbékistan* et le Qatar.

L'Autriche met en œuvre le standard minimum par l'inclusion de la déclaration du préambule et de la règle COP. [31]

---

[26] L'Autriche a indiqué dans sa réponse que la convention conclue avec le Taipei chinois est un Accord en vue d'éviter la double imposition et de prévenir la fraude fiscale en matière d'impôts sur le revenu entre la Chambre de commerce autrichienne et celle de Taipei.

[27] L'Autriche a formulé une réserve conformément à l'article 35(3) de l'IM (Prise d'effet).

[28] L'Autriche a ratifié l'instrument bilatéral de mise en conformité avec l'Argentine le 17 décembre 2020.

[29] L'instrument bilatéral de mise en conformité avec l'Ukraine est entré en vigueur le 25 juin 2021.

[30] Un instrument bilatéral de mise en conformité avec la Corée a été signé le 14 juin 2021. L'Autriche a indiqué dans sa réponse au questionnaire d'examen par les pairs que la procédure parlementaire pour ratifier cet instrument devrait être complété dans le quatrième trimestre de 2021.

[31] Pour ses conventions notifiées aux fins de l'IM, l'Autriche choisit d'appliquer la disposition de la déclaration du préambule (article 6 de l'IM) et la règle COP (article 7 de l'IM). Dans le cas de la convention conclue avec le Japon, l'Autriche a complété la règle COP par une règle LOB.

B. Conclusion

L'Albanie, l'Arabie saoudite, l'Arménie, l'Australie, la Barbade, Bahreïn, le Belize, la Bosnie-Herzégovine, le Danemark, l'Égypte, les Émirats arabes unis, le Kazakhstan, la Macédoine du Nord, la Malaisie, le Maroc, la Nouvelle-Zélande, Saint-Marin et la Tunisie ont notifié leurs conventions avec l'Autriche aux fins de l'IM, ce qui équivaut à une demande de mise en œuvre du standard minimum dans ces conventions.

L'Autriche se prépare à donner effet à un plan de mise en œuvre du standard minimum dans ses conventions conclues avec l'Albanie, l'Arabie saoudite, l'Arménie, la Barbade, le Bélarus, le Belize, la Bosnie-Herzégovine, le Danemark, l'Égypte, la Géorgie, l'Islande, le Kazakhstan, la Macédoine du Nord, la Malaisie, le Maroc, la Mongolie, le Monténégro, Saint-Marin, la Thaïlande, la Tunisie et le Viet Nam, en faisant une notification pour étendre la liste de conventions fiscales couvertes par l'IM pour inclure ces conventions

L'Autriche a élaboré un plan de mise en œuvre du standard minimum dans sa convention conclue avec la Suède. L'Autriche a indiqué, dans sa réponse au questionnaire d'examen par les pairs, que des négociations bilatérales seraient engagées en ce qui concerne cet accord.

Synthèse de la réponse de la juridiction – Autriche

	1. Partenaires conventionnels	2. Conformité avec le standard	3. Signature d'un instrument de mise en conformité	4. Recours à la disposition relative au standard minimum
1	Afrique du Sud	Non	Oui, IM	COP
2	Allemagne	Non	Oui, IM	COP
3	Argentine	Non	Oui, autres	COP
4	Australie	Non	Non	N/C
5	Bahreïn	Non	Non	N/C
6	Belgique	Oui, IM		COP
7	Brésil	Non	Non	N/C
8	Bulgarie	Non	Oui, IM	COP
9	Canada	Oui, IM		COP
10	Chili	Non	Oui, IM	COP
11	Chine (République populaire de)	Non	Oui, IM	COP
12	Chypre*	Oui, IM		COP
13	Corée	Non	Non	COP
14	Croatie	Non	Oui, IM	COP
15	Émirats arabes unis	Non	Non	N/C
16	Espagne	Non	Oui, IM	COP
17	Estonie	Non	Oui, IM	COP
18	États-Unis	Non	Non	N/C
19	Fédération de Russie	Oui, IM		COP
20	Finlande	Oui, IM		COP
21	France	Oui, IM		COP
22	Grèce	Non	Oui, IM	COP
23	Hong Kong (Chine)	Non	Oui, IM	COP
24	Hongrie	Non	Oui, IM	COP
25	Inde	Oui, IM		COP
26	Indonésie	Non	Non	N/C
27	Irlande	Oui, IM		COP
28	Israël	Oui, IM		COP
29	Italie	Non	Oui, IM	COP

30	Japon	Oui, autres		COP + LOB
31	Kosovo*	Oui, autres		COP
32	Koweït*	Non	Non	N/C
33	Lettonie	Oui, IM		COP
34	Liechtenstein	Oui, autres		COP
35	Lituanie	Oui, IM		COP
36	Luxembourg	Oui, IM		COP
37	Malte	Oui, IM		COP
38	Mexique	Non	Oui, IM	COP
39	Norvège	Non	Non	N/C
40	Nouvelle-Zélande	Non	Non	N/C
41	Ouzbékistan*	Non	Non	N/C
42	Pakistan	Oui, IM		COP
43	Pays-Bas	Oui, IM		COP
44	Pologne	Oui, IM		COP
45	Portugal	Oui, IM		COP
46	Qatar	Non	Non	N/C
47	République slovaque	Oui, IM		COP
48	République tchèque	Oui, IM		COP
49	Roumanie	Non	Oui, IM	COP
50	Royaume-Uni	Oui, autres		COP
51	Serbie	Oui, IM		COP
52	Singapour	Oui, IM		COP
53	Slovénie	Oui, IM		COP
54	Suisse	Non	Oui, IM	COP
55	Turquie	Non	Oui, IM	COP
56	Ukraine	Non	Oui, autres	COP

Autres conventions

	1. Partenaires conventionnels	2. Membre du Cadre inclusif
1	Albanie	Oui
2	Algérie*	Non
3	Arabie saoudite	Oui
4	Arménie	Oui
5	Azerbaïdjan*	Non
6	Barbade	Oui
7	Bélarus	Oui
8	Belize	Oui
9	Bosnie-Herzégovine	Oui
10	Cuba*	Non
11	Danemark	Oui
12	Égypte	Oui
13	Géorgie	Oui
14	Iran*	Non
15	Islande	Oui
16	Kazakhstan	Oui
17	Kirghizistan*	Non
18	Macédoine du Nord	Oui
19	Malaisie	Oui
20	Maroc	Oui
21	Moldova*	Non

22	Mongolie	Oui
23	Monténégro	Oui
24	Népal*	Non
25	Philippines*	Non
26	Saint-Marin	Oui
27	Suède	Oui
28	Tadjikistan*	Non
29	Taipei chinois*	Non
30	Thaïlande	Oui
31	Tunisie	Oui
32	Turkménistan*	Non
33	Venezuela*	Non
34	Viet Nam	Oui

Bahamas

A. Progrès dans la mise en œuvre du standard minimum

Les Bahamas n'ont aucune convention fiscale en vigueur, comme l'indique leur réponse au questionnaire d'examen par les pairs.

B. Conclusion

Aucune juridiction n'a signalé de préoccupation concernant les Bahamas.

Bahreïn

A. Progrès dans la mise en œuvre du standard minimum

Bahreïn compte 44 conventions fiscales en vigueur[32], comme l'indique sa réponse au questionnaire d'examen par les pairs. Aucune de ces conventions n'est conforme au standard minimum.

Bahreïn a signé l'IM en 2020 et a notifié ses conventions non conformes. Les conventions qui seront modifiées par l'IM deviendront conformes au standard minimum une fois que les dispositions de l'IM auront pris effet.

Bahreïn a indiqué dans sa réponse au questionnaire d'examen par les pairs avoir pris des mesures (autres qu'au titre de l'IM) afin de mettre en œuvre le standard minimum dans ses conventions avec l'Autriche et les Bermudes.

Bahreïn met en œuvre le standard minimum par l'inclusion de la déclaration du préambule et de la règle COP[33].

B. Conclusion

Recommandation

Il est recommandé que Bahreïn prenne les mesures nécessaires afin que l'IM prenne effet au regard de ses conventions fiscales notifiées aux fins de l'IM, car ces conventions ne seront modifiées par l'IM (et ne deviendront conformes au standard minimum) qu'une fois que les dispositions de l'IM auront pris effet.

Synthèse de la réponse de la juridiction – Bahreïn

	1. Partenaires conventionnels	2. Conformité avec le standard	3. Signature d'un instrument de mise en conformité	4. Recours à la disposition relative au standard minimum
1	Algérie*	Non	Non	COP
2	Autriche	Non	Non	COP
3	Bangladesh*	Non	Non	COP
4	Barbade	Non	Oui, IM	COP
5	Bélarus	Non	Non	COP
6	Belgique	Non	Oui, IM	COP
7	Bermudes	Non	Non	COP
8	Brunei Darussalam	Non	Non	COP
9	Bulgarie	Non	Oui, IM	COP

[32] Bahreïn a aussi conclu un accord avec la Suisse, qui est entré en vigueur le 27 juillet 2021. Ainsi, à cette date, Bahreïn a 45 conventions fiscales en vigueur. La convention avec la Suisse est conforme au standard minimum.

[33] Pour ses conventions notifiées aux fins de l'IM, Bahreïn choisit d'appliquer la disposition de la déclaration du préambule (article 6 de l'IM) et la règle COP (article 7 de l'IM).

10	Chine (République populaire de)	Non	Oui, IM	COP
11	Chypre*	Non	Oui, IM	COP
12	Corée	Non	Oui, IM	COP
13	Égypte	Non	Oui, IM	COP
14	Estonie	Non	Oui, IM	COP
15	France	Non	Oui, IM	COP
16	Géorgie	Non	Non	COP
17	Hongrie	Non	Oui, IM	COP
18	Île de Man	Non	Oui, IM	COP
19	Iran*	Non	Non	COP
20	Irlande	Non	Oui, IM	COP
21	Jordanie	Non	Oui, IM	COP
22	Liban*	Non	Non	COP
23	Luxembourg	Non	Oui, IM	COP
24	Malaisie	Non	Oui, IM	COP
25	Malte	Non	Oui, IM	COP
26	Maroc	Non	Oui, IM	COP
27	Mexique	Non	Oui, IM	COP
28	Ouzbékistan*	Non	Non	COP
29	Pakistan	Non	Oui, IM	COP
30	Pays-Bas	Non	Oui, IM	COP
31	Philippines*	Non	Non	COP
32	Portugal	Non	Oui, IM	COP
33	République arabe syrienne*	Non	Non	COP
34	République tchèque	Non	Non	COP
35	Royaume-Uni	Non	Oui, IM	COP
36	Seychelles	Non	Oui, IM	COP
37	Singapour	Non	Oui, IM	COP
38	Soudan*	Non	Non	COP
39	Sri Lanka	Non	Non	COP
40	Tadjikistan*	Non	Non	COP
41	Thaïlande	Non	Non	COP
42	Turkménistan*	Non	Non	COP
43	Turquie	Non	Oui, IM	COP
44	Yémen*	Non	Non	COP

Barbade

A. Progrès dans la mise en œuvre du standard minimum

La Barbade compte 31 conventions fiscales en vigueur, comme l'indique sa réponse au questionnaire d'examen par les pairs, y compris la convention multilatérale entre les membres de la CARICOM conclue avec dix de ses partenaires (la convention de la CARICOM).[34]. L'une de ces conventions, celle conclue avec Maurice, est conforme au standard minimum.

La Barbade a signé l'IM en 2018, déposé son instrument de ratification le 21 décembre 2020, et notifié ses conventions fiscales bilatérales non conformes conclues avec d'autres membres du Cadre inclusif. L'IM est entrée en vigueur pour la Barbade le 1er avril 2021. Les conventions qui seront modifiées par l'IM deviendront conformes au standard minimum une fois que les dispositions de l'IM auront pris effet.

La Barbade met en œuvre le standard minimum par l'inclusion de la déclaration du préambule et de la règle COP[35].

B. Conclusion

La convention de la CARICOM n'est pas conforme au standard minimum à ce stade et des discussions visant à la mettre à jour devraient être envisagées[36].

Synthèse de la réponse de la juridiction – Barbade

	1. Partenaires conventionnels	2. Conformité avec le standard	3. Signature d'un instrument de mise en conformité	4. Recours à la disposition relative au standard minimum
1	Autriche	Non	Non	COP
2	Bahreïn	Non	Oui, IM	COP
3	Botswana	Non	Non	COP
4	Canada	Non	Oui, IM	COP
5	Chine (République populaire de)	Non	Oui, IM	COP
6	Chypre*	Non	Oui, IM	COP
7	Émirats arabes unis	Non	Oui, IM	COP

[34] Accord entre les gouvernements des États membres de la Communauté des Caraïbes tendant à éviter la double imposition et à prévenir l'évasion fiscale en matière d'impôts sur le revenu, sur les profits ou les gains en capital et pour l'encouragement du commerce régional et de l'investissement, 6 juillet 1994, Saint-Michel (Barbade) ; entre Antigua-et-Barbuda (18 février 1998), la Barbade (7 juillet 1995), le Belize (30 novembre 1994), la Dominique (19 juin 1996), Grenade (1er mars 1996), le Guyana* (26 novembre 1997), Jamaïque (16 février 1995), Saint-Kitts-et-Nevis (8 mai 1997), Sainte-Lucie (22 mai 1995), Saint-Vincent (12 février 1998) et Trinité-et-Tobago (29 novembre 1994). Au total, la Barbade a identifié 40 « accords » dans sa liste des conventions : 30 conventions bilatérales et la convention de la CARICOM conclue avec dix de ses partenaires.

[35] Pour ses conventions notifiées aux fins de l'IM, la Barbade choisit d'appliquer la disposition de la déclaration du préambule (article 6 de l'IM) et la règle COP (article 7 de l'IM).

[36] Les révisions de la convention de la CARICOM nécessitent l'accord de ses onze partenaires.

8	Espagne	Non	Oui, IM	COP
9	États-Unis	Non	Non	COP
10	Finlande	Non	Oui, IM	COP
11	Islande	Non	Oui, IM	COP
12	Italie	Non	Oui, IM	COP
13	Luxembourg	Non	Oui, IM	COP
14	Malte	Non	Oui, IM	COP
15	Maurice	Oui, IM		COP
16	Mexique	Non	Oui, IM	COP
17	Norvège	Non	Non	COP
18	Panama	Non	Oui, IM	COP
19	Pays-Bas	Non	Oui, IM	COP
20	Portugal	Non	Oui, IM	COP
21	Qatar	Non	Oui, IM	COP
22	République tchèque	Non	Non	COP
23	Royaume-Uni	Non	Oui, IM	COP
24	Saint-Marin	Non	Oui, IM	COP
25	Seychelles	Non	Oui, IM	COP
26	Singapour	Non	Oui, IM	COP
27	Suède	Non	Oui, IM	COP
28	Suisse	Non	Non	COP
29	Venezuela*	Non	Non	COP

Autres conventions

	1. Partenaires conventionnels	2. Membre du Cadre inclusif
1	Antigua-et-Barbuda	Oui
2	Belize	Oui
3	Cuba*	Non
4	Dominique	Oui
5	Grenade	Oui
6	Guyana*	Non
7	Jamaïque	Oui
8	Sainte-Lucie	Oui
9	Saint-Kitts-et-Nevis	Oui
10	Saint-Vincent-et-les-Grenadines	Oui
11	Trinité-et-Tobago	Oui

Bélarus

A. Progrès dans la mise en œuvre du standard minimum

Le Bélarus compte 72 conventions fiscales en vigueur, comme l'indique sa réponse au questionnaire d'examen par les pairs. Deux de ces conventions sont conformes au standard minimum.

Le Bélarus n'a pas signé l'IM.

Le Bélarus met en œuvre le standard minimum par l'inclusion de la déclaration du préambule et de la règle COP.

Dans leurs réponses au questionnaire d'examen par les pairs, l'Allemagne, l'Italie et le Japon ont indiqué que leurs conventions avec le Bélarus ne soulevaient pas de préoccupation importante en matière de chalandage fiscal au regard de leurs juridictions respectives.

B. Conclusion

Recommandation

Il est recommandé que le Bélarus élabore un plan de mise en œuvre du standard minimum dans ses conventions pour lesquelles aucune mesure n'a encore été prise et qui ont été conclues avec des membres du Cadre inclusif du BEPS (Afrique du Sud, Arabie saoudite, Arménie, Autriche, Bahreïn, Belgique, Bulgarie, Chine (République populaire de), Croatie, Corée, Danemark, Égypte, Espagne, Estonie, Émirats arabes unis, Finlande, France, Géorgie, Hongrie, Inde, Indonésie, Irlande, Israël, Kazakhstan, Lettonie, Lituanie, Macédoine du Nord, Malaisie, Mongolie, Monténégro, Oman, Pays-Bas, Pakistan, Pologne, Qatar, République slovaque, République tchèque, Roumanie, Fédération de Russie, Serbie, Singapour, Slovénie, Sri Lanka, Suède, Suisse, Thaïlande, Turquie, Ukraine et Viet Nam).

Synthèse de la réponse de la juridiction – Bélarus

	1. Partenaires conventionnels	2. Conformité avec le standard	3. Signature d'un instrument de mise en conformité	4. Recours à la disposition relative au standard minimum
1	États-Unis	Non	Non	LOB détaillée
2	Hong Kong (Chine)	Oui, autres		COP
3	Royaume-Uni	Oui, autres		COP

Autres conventions

	1. Partenaires conventionnels	2. Membre du Cadre inclusif
1	Afrique du Sud	Oui
2	Allemagne	Oui
3	Arabie saoudite	Oui

4	Arménie	Oui
5	Autriche	Oui
6	Azerbaïdjan*	Non
7	Bahreïn	Oui
8	Bangladesh*	Non
9	Belgique	Oui
10	Bulgarie	Oui
11	Chine (République populaire de)	Oui
12	Chypre*	Non
13	Corée	Oui
14	Croatie	Oui
15	Danemark	Oui
16	Égypte	Oui
17	Émirats arabes unis	Oui
18	Équateur*	Non
19	Espagne	Oui
20	Estonie	Oui
21	Fédération de Russie	Oui
22	Finlande	Oui
23	France	Oui
24	Géorgie	Oui
25	Hongrie	Oui
26	Inde	Oui
27	Indonésie	Oui
28	Iran*	Non
29	Irlande	Oui
30	Israël	Oui
31	Italie	Oui
32	Japon	Oui
33	Kazakhstan	Oui
34	Kirghizistan*	Non
35	Koweït*	Non
36	Laos*	Non
37	Lettonie	Oui
38	Liban*	Non
39	Lituanie	Oui
40	Macédoine du Nord	Oui
41	Malaisie	Oui
42	Moldova*	Non
43	Mongolie	Oui
44	Monténégro	Oui
45	Oman	Oui
46	Ouzbékistan*	Non
47	Pakistan	Oui
48	Pays-Bas	Oui
49	Pologne	Oui
50	Qatar	Oui
51	République populaire démocratique de Corée*	Non
52	République slovaque	Oui
53	République tchèque	Oui
54	Roumanie	Oui
55	Serbie	Oui
56	Singapour	Oui

57	Slovénie	Oui
58	Sri Lanka	Oui
59	Suède	Oui
60	Suisse	Oui
61	Syrie*	Non
62	Tadjikistan*	Non
63	Thaïlande	Oui
64	Turkménistan*	Non
65	Turquie	Oui
66	Ukraine	Oui
67	Venezuela*	Non
68	Viet Nam	Oui

Belgique

A. Progrès dans la mise en œuvre du standard minimum

La Belgique compte 95 conventions fiscales en vigueur, comme l'indique sa réponse au questionnaire d'examen par les pairs. Trente-neuf de ces conventions sont conformes au standard minimum.

La Belgique a signé l'IM en 2017 et a déposé son instrument de ratification le 26 juin 2019. L'IM est entré en vigueur pour la Belgique le 1er octobre 2019. Les conventions qui seront modifiées par l'IM deviendront conformes au standard minimum une fois que les dispositions de l'IM auront pris effet.

La Belgique n'a pas notifié aux fins de l'IM ses conventions avec l'Allemagne, la Norvège et la Suisse mais a indiqué dans sa réponse au questionnaire d'examen par les pairs avoir pris des mesures (autres qu'au titre de l'IM) afin de mettre en œuvre le standard minimum dans ces conventions.

La Belgique met en œuvre le standard minimum par l'inclusion de la déclaration du préambule et de la règle COP[37].

B. Conclusion

Aucune juridiction n'a signalé de préoccupation relative à ses conventions conclues avec la Belgique.

Synthèse de la réponse de la juridiction – Belgique

	1. Partenaires conventionnels	2. Conformité avec le standard	3. Signature d'un instrument de mise en conformité	4. Recours à la disposition relative au standard minimum
1	Afrique du Sud	Non	Oui, IM	COP
2	Albanie*	Non	Oui, IM	COP
3	Algérie*	Non	Non	COP
4	Allemagne	Non	Non	COP
5	Argentine	Non	Oui, IM	COP
6	Arménie	Non	Oui, IM	COP
7	Australie	Oui, IM		COP
8	Autriche	Oui, IM		COP
9	Azerbaïdjan*	Non	Non	COP
10	Bahreïn	Non	Oui, IM	COP
11	Bangladesh*	Non	Non	COP
12	Bélarus	Non	Non	COP
13	Bosnie-Herzégovine	Oui, IM		COP
14	Brésil	Non	Non	COP
15	Bulgarie	Non	Oui, IM	COP
16	Canada	Oui, IM		COP
17	Chili	Non	Oui, IM	COP
18	Chine (République populaire de)	Non	Oui, IM	COP

37 Pour ses conventions notifiées aux fins de l'IM, la Belgique choisit d'appliquer la disposition de la déclaration du préambule (article 6 de l'IM) et la règle COP (article 7 de l'IM). Dans le cas de la convention conclue avec le Japon, la Belgique a complété la règle COP par une règle LOB.

19	Chypre*	Oui, IM		COP
20	Corée	Oui, IM		COP
21	Côte d'Ivoire	Non	Oui, IM	COP
22	Croatie	Non	Oui, IM	COP
23	Danemark	Oui, IM		COP
24	Égypte	Oui, IM		COP
25	Émirats arabes unis	Oui, IM		COP
26	Équateur*	Non	Non	COP
27	Espagne	Non	Oui, IM	COP
28	Estonie	Non	Oui, IM	COP
29	États-Unis	Non	Non	COP
30	Fédération de Russie	Oui, IM		COP
31	Finlande	Oui, IM		COP
32	France	Oui, IM		COP
33	Gabon	Non	Oui, IM	COP
34	Géorgie	Oui, IM		COP
35	Ghana*	Non	Non	COP
36	Grèce	Non	Oui, IM	COP
37	Hong Kong (Chine)	Non	Oui, IM	COP
38	Hongrie	Non	Oui, IM	COP
39	Inde	Oui, IM		COP
40	Indonésie	Oui, IM		COP
41	Irlande	Oui, IM		COP
42	Islande	Oui, IM		COP
43	Israël	Oui, IM		COP
44	Italie	Non	Oui, IM	COP
45	Japon	Oui, autres		COP et LOB
46	Kazakhstan	Oui, IM		COP
47	Kirghizistan*	Non	Non	COP
48	Kosovo*	Non	Non	COP
49	Koweït*	Non	Oui, IM	COP
50	Lettonie	Oui, IM		COP
51	Lituanie	Oui, IM		COP
52	Luxembourg	Oui, IM		COP
53	Macédoine du Nord	Non	Oui, IM	COP
54	Malaisie	Non	Oui, IM	COP
55	Malte	Oui, IM		COP
56	Maroc	Non	Oui, IM	COP
57	Maurice	Oui, IM		COP
58	Mexique	Non	Oui, IM	COP
59	Moldova*	Non	Non	COP
60	Mongolie	Non	Non	COP
61	Monténégro	Non	Non	COP
62	Nigéria	Non	Oui, IM	COP
63	Norvège	Non	Non	COP
64	Nouvelle-Zélande	Oui, IM		COP
65	Ouzbékistan*	Non	Non	COP
66	Pakistan	Oui, IM		COP
67	Pays-Bas	Non	Non	COP
68	Philippines*	Non	Non	COP
69	Pologne	Oui, IM		COP
70	Portugal	Oui, IM		COP
71	République démocratique du Congo	Non	Non	COP

72	République slovaque	Oui, IM		COP
73	République tchèque	Oui, IM		COP
74	Roumanie	Non	Oui, IM	COP
75	Royaume-Uni	Oui, IM		COP
76	Rwanda*	Non	Non	COP
77	Saint-Marin	Oui, IM		COP
78	Sénégal	Non	Oui, IM	COP
79	Serbie	Oui, IM		COP
80	Seychelles	Non	Oui, IM	COP
81	Singapour	Oui, IM		COP
82	Slovénie	Oui, IM		COP
83	Sri Lanka	Non	Non	COP
84	Suède	Non	Oui, IM	COP
85	Suisse	Non	Non	COP
86	Tadjikistan*	Non	Non	COP
87	Thaïlande	Non	Non	COP
88	Tunisie	Non	Oui, IM	COP
89	Turkménistan*	Non	Non	COP
90	Turquie	Non	Oui, IM	COP
91	Ukraine	Oui, IM		COP
92	Uruguay	Oui, IM		COP
93	Venezuela*	Non	Non	COP
94	Viet Nam	Non	Non	COP

Autres conventions

	1. Partenaires conventionnels	2. Membre du Cadre inclusif
1	Taipei chinois*	Non

Belize

A. Progrès dans la mise en œuvre du standard minimum

Le Belize compte cinq conventions fiscales en vigueur, comme l'indique sa réponse au questionnaire d'examen par les pairs, y compris la convention multilatérale entre les membres de la CARICOM conclue avec dix de ses partenaires (la convention de la CARICOM)[38]. Aucune de ces conventions n'est conforme au standard minimum.

Le Belize a signé l'IM en 2019. Les conventions qui seront modifiées par l'IM deviendront conformes au standard minimum une fois que les dispositions de l'IM auront pris effet. Le Belize n'a pas notifié aux fins de l'IM sa convention avec les Émirats arabes unis. Aussi, à ce stade, ces conventions ne seront pas modifiées par l'IM. Les Émirats arabes unis ont notifié leur convention conclue avec le Belize dans la liste des couvertes qui seront modifiées par l'IM.

Le Belize met en œuvre le standard minimum par l'inclusion de la déclaration du préambule et de la règle COP[39].

B. Conclusion

Les Émirats arabes unis ont notifié leur convention avec le Belize dans leur liste de conventions fiscales qui seront couvertes par l'IM, ce qui équivaut à une demande de mise en œuvre du standard minimum. Le Belize a élaboré un plan de mise en œuvre du standard minimum dans sa convention conclue avec les Émirats arabes unis. Le Belize a indiqué dans sa réponse au questionnaire sur les examens par les pairs qu'il entendait mettre en œuvre le standard minimum en notifiant cette convention aux fins de l'IM dans sa Position définitive sur l'IM, qui sera déposée au moment où il déposera l'instrument de ratification de l'IM.

La convention de la CARICOM n'est pas conforme au standard minimum à ce stade et des discussions visant à la mettre à jour devraient être envisagées[40].

---

[38] Accord entre les gouvernements des États membres de la Communauté des Caraïbes tendant à éviter la double imposition et à prévenir l'évasion fiscale en matière d'impôts sur le revenu, sur les profits ou les gains en capital et pour l'encouragement du commerce régional et de l'investissement, 6 juillet 1994, Saint-Michel (Barbade) ; entre Antigua-et-Barbuda (18 février 1998), la Barbade (7 juillet 1995), le Belize (30 novembre 1994), la Dominique (19 juin 1996), Grenade (1er mars 1996), le Guyana* (26 novembre 1997), Jamaïque (16 février 1995), Saint-Kitts-et-Nevis (8 mai 1997), Sainte-Lucie (22 mai 1995), Saint-Vincent (12 février 1998) et Trinité-et-Tobago (29 novembre 1994). Au total, le Belize a notifié 13 « accords » dans sa liste de conventions fiscales : 13 conventions bilatérales ainsi que la convention de la CARICOM conclue avec dix de ses partenaires.

[39] Pour ses conventions notifiées aux fins de l'IM, le Belize choisit d'appliquer la disposition de la déclaration du préambule (article 6 de l'IM) et la règle COP (article 7 de l'IM).

[40] Les révisions de la convention de la CARICOM nécessitent l'accord de ses onze partenaires.

Recommandation

Il est recommandé que le Belize prenne les mesures nécessaires afin que l'IM prenne effet au regard de ses conventions fiscales notifiées aux fins de l'IM, car ces conventions ne seront modifiées par l'IM (et ne deviendront conformes au standard minimum) qu'une fois que les dispositions de l'IM auront pris effet.

Synthèse de la réponse de la juridiction – Belize

	1. Partenaires conventionnels	2. Conformité avec le standard	3. Signature d'un instrument de mise en conformité	4. Recours à la disposition relative au standard minimum
1	Antigua-et-Barbuda	Non	Non	
2	Autriche	Non	Non	COP
3	Barbade	Non	Non	
4	Dominique	Non	Non	
5	Grenade	Non	Non	
6	Guyana*	Non	Non	
7	Jamaïque	Non	Non	
8	Royaume-Uni	Non	Oui, IM	COP
9	Sainte-Lucie	Non	Non	
10	Saint-Kitts-et-Nevis	Non	Non	
11	Saint-Vincent-et-les-Grenadines	Non	Non	
12	Suisse	Non	Non	COP
13	Trinité-et-Tobago	Non	Non	

Autres conventions

	1. Partenaires conventionnels	2. Membre du Cadre inclusif
1	Émirats arabes unis	Oui

Bénin

A. Progrès dans la mise en œuvre du standard minimum

Le Bénin compte trois conventions fiscales en vigueur, ainsi que l'indique sa réponse au questionnaire d'examen par les pairs, y compris le Règlement multilatéral 08/2008/COM portant adoption des règles visant à éviter la double imposition au sein de l'Union économique et monétaire ouest-africaine (l'UEMOA) et des règles d'assistance en matière fiscale conclu avec sept de ses partenaires[41]. Aucune de ces conventions n'est conforme au standard minimum.

Le Bénin n'a pas signé l'IM.

B. Conclusion

Le Bénin développe présentement, en consultation avec le Secrétariat, un plan de mise en œuvre du standard minimum dans ses conventions avec la France et la Norvège.

La convention de l'UEMOA n'est pas conforme au standard minimum à ce stade, et des discussions visant à la mettre à jour devraient être envisagées[42].

Autres conventions

Le tableau ci-après répertorie les conventions non conformes, qui ne font pas l'objet d'un instrument de mise en conformité, qui n'ont pas donné lieu à une déclaration générale relative à l'application d'une règle détaillée de limitation des avantages, et pour lesquelles aucune mesure n'a été prise en vue de mettre en œuvre le standard minimum.

	1. Partenaires conventionnels	2. Membre du Cadre inclusif
1	Burkina Faso	Oui
2	Côte d'Ivoire	Oui
3	France	Oui
4	Guinée-Bissau*	Non
5	Mali*	Non
6	Niger*	Non
7	Norvège	Oui
8	Sénégal	Oui
9	Togo*	Non

[41] Règlement n° 08/2008/CM des pays de l'Union économique et monétaire ouest-africaine (UEMOA) du 26 septembre 2008 portant adoption des règles visant à éviter la double imposition au sein de l'UEMOA et des règles d'assistance en matière fiscale. Au total, le Belize a notifié 9 « accords » dans sa liste des conventions fiscales : deux conventions bilatérales et l'UEMOA conclue avec sept de ses partenaires.

[42] Les révisions de la convention de l'UEMOA nécessitent l'accord de ses huit partenaires.

Bermudes

A. Progrès dans la mise en œuvre du standard minimum

Les Bermudes comptent quatre conventions fiscales en vigueur, ainsi que l'indique leur réponse au questionnaire d'examen par les pairs. Aucune de ces conventions n'est conforme au standard minimum.

Les Bermudes ont signé un instrument bilatéral de mise en conformité concernant sa convention avec le Qatar.

Les Bermudes ont indiqué dans leur réponse au questionnaire d'examen par les pairs avoir pris des mesures (autres qu'au titre de l'IM) afin de mettre en œuvre le standard minimum dans leurs conventions avec Bahreïn, les Seychelles et les Émirats arabes unis.

B. Conclusion

Aucune juridiction n'a signalé de préoccupation relative à ses conventions conclues avec les Bermudes.

Synthèse de la réponse de la juridiction – Bermudes

	1. Partenaires conventionnels	2. Conformité avec le standard	3. Signature d'un instrument de mise en conformité	4. Recours à la disposition relative au standard minimum
1	Bahreïn	Non	Non	
2	Émirats arabes unis	Non	Non	
3	Qatar	Non	Oui, autres	COP
4	Seychelles	Non	Non	

Bosnie-Herzégovine

A. Progrès dans la mise en œuvre du standard minimum

La Bosnie-Herzégovine compte 38 conventions fiscales en vigueur, comme l'indique sa réponse au questionnaire d'examen par les pairs. Seize de ces conventions sont conformes au standard minimum.

La Bosnie-Herzégovine a signé l'IM en 2019, déposé son instrument de ratification le 16 septembre 2020, et notifié ses conventions fiscales non conformes conclues avec d'autres membres du Cadre inclusif. L'IM est entré en vigueur pour la Bosnie-Herzégovine le 1er janvier 2021. Les conventions qui seront modifiées par l'IM deviendront conformes au standard minimum une fois que les dispositions de l'IM auront pris effet.

La Bosnie-Herzégovine met en œuvre le standard minimum par l'inclusion de la déclaration du préambule et de la règle COP[43].

B. Conclusion

Aucune juridiction n'a signalé de préoccupation relative à ses conventions conclues avec la Bosnie-Herzégovine.

Synthèse de la réponse de la juridiction – Bosnie-Herzégovine

	1. Partenaires conventionnels	2. Conformité avec le standard	3. Signature d'un instrument de mise en conformité	4. Recours à la disposition relative au standard minimum
1	Albanie	Oui, IM		COP
2	Algérie*	Non	Non	COP
3	Allemagne	Non	Non	COP
4	Autriche	Non	Non	COP
5	Azerbaïdjan*	Non	Non	COP
6	Belgique	Oui, IM		COP
7	Chine (République populaire de)	Non	Oui, IM	COP
8	Chypre*	Oui, IM		COP
9	Croatie	Non	Oui, IM	COP
10	Émirats arabes unis	Oui, IM		COP
11	Espagne	Non	Oui, IM	COP
12	Finlande	Oui, IM		COP
13	France	Oui, IM		COP
14	Grèce	Non	Oui, IM	COP
15	Hongrie	Non	Oui, IM	COP
16	Irlande	Oui, IM		COP
17	Italie	Non	Oui, IM	COP
18	Jordanie	Oui, IM		COP
19	Koweït*	Non	Oui, IM	COP
20	Macédoine du Nord	Non	Oui, IM	COP
21	Malaisie	Non	Oui, IM	COP

43 Pour ses conventions notifiées aux fins de l'IM, la Bosnie-Herzégovine choisit d'appliquer la disposition de la déclaration du préambule (article 6 de l'IM) et la règle COP (article 7 de l'IM).

22	Moldova*	Non	Non	COP
23	Monténégro	Non	Non	COP
24	Norvège	Non	Non	COP
25	Pakistan	Oui, IM		COP
26	Pays-Bas	Oui, IM		COP
27	Pologne	Oui, IM		COP
28	Qatar	Oui, IM		COP
29	République slovaque	Oui, IM		COP
30	République tchèque	Non	Non	COP
31	Roumanie	Non	Oui, IM	COP
32	Royaume-Uni	Oui, IM		COP
33	Serbie	Oui, IM		COP
34	Slovénie	Oui, IM		COP
35	Sri Lanka	Non	Non	COP
36	Suède	Non	Non	COP
37	Turquie	Non	Oui, IM	COP

Autres conventions

	1. Partenaires conventionnels	2. Membre du Cadre inclusif
1	Iran*	Non

Botswana

A. Progrès dans la mise en œuvre du standard minimum

Le Botswana compte 19 conventions fiscales en vigueur, comme l'indique sa réponse au questionnaire d'examen par les pairs. Une de ces conventions, celle avec le les Émirats arabes unis, est conforme au standard minimum.

Le Botswana n'a pas signé l'IM.

Le Botswana met en œuvre le standard minimum par l'inclusion de la déclaration du préambule et de la règle COP.

B. Conclusion

Le Botswana a élaboré un plan de mise en œuvre du standard minimum dans ses conventions avec la Barbade, la Chine (République populaire de), l'Eswatini, la France, l'Inde, l'Irlande, Malte, Maurice, la Namibie, la République tchèque, la Fédération de Russie, le Royaume-Uni, les Seychelles, la Suède et la Zambie. Le Botswana a indiqué dans sa réponse au questionnaire d'examen par les pairs qu'il prévoyait de signer l'IM et de notifier les conventions qui seront couvertes par l'IM.

Synthèse de la réponse de la juridiction – Botswana

	1. Partenaires conventionnels	2. Conformité avec le standard	3. Signature d'un instrument de mise en conformité	4. Recours à la disposition relative au standard minimum
1	Émirats arabes unis	Oui, autres		COP

Autres conventions

	1. Partenaires conventionnels	2. Membre du Cadre inclusif
1	Afrique du Sud	Oui
2	Barbade	Oui
3	Chine (République populaire de)	Oui
4	Eswatini	Oui
5	Fédération de Russie	Oui
6	France	Oui
7	Inde	Oui
8	Irlande	Oui
9	Malte	Oui
10	Maurice	Oui
11	Mozambique*	Non
12	Namibie	Oui
13	République tchèque	Oui
14	Royaume-Uni	Oui
15	Seychelles	Oui
16	Suède	Oui
17	Zambie	Oui
18	Zimbabwe*	Non

Brésil

A. Progrès dans la mise en œuvre du standard minimum

Le Brésil compte 35 conventions fiscales en vigueur, comme l'indique sa réponse au questionnaire d'examen par les pairs. Trois de ces conventions sont conformes au standard minimum.

Le Brésil n'a pas signé l'IM.

Le Brésil a signé un instrument bilatéral de mise en conformité concernant sa convention avec la Suède.

Le Brésil a indiqué dans sa réponse au questionnaire d'examen par les pairs que des mesures ont été prises (autres qu'au titre de l'IM) pour mettre en œuvre le standard minimum dans ses conventions avec l'Afrique du Sud, l'Autriche, la Belgique, le Canada, le Chili, la Chine (République populaire de), la Corée, le Danemark, l'Équateur*, l'Espagne, la Finlande, la France, la Hongrie, l'Inde, Israël, l'Italie, le Japon, le Luxembourg, le Mexique, la Norvège, les Pays-Bas, le Pérou, les Philippines*, le Portugal, la République slovaque, la République tchèque, la Fédération de Russie, Trinité-et-Tobago, la Turquie et l'Ukraine.

Le Brésil met en œuvre le standard minimum par l'inclusion de la disposition de la déclaration du préambule et la règle COP associée à la règle LOB.

B. Conclusion

Aucune juridiction n'a signalé de préoccupation relative à ses conventions conclues avec le Brésil.

Synthèse de la réponse de la juridiction – Brésil

	1. Partenaires conventionnels	2. Conformité avec le standard	3. Signature d'un instrument de mise en conformité	4. Recours à la disposition relative au standard minimum
1	Afrique du Sud	Non	Non	
2	Argentine	Oui, autres		COP + LOB
3	Autriche	Non	Non	
4	Belgique	Non	Non	
5	Canada	Non	Non	
6	Chili	Non	Non	
7	Chine (République populaire de)	Non	Non	
8	Corée	Non	Non	
9	Danemark	Non	Non	
10	Émirats arabes unis	Oui, autres		COP + LOB
11	Équateur*	Non	Non	
12	Espagne	Non	Non	
13	Fédération de Russie	Non	Non	
14	Finlande	Non	Non	
15	France	Non	Non	
16	Hongrie	Non	Non	
17	Inde	Non	Non	
18	Israël	Non	Non	
19	Italie	Non	Non	
20	Japon	Non	Non	

21	Luxembourg	Non	Non	
22	Mexique	Non	Non	
23	Norvège	Non	Non	
24	Pays-Bas	Non	Non	
25	Pérou	Non	Non	
26	Philippines*	Non	Non	
27	Portugal	Non	Non	
28	République slovaque	Non	Non	
29	République tchèque	Non	Non	
30	Suède	Non	Oui, autres	COP + LOB
31	Suisse	Oui, autres		COP
32	Trinité-et-Tobago	Non	Non	
33	Turquie	Non	Non	
34	Ukraine	Non	Non	

Autres conventions

	1. Partenaires conventionnels	2. Membre du Cadre inclusif
1	Venezuela*	Non

Brunei Darussalam

A. Progrès dans la mise en œuvre du standard minimum

Le Brunei Darussalam compte 18 conventions fiscales en vigueur, comme l'indique sa réponse au questionnaire d'examen par les pairs. Aucune de ces conventions n'est conforme au standard minimum.

Le Brunei Darussalam n'a pas signé l'IM.

B. Conclusion

Le Brunei Darussalam a élaboré un plan de mise en œuvre du standard minimum dans ses conventions avec Bahreïn, la Chine (République populaire de), la Corée, les Émirats arabes unis, Hong Kong (Chine), l'Indonésie, le Japon, le Luxembourg, la Malaisie, Oman, le Pakistan, le Qatar, Singapour, le Royaume-Uni et le Viet Nam. Le Brunei Darussalam a indiqué dans sa réponse au questionnaire d'examen par les pairs qu'il modifiait actuellement son cadre juridique en vue d'adhérer à l'IM.

Autres conventions

Le tableau ci-après répertorie les conventions non conformes, qui ne font pas l'objet d'un instrument de mise en conformité, qui n'ont pas donné lieu à une déclaration générale relative à l'application d'une règle détaillée de limitation des avantages, et pour lesquelles aucune mesure n'a été prise en vue de mettre en œuvre le standard minimum.

	1. Partenaires conventionnels	2. Membre du Cadre inclusif
1	Bahreïn	Oui
2	Cambodge*	Non
3	Chine (République populaire de)	Oui
4	Corée	Oui
5	Émirats arabes unis	Oui
6	Hong Kong (Chine)	Oui
7	Indonésie	Oui
8	Japon	Oui
9	Koweït*	Non
10	Luxembourg	Oui
11	Malaisie	Oui
12	Oman	Oui
13	Pakistan	Oui
14	Qatar	Oui
15	République démocratique populaire lao*	Non
16	Royaume-Uni	Oui
17	Singapour	Oui
18	Viet Nam	Oui

Bulgarie

A. Progrès dans la mise en œuvre du standard minimum

La Bulgarie compte 71 conventions fiscales en vigueur, comme l'indique sa réponse au questionnaire d'examen par les pairs. Deux de ces conventions sont conformes au standard minimum.

La Bulgarie a signé l'IM en 2017. Les conventions qui seront modifiées par l'IM deviendront conformes au standard minimum une fois que les dispositions de l'IM auront pris effet.

La Bulgarie n'a pas notifié aux fins de l'IM ses conventions avec la Finlande, Malte et les Pays-Bas[44], mais a indiqué dans sa réponse au questionnaire d'examen par les pairs avoir pris des mesures (autres qu'au titre de l'IM) afin de mettre en œuvre le standard minimum dans ses conventions avec l'Allemagne, la Finlande, le Luxembourg, Malte, l'Ouzbékistan*, les Pays-Bas et la Suisse.

La Bulgarie met en œuvre le standard minimum par l'inclusion de la déclaration du préambule et de la règle COP[45].

B. Conclusion

Recommandation

Il est recommandé que la Bulgarie prenne les mesures nécessaires afin que l'IM prenne effet au regard de ses conventions fiscales notifiées aux fins de l'IM, car ces conventions ne seront modifiées par l'IM (et ne deviendront conformes au standard minimum) qu'une fois que les dispositions de l'IM auront pris effet.

Synthèse de la réponse de la juridiction – Bulgarie

	1. Partenaires conventionnels	2. Conformité avec le standard	3. Signature d'un instrument de mise en conformité	4. Recours à la disposition relative au standard minimum
1	Afrique du Sud	Non	Oui, IM	COP
2	Albanie	Non	Oui, IM	COP
3	Algérie*	Non	Non	COP
4	Allemagne	Non	Non	COP
5	Arabie saoudite	Oui, autres		COP
6	Arménie	Non	Oui, IM	COP
7	Autriche	Non	Oui, IM	COP

44 La Bulgarie a indiqué que la nouvelle convention conclue avec les Pays-Bas, qui est conforme au standard minimum, a été signé et devrait entrer en vigueur plus tard en 2021.

45 Si la Bulgarie a choisi d'appliquer la règle COP et la règle LOB au moment de la signature de l'IM, elle a indiqué dans sa réponse au questionnaire sur les examens par les pairs qu'elle entendait modifier sa Position sur l'IM pour mettre en œuvre le standard minimum en incluant uniquement le préambule (article 6 de l'IM) et la règle COP (article 7 de l'IM). La Bulgarie a formulé une réserve conformément l'article 6(4) de l'IM (concernant deux conventions).

8	Azerbaïdjan*	Non	Non	COP
9	Bahreïn	Non	Oui, IM	COP
10	Bélarus	Non	Non	COP
11	Belgique	Non	Oui, IM	COP
12	Canada	Non	Oui, IM	COP
13	Chine (République populaire de)	Non	Oui, IM	COP
14	Chypre*	Non	Oui, IM	COP
15	Corée	Non	Oui, IM	COP
16	Croatie	Non	Oui, IM	COP
17	Danemark	Non	Oui, IM	COP
18	Égypte	Non	Oui, IM	COP
19	Émirats arabes unis	Non	Oui, IM	COP
20	Espagne	Non	Oui, IM	COP
21	Estonie	Non	Oui, IM	COP
22	États-Unis	Non	Non	COP + LOB
23	Fédération de Russie	Non	Oui, IM	COP
24	Finlande	Non	Non	
25	France	Non	Oui, IM	COP
26	Géorgie	Non	Oui, IM	COP
27	Grèce	Non	Oui, IM	COP
28	Hongrie	Non	Oui, IM	COP
29	Inde	Non	Oui, IM	COP
30	Indonésie	Non	Oui, IM	COP
31	Iran*	Non	Non	COP
32	Irlande	Non	Oui, IM	COP
33	Israël	Non	Oui, IM	COP
34	Italie	Non	Oui, IM	COP
35	Japon	Non	Oui, IM	COP
36	Jordanie	Non	Oui, IM	COP
37	Kazakhstan	Non	Oui, IM	COP
38	Koweït*	Non	Oui, IM	COP
39	Lettonie	Non	Oui, IM	COP
40	Liban*	Non	Non	COP
41	Lituanie	Non	Oui, IM	COP
42	Luxembourg	Non	Oui, IM	COP
43	Macédoine du Nord	Non	Oui, IM	COP
44	Malte	Non	Non	
45	Maroc	Non	Oui, IM	COP
46	Moldova*	Non	Non	COP
47	Mongolie	Non	Non	COP
48	Monténégro	Non	Non	COP
49	Norvège	Non	Oui, IM	COP
50	Ouzbékistan*	Non	Non	
51	Pakistan	Oui, autres		COP
52	Pays-Bas	Non	Oui, autres	COP
53	Pologne	Non	Oui, IM	COP
54	Portugal	Non	Oui, IM	COP
55	Qatar	Non	Oui, IM	COP
56	République arabe syrienne*	Non	Non	COP
57	République populaire démocratique de Corée*	Non	Non	COP
58	République slovaque	Non	Oui, IM	COP
59	République tchèque	Non	Oui, IM	COP
60	Roumanie	Non	Oui, IM	COP

61	Royaume-Uni	Non	Oui, IM	COP
62	Serbie	Non	Oui, IM	COP
63	Singapour	Non	Oui, IM	COP
64	Slovénie	Non	Oui, IM	COP
65	Suède	Non	Oui, IM	COP
66	Suisse	Non	Non	
67	Thaïlande	Non	Non	COP
68	Turquie	Non	Oui, IM	COP
69	Ukraine	Non	Oui, IM	COP
70	Viet Nam	Non	Non	COP
71	Zimbabwe*	Non	Non	COP

Burkina Faso

A. Progrès dans la mise en œuvre du standard minimum

Le Burkina Faso compte trois conventions fiscales en vigueur, comme l'indique sa réponse au questionnaire d'examen par les pairs, y compris le Règlement multilatéral °08/2008/COM portant adoption des règles visant à éviter la double imposition au sein de l'Union économique et monétaire ouest-africaine (UEMOA) et les règles d'assistance en matière fiscale conclu avec sept de ses partenaires[46]. Aucune de ces conventions n'est conforme au standard minimum.

Le Burkina Faso a signé l'IM en 2017, a déposé son instrument de ratification le 30 octobre 2020, et a notifié ses conventions fiscales bilatérales non conformes. L'IM est entré en vigueur pour le Burkina Faso le 1er février 2021. Les conventions qui seront modifiées par l'IM deviendront conformes au standard minimum une fois que les dispositions de l'IM auront pris effet.

Le Burkina Faso met en œuvre le standard minimum par l'inclusion de la déclaration du préambule et de la règle COP[47].

B. Conclusion

La convention de l'UEMOA n'est pas conforme au standard minimum à ce stade, et des discussions visant à la mettre à jour devraient être envisagées[48].

Synthèse de la réponse de la juridiction – Burkina Faso

	1. Partenaires conventionnels	2. Conformité avec le standard	3. Signature d'un instrument de mise en conformité	4. Recours à la disposition relative au standard minimum
1	France	Non	Oui, IM	COP
2	Tunisie	Non	Oui, IM	COP

Autres conventions

	1. Partenaires conventionnels	2. Membre du Cadre inclusif
1	Bénin	Oui
2	Côte d'Ivoire	Oui

[46] Règlement n° 08/2008/CM des pays de l'Union économique et monétaire ouest-africaine (UEMOA) du 26 septembre 2008 portant adoption des règles visant à éviter la double imposition au sein de l'UEMOA et des règles d'assistance en matière fiscale. Au total, le Burkina Faso a notifié 9 « accords » dans sa liste des conventions fiscales : deux conventions bilatérales et l'UEMOA conclue avec sept de ses partenaires.

[47] Pour ses conventions notifiées aux fins de l'IM, le Burkina Faso choisit d'appliquer la disposition de la déclaration du préambule (article 6 de l'IM) et la règle COP (article 7 de l'IM).

[48] Les révisions de la convention de l'UEMOA nécessitent l'accord de ses huit partenaires.

3	Guinée-Bissau*	Non
4	Mali*	Non
5	Niger	Non
6	Sénégal	Oui
7	Togo*	Non

Cabo Verde

A. Progrès dans la mise en œuvre du standard minimum

Le Cabo Verde compte cinq conventions fiscales en vigueur, comme l'indique sa réponse au questionnaire d'examen par les pairs. L'une de ces conventions, celle conclue avec le Sénégal, est conforme au standard minimum.

Le Cabo Verde n'a pas signé l'IM.

Le Cabo Verde a indiqué dans sa réponse au questionnaire d'examen par les pairs avoir pris des mesures (autres qu'au titre de l'IM) afin de mettre en œuvre le standard minimum dans ses conventions avec Macao (Chine), et le Portugal.

Le Cabo Verde met en œuvre le standard minimum par l'inclusion de la déclaration du préambule et de la règle COP.

B. Conclusion

Le Cabo Verde a élaboré un plan de mise en œuvre du standard minimum dans ses conventions conclues avec l'Espagne et Maurice. Le Cabo Verde a indiqué dans sa réponse au questionnaire d'examen par les pairs que des négociations bilatérales seraient engagées concernant ces conventions.

Synthèse de la réponse de la juridiction – Cabo Verde

	1. Partenaires conventionnels	2. Conformité avec le standard	3. Signature d'un instrument de mise en conformité	4. Recours à la disposition relative au standard minimum
1	Macao (Chine)	Non	Non	COP
2	Portugal	Non	Non	COP
3	Sénégal	Oui, autres		COP

Autres conventions

	1. Partenaires conventionnels	2. Membre du Cadre inclusif
1	Espagne	Oui
2	Maurice	Oui

Cameroun

A. Progrès dans la mise en œuvre du standard minimum

Le Cameroun compte six conventions fiscales en vigueur, ainsi que l'indique sa réponse au questionnaire d'examen par les pairs. Aucune de ces conventions n'est conforme au standard minimum.

Le Cameroun a signé l'IM en 2017 , et a notifié ses conventions non conformes[49]. Les conventions qui seront modifiées par l'IM deviendront conformes au standard minimum une fois que les dispositions de l'IM auront pris effet.

Le Cameroun met en œuvre le standard minimum par l'inclusion de la déclaration du préambule et de la règle COP[50].

B. Conclusion

Recommandation

Il est recommandé que le Cameroun prenne les mesures nécessaires afin que l'IM prenne effet au regard de ses conventions fiscales notifiées aux fins de l'IM, car ces conventions ne seront modifiées par l'IM (et ne deviendront conformes au standard minimum) qu'une fois que les dispositions de l'IM auront pris effet.

Synthèse de la réponse de la juridiction – Cameroun

	1. Partenaires conventionnels	2. Conformité avec le standard	3. Signature d'un instrument de mise en conformité	4. Recours à la disposition relative au standard minimum
1	Afrique du Sud	Non	Oui, IM	COP
2	Canada	Non	Oui, IM	COP
3	Émirats arabes unis	Non	Oui, IM	COP
4	France	Non	Oui, IM	COP
5	Maroc	Non	Oui, IM	COP
6	Tunisie	Non	Oui, IM	COP

49 La convention avec les Émirats arabes unis est incluse dans le projet de liste définitive des réserves et notifications au titre de l'IM du Cameroun, qui sera déposé lors du dépôt de l'instrument de ratification de l'IM par le Cameroun.

50 Pour ses conventions notifiées aux fins de l'IM, le Cameroun choisit d'appliquer la disposition de la déclaration du préambule (article 6 de l'IM) et la règle COP (article 7 de l'IM).

Canada

A. Progrès dans la mise en œuvre du standard minimum

Le Canada compte 94 conventions fiscales en vigueur[51], comme l'indique sa réponse au questionnaire d'examen par les pairs. Trente-six de ces conventions sont conformes au standard minimum.

Le Canada a signé l'IM en 2017 et a déposé son instrument de ratification le 29 août 2019. L'IM est entré en vigueur pour le Canada le 1er décembre 2019. Les conventions qui seront modifiées par l'IM deviendront conformes au standard minimum une fois que les dispositions de l'IM auront pris effet.

Le Canada a indiqué dans sa réponse au questionnaire d'examen par les pairs avoir pris des mesures (autres qu'au titre de l'IM) afin de mettre en œuvre le standard minimum dans les conventions conclues avec l'Allemagne, le Brésil, la Norvège, la Suisse et les États-Unis.

Le Canada met en œuvre le standard minimum par l'inclusion de la déclaration du préambule et de la règle COP[52].

B. Conclusion

Aucune juridiction n'a signalé de préoccupation relative à ses conventions conclues avec le Canada.

Synthèse de la réponse de la juridiction – Canada

	1. Partenaires conventionnels	2. Conformité avec le standard	3. Signature d'un instrument de mise en conformité	4. Recours à la disposition relative au standard minimum
1	Afrique du Sud	Non	Oui, IM	COP
2	Algérie*	Non	Non	COP
3	Allemagne	Non	Non	
4	Argentine	Non	Oui, IM	COP
5	Arménie	Non	Oui, IM	COP
6	Australie	Oui, IM		COP
7	Autriche	Oui, IM		COP
8	Azerbaïdjan*	Non	Non	COP
9	Bangladesh*	Non	Non	COP
10	Barbade	Non	Oui, IM	COP
11	Belgique	Oui, IM		COP
12	Brésil	Non	Non	
13	Bulgarie	Non	Oui, IM	COP

[51] Cela comprend un Arrangement entre le Bureau commercial du Canada à Taipei et le Bureau économique et culturel de Taipei au Canada en vue d'éviter les doubles impositions et de prévenir l'évasion fiscale en matière d'impôts sur le revenu.

[52] Pour ses conventions notifiées aux fins de l'IM, le Canada choisit d'appliquer la disposition de la déclaration du préambule (article 6 de l'IM) et la règle COP (article 7 de l'IM). Le Canada a déclaré, conformément à l'article 7(17)(a) de l'IM, que même si elle accepte d'appliquer uniquement la règle COP à titre provisoire, elle a l'intention d'adopter, dans la mesure du possible, une règle LOB venant compléter ou remplacer la règle COP via des négociations bilatérales.

14	Cameroun	Non	Oui, IM	COP
15	Chili	Non	Oui, IM	COP
16	Chine (République populaire de)	Non	Oui, IM	COP
17	Chypre*	Oui, IM		COP
18	Colombie	Non	Oui, IM	COP
19	Corée	Oui, IM		COP
20	Côte d'Ivoire	Non	Oui, IM	COP
21	Croatie	Non	Oui, IM	COP
22	Danemark	Oui, IM		COP
23	Égypte	Oui, IM		COP
24	Émirats arabes unis	Oui, IM		COP
25	Espagne	Non	Oui, IM	COP
26	Estonie	Non	Oui, IM	COP
27	États-Unis	Non	Non	
28	Fédération de Russie	Oui, IM		COP
29	Finlande	Oui, IM		COP
30	France	Oui, IM		COP
31	Gabon	Non	Oui, IM	COP
32	Grèce	Non	Oui, IM	COP
33	Hong Kong (Chine)	Non	Oui, IM	COP
34	Hongrie	Non	Oui, IM	COP
35	Inde	Oui, IM		COP
36	Indonésie	Oui, IM		COP
37	Irlande	Oui, IM		COP
38	Islande	Oui, IM		COP
39	Israël	Oui, IM		COP
40	Italie	Non	Oui, IM	COP
41	Jamaïque	Non	Oui, IM	COP
42	Japon	Oui, IM		COP
43	Jordanie	Oui, IM		COP
44	Kazakhstan	Oui, IM		COP
45	Kenya	Non	Oui, IM	COP
46	Koweït*	Non	Oui, IM	COP
47	Lettonie	Oui, IM		COP
48	Lituanie	Oui, IM		COP
49	Luxembourg	Oui, IM		COP
50	Malaisie	Non	Oui, IM	COP
51	Malte	Oui, IM		COP
52	Maroc	Non	Oui, IM	COP
53	Mexique	Non	Oui, IM	COP
54	Moldova*	Non	Non	COP
55	Mongolie	Non	Non	COP
56	Nigéria	Non	Oui, IM	COP
57	Norvège	Non	Non	N/C
58	Nouvelle-Zélande	Oui, IM		COP
59	Oman	Oui, IM		COP
60	Pakistan	Oui, IM		COP
61	Papouasie-Nouvelle-Guinée	Non	Oui, IM	COP
62	Pays-Bas	Oui, IM		COP
63	Pérou	Non	Oui, IM	COP
64	Philippines*	Non	Non	COP
65	Pologne	Oui, IM		COP
66	Portugal	Oui, IM		COP

67	République dominicaine	Non	Non	COP
68	République slovaque	Oui, IM		COP
69	République tchèque	Oui, IM		COP
70	Roumanie	Non	Oui, IM	COP
71	Royaume-Uni	Oui, IM		COP
72	Sénégal	Non	Oui, IM	COP
73	Serbie	Oui, IM		COP
74	Singapour	Oui, IM		COP
75	Slovénie	Oui, IM		COP
76	Sri Lanka	Non	Non	COP
77	Suède	Non	Oui, IM	COP
78	Suisse	Non	Non	N/C
79	Tanzanie*	Non	Non	COP
80	Thaïlande	Non	Non	COP
81	Trinité-et-Tobago	Non	Non	COP
82	Tunisie	Non	Oui, IM	COP
83	Turquie	Non	Oui, IM	COP
84	Ukraine	Oui, IM		COP
85	Viet Nam	Non	Non	COP
86	Zambie	Non	Non	COP
87	Zimbabwe*	Non	Non	COP

Autres conventions

	1. Partenaires conventionnels	2. Membre du Cadre inclusif
1	Équateur*	Non
2	Guyana*	Non
3	Kirghizistan*	Non
4	Madagascar*	Non
5	Ouzbékistan*	Non
6	Taipei chinois*	Non
7	Venezuela*	Non

Chili

A. Progrès dans la mise en œuvre du standard minimum

Le Chili compte 33 conventions fiscales en vigueur, comme l'indique sa réponse au questionnaire d'examen par les pairs. Cinq de ces conventions sont conformes au standard minimum.

Le Chili a signé l'IM en 2017, a déposé son instrument de ratification le 26 novembre 2020, et a notifié ses conventions fiscales non conformes. L'IM est entré en vigueur pour le Chili le 1er mars 2021. Les conventions qui seront modifiées par l'IM deviendront conformes au standard minimum une fois que les dispositions de l'IM auront pris effet.

Le Chili a indiqué dans sa réponse au questionnaire d'examen par les pairs avoir pris des mesures (autres qu'au titre de l'IM) afin de mettre en œuvre le standard minimum dans ses conventions avec le Brésil, l'Équateur* et le Paraguay.

Le Chili met en œuvre le standard minimum par l'inclusion de la disposition de la déclaration du préambule et de la règle COP associée à la règle LOB. Pour ses conventions conformes avec l'Italie et le Japon, le standard minimum est mis en œuvre par l'inclusion de la disposition de la déclaration du préambule et de la règle COP. [53]

B. Conclusion

Aucune juridiction n'a signalé de préoccupation relative à ses conventions conclues avec le Chili.

Synthèse de la réponse de la juridiction – Chili

	1. Partenaires conventionnels	2. Conformité avec le standard	3. Signature d'un instrument de mise en conformité	4. Recours à la disposition relative au standard minimum
1	Afrique du Sud	Non	Oui, IM	COP
2	Argentine	Oui, autres		COP + LOB
3	Australie	Non	Oui, IM	COP
4	Autriche	Non	Oui, IM	COP
5	Belgique	Non	Oui, IM	COP
6	Brésil	Non	Non	COP + LOB
7	Canada	Non	Oui, IM	COP
8	Chine (République populaire de)	Oui, autres		COP + LOB
9	Colombie	Non	Oui, IM	COP + LOB
10	Corée	Non	Oui, IM	COP

[53] Pour ses conventions notifiées aux fins de l'IM, le Chili choisit d'appliquer la disposition de la déclaration du préambule (article 6 de l'IM) et la règle COP (article 7 de l'IM). Le Chili a également opté pour la règle LOB simplifiée conformément à l'article 7(6) de l'IM, et a indiqué, en vertu de l'article 7(17)(a) de l'IM, que même s'il accepte l'application de la règle COP aux fins de l'IM, il a l'intention dans la mesure du possible d'adopter une règle LOB via des négociations bilatérales. Le Chili a formulé une réserve conformément à l'article 6(4) de l'IM afin de ne pas appliquer l'article 6(1) concernant les conventions qui contiennent déjà la version adéquate du préambule (quatre conventions). Le Chili a également formulé une réserve conformément à l'article 7(15)(b) de l'IM afin de ne pas appliquer l'article 7(1) concernant les conventions qui contiennent déjà une règle COP (quatre convention).

11	Croatie	Non	Oui, IM	COP
12	Danemark	Non	Oui, IM	COP + LOB
13	Équateur*	Non	Non	COP + LOB
14	Espagne	Non	Oui, IM	COP
15	Fédération de Russie	Non	Oui, IM	COP + LOB
16	France	Non	Oui, IM	COP
17	Irlande	Non	Oui, IM	COP
18	Italie	Oui, autres		COP
19	Japon	Oui, autres		COP
20	Malaisie	Non	Oui, IM	PP
21	Mexique	Non	Oui, IM	COP + LOB
22	Norvège	Non	Oui, IM	COP + LOB
23	Nouvelle-Zélande	Non	Oui, IM	COP
24	Paraguay	Non	Non	COP + LOB
25	Pérou	Non	Oui, IM	COP
26	Pologne	Non	Oui, IM	COP
27	Portugal	Non	Oui, IM	COP
28	République tchèque	Non	Oui, IM	COP
29	Royaume-Uni	Non	Oui, IM	COP
30	Suède	Non	Oui, IM	COP
31	Suisse	Non	Oui, IM	COP
32	Thaïlande	Non	Non	COP + LOB
33	Uruguay	Oui, autres		COP + LOB

Chine (République populaire de)

A. Progrès dans la mise en œuvre du standard minimum

La Chine compte 102 conventions fiscales en vigueur, comme l'indique sa réponse au questionnaire d'examen par les pairs. Quatre de ces conventions sont conformes au standard minimum.

La Chine a signé l'IM en 2017 et a notifié ses conventions non conformes. Les conventions qui seront modifiées par l'IM deviendront conformes au standard minimum une fois que les dispositions de l'IM auront pris effet.

La Chine a indiqué dans sa réponse au questionnaire d'examen par les pairs avoir pris des mesures (autres qu'au titre de l'IM) afin de mettre en œuvre le standard minimum dans ses conventions avec l'Allemagne, le Brésil et la Suisse.

La Chine met généralement en œuvre le standard minimum par l'inclusion de la déclaration du préambule et de la règle COP[54].

B. Conclusion

Recommandation

Il est recommandé que la Chine prenne les mesures nécessaires afin que l'IM prenne effet au regard de ses conventions fiscales notifiées aux fins de l'IM, car ces conventions ne seront modifiées par l'IM (et ne deviendront conformes au standard minimum) qu'une fois que les dispositions de l'IM auront pris effet.

Synthèse de la réponse de la juridiction – Chine (République populaire de)

	1. Partenaires conventionnels	2. Conformité avec le standard	3. Signature d'un instrument de mise en conformité	4. Recours à la disposition relative au standard minimum
1	Afrique du Sud	Non	Oui, IM	COP
2	Albanie	Non	Oui, IM	COP
3	Algérie*	Non	Non	COP
4	Allemagne	Non	Non	COP
5	Arabie saoudite	Non	Oui, IM	COP
6	Arménie	Non	Oui, IM	COP
7	Australie	Non	Oui, IM	COP
8	Autriche	Non	Oui, IM	COP
9	Azerbaïdjan*	Non	Non	COP
10	Bahreïn	Non	Oui, IM	COP
11	Bangladesh*	Non	Non	COP

[54] Pour ses conventions notifiées aux fins de l'IM, la Chine choisit d'appliquer la disposition de la déclaration du préambule (article 6 de l'IM) et la règle COP (article 7 de l'IM).

12	Barbade	Non	Oui, IM	COP
13	Bélarus	Non	Non	COP
14	Belgique	Non	Oui, IM	COP
15	Bosnie-Herzégovine	Non	Oui, IM	COP
16	Botswana	Non	Non	COP
17	Brésil	Non	Non	COP
18	Brunei Darussalam	Non	Non	COP
19	Bulgarie	Non	Oui, IM	COP
20	Cambodge*	Non	Non	COP
21	Canada	Non	Oui, IM	COP
22	Chili	Oui, autres		COP + LOB
23	Chypre*	Non	Oui, IM	COP
24	Corée	Non	Oui, IM	COP
25	Croatie	Non	Oui, IM	COP
26	Cuba*	Non	Non	COP
27	Danemark	Non	Oui, IM	COP
28	Égypte	Non	Oui, IM	COP
29	Émirats arabes unis	Non	Oui, IM	COP
30	Équateur*	Non	Non	COP + LOB
31	Espagne	Oui, autres		COP
32	Estonie	Non	Oui, IM	COP
33	États-Unis	Non	Non	COP + LOB
34	Éthiopie*	Non	Non	COP
35	Fédération de Russie	Non	Oui, IM	COP + LOB
36	Finlande	Non	Oui, IM	COP
37	France	Non	Oui, IM	COP
38	Géorgie	Non	Oui, IM	COP
39	Grèce	Non	Oui, IM	COP
40	Hongrie	Non	Oui, IM	COP
41	Inde	Oui, autres		COP
42	Indonésie	Non	Oui, IM	COP
43	Iran*	Non	Non	COP
44	Irlande	Non	Oui, IM	COP
45	Islande	Non	Oui, IM	COP
46	Israël	Non	Oui, IM	COP
47	Italie	Non	Oui, IM	COP
48	Jamaïque	Non	Oui, IM	COP
49	Japon	Non	Oui, IM	COP
50	Kazakhstan	Non	Oui, IM	COP
51	Kirghizistan*	Non	Non	COP
52	Koweït*	Non	Oui, IM	COP
53	Lettonie	Non	Oui, IM	COP
54	Lituanie	Non	Oui, IM	COP
55	Luxembourg	Non	Oui, IM	COP
56	Macédoine du Nord	Non	Oui, IM	COP
57	Malaisie	Non	Oui, IM	COP
58	Malte	Non	Oui, IM	COP
59	Maroc	Non	Oui, IM	COP
60	Maurice	Non	Oui, IM	COP
61	Mexique	Non	Oui, IM	COP + LOB
62	Moldova*	Non	Non	COP
63	Mongolie	Non	Non	COP
64	Monténégro	Non	Non	COP

65	Népal*	Non	Non	COP
66	Nigéria	Non	Oui, IM	COP
67	Norvège	Non	Oui, IM	COP
68	Nouvelle-Zélande	Oui, autres		COP
69	Oman	Non	Oui, IM	COP
70	Ouzbékistan*	Non	Non	COP
71	Pakistan	Non	Oui, IM	COP
72	Papouasie-Nouvelle-Guinée	Non	Oui, IM	COP
73	Pays-Bas	Non	Oui, IM	COP
74	Philippines*	Non	Non	COP
75	Pologne	Non	Oui, IM	COP
76	Portugal	Non	Oui, IM	COP
77	Qatar	Non	Oui, IM	COP
78	République arabe syrienne*	Non	Non	COP
79	République démocratique populaire lao*	Non	Non	COP
80	République slovaque	Non	Oui, IM	COP
81	République tchèque	Non	Oui, IM	COP
82	Roumanie	Non	Oui, IM	COP
83	Royaume-Uni	Non	Oui, IM	COP
84	Serbie	Non	Oui, IM	COP
85	Seychelles	Non	Oui, IM	COP
86	Singapour	Non	Oui, IM	COP
87	Slovénie	Non	Oui, IM	COP
88	Soudan*	Non	Non	COP
89	Sri Lanka	Non	Non	COP
90	Suède	Non	Oui, IM	COP
91	Suisse	Non	Non	COP
92	Tadjikistan*	Non	Non	COP
93	Thaïlande	Non	Non	COP
94	Trinité-et-Tobago	Non	Non	COP
95	Tunisie	Non	Oui, IM	COP
96	Turkménistan*	Non	Non	COP
97	Turquie	Non	Oui, IM	COP
98	Ukraine	Non	Oui, IM	COP
99	Venezuela*	Non	Non	COP
100	Viet Nam	Non	Non	COP
101	Zambie	Non	Non	COP
102	Zimbabwe*	Non	Non	COP

Colombie

A. Progrès dans la mise en œuvre du standard minimum

La Colombie compte onze conventions fiscales en vigueur[55], ainsi que l'indique sa réponse au questionnaire d'examen par les pairs, y compris la Décision 578 de la Commission de la Communauté andine pour les membres de la Communauté andine (la convention de la Communauté andine)[56]. Une de ces conventions, celle avec le Royaume-Uni, est conforme au standard minimum.

La Colombie a signé l'IM en 2017 et a notifié ses conventions bilatérales non conformes. Les conventions qui seront modifiées par l'IM deviendront conformes au standard minimum une fois que les dispositions de l'IM auront pris effet.

La Colombie a indiqué dans sa réponse au questionnaire d'examen par les pairs avoir pris des mesures (autres qu'au titre de l'IM) afin de mettre en œuvre le standard minimum dans la convention de la Communauté andine et dans sa convention avec la Suisse.

La Colombie met en œuvre le standard minimum par l'inclusion de la disposition de la déclaration du préambule et de la règle COP associée à la règle LOB[57].

[55] La Colombie a aussi conclu une convention avec l'Italie, qui est entrée en vigueur le 6 octobre 2021. Ainsi, à cette date, la Colombie a douze conventions fiscales en vigueur. La convention avec l'Italie est conforme au standard minimum.

[56] La Décision 578 de la Commission de la Communauté andine établissant un régime tendant à éviter la double imposition et à prévenir la fraude fiscale, adoptée le 4 mai 2004. Les membres actuels de la Communauté andine sont la Bolivie*, la Colombie, l'Équateur* et le Pérou. Au total, la Colombie a notifié 13 « accords » dans sa liste de conventions fiscales : dix conventions bilatérales et la convention de la Communauté andine.

[57] Pour ses conventions notifiées aux fins de l'IM, la Colombie choisit d'appliquer la disposition de la déclaration du préambule (article 6 de l'IM) et la règle COP (article 7 de l'IM). La Colombie a également opté pour la règle LOB simplifiée conformément à l'article 7(6) de l'IM, et a indiqué, en vertu de l'article 7(17)(a) de l'IM, que même si elle accepte l'application de la règle COP seule en tant que mesure provisoire, elle a l'intention dans la mesure du possible d'adopter une règle LOB via des négociations bilatérales. La Colombie a formulé une réserve conformément à l'article 6(4) de l'IM afin de ne pas appliquer l'article 6(1) concernant les conventions qui contiennent déjà la version adéquate du préambule (une convention).

B. Conclusion

Recommandation

Il est recommandé que la Colombie prenne les mesures nécessaires afin que l'IM prenne effet au regard de ses conventions fiscales notifiées aux fins de l'IM, car ces conventions ne seront modifiées par l'IM (et ne deviendront conformes au standard minimum) qu'une fois que les dispositions de l'IM auront pris effet.

Synthèse de la réponse de la juridiction – Colombie

	1. Partenaires conventionnels	2. Conformité avec le standard	3. Signature d'un instrument de mise en conformité	4. Recours à la disposition relative au standard minimum
1	Bolivie*	Non	Non	COP + règle de la limitation des avantages
2	Canada	Non	Oui, IM	COP
3	Chili	Non	Oui, IM	COP
4	Corée	Non	Oui, IM	COP
5	Équateur*	Non	Non	COP + règle de la limitation des avantages
6	Espagne	Non	Oui, IM	COP
7	Inde	Non	Oui, IM	COP + LOB
8	Mexique	Non	Oui, IM	COP
9	Pérou	Non	Non	COP + règle de la limitation des avantages
10	Portugal	Non	Oui, IM	COP
11	République tchèque	Non	Oui, IM	COP
12	Royaume-Uni	Oui, autres		COP
13	Suisse	Non	Non	COP

Congo

A. Progrès dans la mise en œuvre du standard minimum

Le Congo compte trois conventions fiscales en vigueur, comme l'indique sa réponse au questionnaire d'examen par les pairs. Aucune de ces conventions n'est conforme au standard minimum.

Le Congo n'a pas signé l'IM.

Dans sa réponse au questionnaire d'examen par les pairs, l'Italie a indiqué que sa convention avec le Congo ne soulevait pas de préoccupation importante en matière de chalandage fiscal, au regard de sa juridiction.

B. Conclusion

Recommandation

Il est recommandé que le Congo élabore un plan afin de mettre en œuvre le standard minimum dans ses conventions pour lesquelles aucune mesure n'a encore été prise, et qui ont été conclues avec des membres du Cadre inclusif sur le BEPS (France et Maurice).

Autres conventions

Le tableau ci-après répertorie les conventions non conformes, qui ne font pas l'objet d'un instrument de mise en conformité, qui n'ont pas donné lieu à une déclaration générale relative à l'application d'une règle détaillée de limitation des avantages, et pour lesquelles aucune mesure n'a été prise en vue de mettre en œuvre le standard minimum.

	1. Partenaires conventionnels	2. Membre du Cadre inclusif
1	France	Oui
2	Italie	Oui
3	Maurice	Oui

Corée

A. Progrès dans la mise en œuvre du standard minimum

La Corée compte 94 conventions fiscales en vigueur, comme l'indique sa réponse au questionnaire d'examen par les pairs. Quarante-et-une de ces conventions sont conformes au standard minimum.

La Corée a signé l'IM en 2017 et a déposé son instrument de ratification le mercredi 13 mai 2020. L'IM entrera en vigueur pour la Corée le 1er septembre 2020. Les conventions qui seront modifiées par l'IM deviendront conformes au standard minimum une fois que les dispositions de l'IM auront pris effet.

La Corée n'a pas notifié aux fins de l'IM ses conventions avec l'Albanie, l'Allemagne, l'Autriche, le Bélarus, le Brésil et la Turquie, mais a indiqué dans sa réponse au questionnaire sur les examens par les pairs que des mesures ont été prises (autres qu'au titre de l'IM) pour mettre en œuvre le standard minimum dans les conventions conclues avec l'Albanie, l'Allemagne, l'Autriche, le Bélarus, le Brésil, l'Équateur*, l'Éthiopie*, l'Iran*, le Kirghizistan*, la République démocratique populaire lao*, le Myanmar*, le Népal*, le Tadjikistan*, la Turquie et le Venezuela*. L'Albanie et la Turquie ont notifié leurs conventions conclues avec la Corée aux fins de l'IM.

La Corée met en œuvre le standard minimum par l'inclusion de la déclaration du préambule et de la règle COP[58].

B. Conclusion

Aucune juridiction n'a signalé de préoccupation relative à ses conventions conclues avec la Corée.

L'Albanie et la Turquie ont notifié leurs conventions conclues avec la Corée aux fins de l'IM, ce qui équivaut à une demande de mise en œuvre du standard minimum.

Synthèse de la réponse de la juridiction – Corée

	1. Partenaires conventionnels	2. Conformité avec le standard	3. Signature d'un instrument de mise en conformité	4. Recours à la disposition relative au standard minimum
1	Afrique du Sud	Non	Oui, IM	COP
2	Albanie	Non	Non	COP
3	Algérie*	Non	Non	COP
4	Allemagne	Non	Non	COP
5	Arabie saoudite	Oui, IM		COP
6	Australie	Oui, IM		COP
7	Autriche	Non	Non	COP
8	Azerbaïdjan*	Non	Non	COP
9	Bahreïn	Non	Oui, IM	COP
10	Bangladesh*	Non	Non	COP
11	Bélarus	Non	Non	COP
12	Belgique	Oui, IM		COP
13	Brésil	Non	Non	COP

58 Pour ses conventions notifiées aux fins de l'IM, la Corée choisit d'appliquer la disposition de la déclaration du préambule (article 6 de l'IM) et la règle COP (article 7 de l'IM).

14	Brunei Darussalam	Non	Non	COP
15	Bulgarie	Non	Oui, IM	COP
16	Cambodge*	Oui, autres		COP
17	Canada	Oui, IM		COP
18	Chili	Non	Oui, IM	COP
19	Chine (République populaire de)	Non	Oui, IM	COP
20	Colombie	Non	Oui, IM	COP
21	Croatie	Non	Oui, IM	COP
22	Danemark	Oui, IM		COP
23	Égypte	Oui, IM		COP
24	Émirats arabes unis	Oui, IM		COP
25	Équateur*	Non	Non	COP
26	Espagne	Non	Oui, IM	COP
27	Estonie	Non	Oui, IM	COP
28	États-Unis	Non	Non	COP
29	Éthiopie*	Non	Non	COP
30	Fédération de Russie	Oui, IM		COP
31	Fidji*	Non	Oui, IM	COP
32	Finlande	Oui, IM		COP
33	France	Oui, IM		COP
34	Gabon	Non	Non	COP
35	Géorgie	Oui, IM		COP
36	Grèce	Non	Oui, IM	COP
37	Hong Kong (Chine)	Non	Oui, IM	COP
38	Hongrie	Non	Oui, IM	COP
39	Inde	Oui, IM		COP
40	Indonésie	Oui, IM		COP
41	Iran*	Non	Non	COP
42	Irlande	Oui, IM		COP
43	Islande	Oui, IM		COP
44	Israël	Oui, IM		COP
45	Italie	Non	Oui, IM	COP
46	Japon	Oui, IM		COP
47	Jordanie	Oui, IM		COP
48	Kazakhstan	Oui, IM		COP
49	Kenya	Non	Non	COP
50	Kirghizistan*	Non	Non	COP
51	Koweït*	Non	Oui, IM	COP
52	Lettonie	Oui, IM		COP
53	Lituanie	Oui, IM		COP
54	Luxembourg	Oui, IM		COP
55	Malaisie	Non	Oui, IM	COP
56	Malte	Oui, IM		COP
57	Maroc	Non	Oui, IM	COP
58	Mexique	Non	Oui, IM	COP
59	Mongolie	Non	Non	COP
60	Myanmar*	Non	Non	COP
61	Népal*	Non	Non	COP
62	Norvège	Non	Non	COP
63	Nouvelle-Zélande	Oui, IM		COP
64	Oman	Oui, IM		COP
65	Ouzbékistan*	Oui, autres		COP
66	Pakistan	Non	Oui, IM	COP

67	Panama	Non	Oui, IM	COP
68	Papouasie-Nouvelle-Guinée	Non	Oui, IM	COP
69	Pays-Bas	Oui, IM		COP
70	Pérou	Non	Oui, IM	COP
71	Philippines*	Non	Non	COP
72	Pologne	Oui, IM		COP
73	Portugal	Oui, IM		COP
74	Qatar	Oui, IM		COP
75	République démocratique populaire lao*	Non	Non	COP
76	République slovaque	Oui, IM		COP
77	République tchèque	Oui, autres		COP
78	Roumanie	Non	Oui, IM	COP
79	Royaume-Uni	Oui, IM		COP
80	Serbie	Oui, IM		COP
81	Singapour	Oui, autres		COP
82	Slovénie	Oui, IM		COP
83	Sri Lanka	Non	Non	COP
84	Suède	Non	Oui, IM	COP
85	Suisse	Oui, autres		COP
86	Tadjikistan*	Non	Non	COP
87	Thaïlande	Non	Non	COP
88	Tunisie	Non	Oui, IM	COP
89	Turkménistan*	Oui, autres		COP
90	Turquie	Non	Non	COP
91	Ukraine	Oui, IM		COP
92	Uruguay	Oui, IM		COP
93	Venezuela*	Non	Non	COP
94	Viet Nam	Non	Non	COP

Costa Rica

A. Progrès dans la mise en œuvre du standard minimum

Le Costa Rica compte trois conventions fiscales en vigueur, ainsi que l'indique sa réponse au questionnaire d'examen par les pairs. Aucune de ces conventions n'est conforme au standard minimum.

Le Costa Rica a signé l'IM en 2017 et a déposé son instrument de ratification le 22 septembre 2020. L'IM est entré en vigueur pour le Costa Rica le 1er janvier 2021. Les conventions qui seront modifiées par l'IM deviendront conformes au standard minimum une fois que les dispositions de l'IM auront pris effet.

Le Costa Rica n'a pas notifié sa convention avec l'Allemagne aux fins de l'IM, mais a indiqué dans sa réponse au questionnaire d'examen par les pairs avoir pris des mesures (autres qu'au titre de l'IM) afin de mettre en œuvre le standard minimum dans cette convention.

Le Costa Rica met en œuvre le standard minimum par l'inclusion de la déclaration du préambule et de la règle COP[59].

B. Conclusion

Aucune juridiction n'a signalé de préoccupation relative à ses conventions conclues avec le Costa Rica.

Synthèse de la réponse de la juridiction – Costa Rica

	1. Partenaires conventionnels	2. Conformité avec le standard	3. Signature d'un instrument de mise en conformité	4. Recours à la disposition relative au standard minimum
1	Allemagne	Non	Non	COP
2	Espagne	Non	Oui, IM	
3	Mexique	Non	Oui, IM	

[59] Pour ses conventions notifiées aux fins de l'IM, le Costa Rica choisit d'appliquer la disposition de la déclaration du préambule (article 6 de l'IM) et la règle COP (article 7 de l'IM).

Côte d'Ivoire

A. Progrès dans la mise en œuvre du standard minimum

La Côte d'Ivoire compte douze conventions fiscales en vigueur, comme l'indique sa réponse au questionnaire d'examen par les pairs, y compris le Règlement multilatéral 08/2008/COM portant adoption des règles visant à éviter la double imposition au sein de l'Union économique et monétaire ouest-africaine (UEMOA) et des règles d'assistance en matière fiscale conclu avec sept de ses partenaires[60].

La Côte d'Ivoire a signé l'IM en 2018. Les conventions qui seront modifiées par l'IM deviendront conformes au standard minimum une fois que les dispositions de l'IM auront pris effet.

La Côte d'Ivoire n'a pas notifié sa convention avec la Suisse, mais a indiqué dans sa réponse au questionnaire d'examen par les pairs avoir pris des mesures (autres qu'au titre de l'IM) afin de mettre en œuvre le standard minimum dans cette convention.

La Côte d'Ivoire met en œuvre le standard minimum par l'inclusion de la déclaration du préambule et de la règle COP[61].

B. Conclusion

La convention de l'UEMOA n'est pas conforme au standard minimum à ce stade, et des discussions visant à la mettre à jour devraient être envisagées[62].

[60] Règlement n° 08/2008/CM des pays de l'Union économique et monétaire ouest-africaine (UEMOA) du 26 septembre 2008 portant adoption des règles visant à éviter la double imposition au sein de l'UEMOA et des règles d'assistance en matière fiscale. Au total, la Côte d'Ivoire a identifié 18 « accords » dans sa liste des conventions : 11 conventions bilatérales et la convention de l'UEMOA.

[61] Pour ses conventions notifiées, la Côte d'Ivoire choisit d'appliquer la disposition de la déclaration du préambule (article 6 de l'IM) et la règle COP (article 7 de l'IM). La Côte d'Ivoire a également opté pour l'application asymétrique de la règle LOB simplifiée conformément à l'article 7(7)(b) de l'IM.

[62] Les révisions de la convention de l'UEMOA nécessitent l'accord de ses huit partenaires.

Recommandation

Il est recommandé que la Côte d'Ivoire prenne les mesures nécessaires afin que l'IM prenne effet au regard de ses conventions fiscales notifiées aux fins de l'IM, car ces conventions ne seront modifiées par l'IM (et ne deviendront conformes au standard minimum) qu'une fois que les dispositions de l'IM auront pris effet.

Synthèse de la réponse de la juridiction – Côte d'Ivoire

	1. Partenaires conventionnels	2. Conformité avec le standard	3. Signature d'un instrument de mise en conformité	4. Recours à la disposition relative au standard minimum
1	Allemagne	Non	Non	COP
2	Belgique	Non	Oui, IM	COP
3	Canada	Non	Oui, IM	COP
4	France	Non	Oui, IM	COP
5	Italie	Non	Oui, IM	COP
6	Maroc	Non	Oui, IM	COP
7	Norvège	Non	Non	COP
8	Portugal	Non	Oui, IM	COP
9	Royaume-Uni	Non	Oui, IM	COP
10	Suisse	Non	Non	COP
11	Tunisie	Non	Oui, IM	COP

Autres conventions

	1. Partenaires conventionnels	2. Membre du Cadre inclusif
1	Bénin	Oui
2	Burkina Faso	Oui
3	Guinée-Bissau*	Non
4	Mali*	Non
5	Niger*	Non
6	Sénégal	Oui
7	Togo*	Non

Croatie

A. Progrès dans la mise en œuvre du standard minimum

La Croatie compte 66 conventions fiscales en vigueur, comme l'indique sa réponse au questionnaire d'examen par les pairs. Une de ces conventions, celle avec le Japon, est conforme au standard minimum.

La Croatie a signé l'IM en 2017, a déposé son instrument de ratification le 18 février 2021, et a notifié ses conventions fiscales non conformes. L'IM est entré en vigueur pour la Croatie le 1er juin 2021. Les conventions qui seront modifiées par l'IM deviendront conformes au standard minimum une fois que les dispositions de l'IM auront pris effet.

La Croatie met en œuvre le standard minimum par l'inclusion de la déclaration du préambule et de la règle COP[63].

B. Conclusion

Aucune juridiction n'a signalé de préoccupation relative à ses conventions conclues avec la Croatie.

Synthèse de la réponse de la juridiction – Croatie

	1. Partenaires conventionnels	2. Conformité avec le standard	3. Signature d'un instrument de mise en conformité	4. Recours à la disposition relative au standard minimum
1	Afrique du Sud	Non	Oui, IM	COP
2	Albanie	Non	Oui, IM	COP
3	Allemagne	Non	Oui, IM	COP
4	Arménie	Non	Oui, IM	COP
5	Autriche	Non	Oui, IM	COP
6	Azerbaïdjan*	Non	Non	COP
7	Bélarus	Non	Non	COP
8	Belgique	Non	Oui, IM	COP
9	Bosnie-Herzégovine	Non	Oui, IM	COP
10	Bulgarie	Non	Oui, IM	COP
11	Canada	Non	Oui, IM	COP
12	Chili	Non	Oui, IM	COP
13	Chine (République populaire de)	Non	Oui, IM	COP
14	Corée	Non	Oui, IM	COP
15	Danemark	Non	Oui, IM	COP
16	Émirats arabes unis	Non	Oui, IM	COP
17	Espagne	Non	Oui, IM	COP
18	Estonie	Non	Oui, IM	COP
19	Fédération de Russie	Non	Oui, IM	COP
20	Finlande	Non	Oui, IM	COP
21	France	Non	Oui, IM	COP
22	Géorgie	Non	Oui, IM	COP

[63] Pour ses conventions notifiées aux fins de l'IM, la Croatie choisit d'appliquer la disposition de la déclaration du préambule (article 6 de l'IM) et la règle COP (article 7 de l'IM).

23	Grèce	Non	Oui, IM	COP
24	Hongrie	Non	Oui, IM	COP
25	Inde	Non	Oui, IM	COP
26	Indonésie	Non	Oui, IM	COP
27	Iran*	Non	Non	COP
28	Irlande	Non	Oui, IM	COP
29	Islande	Non	Oui, IM	COP
30	Israël	Non	Oui, IM	COP
31	Italie	Non	Oui, IM	COP
32	Japon	Oui, autres		COP et LOB
33	Jordanie	Non	Oui, IM	COP
34	Kazakhstan	Non	Oui, IM	COP
35	Kosovo*	Non	Non	COP
36	Koweït*	Non	Oui, IM	COP
37	Lettonie	Non	Oui, IM	COP
38	Lituanie	Non	Oui, IM	COP
39	Luxembourg	Non	Oui, IM	COP
40	Macédoine du Nord	Non	Oui, IM	COP
41	Malaisie	Non	Oui, IM	COP
42	Malte	Non	Oui, IM	COP
43	Maroc	Non	Oui, IM	COP
44	Maurice	Non	Oui, IM	COP
45	Moldova*	Non	Non	COP
46	Monténégro	Non	Non	COP
47	Norvège	Non	Non	COP
48	Oman	Non	Oui, IM	COP
49	Pays-Bas	Non	Oui, IM	COP
50	Pologne	Non	Oui, IM	COP
51	Portugal	Non	Oui, IM	COP
52	Qatar	Non	Oui, IM	COP
53	République arabe syrienne*	Non	Non	COP
54	République slovaque	Non	Oui, IM	COP
55	République tchèque	Non	Oui, IM	COP
56	Roumanie	Non	Oui, IM	COP
57	Royaume-Uni	Non	Oui, IM	COP
58	Saint-Marin	Non	Oui, IM	COP
59	Serbie	Non	Oui, IM	COP
60	Slovénie	Non	Oui, IM	COP
61	Suède	Non	Non	COP
62	Suisse	Non	Non	COP
63	Turkménistan*	Non	Non	COP
64	Turquie	Non	Oui, IM	COP
65	Ukraine	Non	Oui, IM	COP
66	Viet Nam	Non	Non	COP

Curaçao

A. Progrès dans la mise en œuvre du standard minimum

Curaçao compte quatre conventions fiscales en vigueur, ainsi que l'indique leur réponse au questionnaire d'examen par les pairs. Une de ces conventions, celle conclue avec Malte, est conforme au standard minimum.

Curaçao a adhéré à l'IM en 2017 et le Royaume des Pays-Bas a déposé son instrument d'acceptation le 29 mars 2019, notifiant ses conventions non conformes. L'IM est entré en vigueur pour le Curaçao le 1er juillet 2019. Les conventions qui seront modifiées par l'IM deviendront conformes au standard minimum une fois que les dispositions de l'IM auront pris effet.

Curaçao a indiqué dans sa réponse au questionnaire d'examen par les pairs que des mesures ont été prises (autres qu'au titre de l'IM) pour mettre en œuvre le standard minimum dans l'accord applicable au Royaume des Pays-Bas (entre Curaçao, Aruba et Sint Maarten*) et l'accord entre Curaçao et les Pays-Bas, qui sont régis par le droit interne du Royaume des Pays-Bas.[64]

Le Curaçao met en œuvre le standard minimum par l'inclusion de la déclaration du préambule et de la règle COP[65].

B. Conclusion

Aucune juridiction n'a signalé de préoccupation relative à ses conventions conclues avec le Curaçao.

Synthèse de la réponse de la juridiction – Curaçao

	1. Partenaires conventionnels	2. Conformité avec le standard	3. Signature d'un instrument de mise en conformité	4. Recours à la disposition relative au standard minimum
1	Aruba / Sint Maarten*	Non	Non	
2	Malte	Oui, IM		COP
3	Norvège	Non	Non	COP
4	Pays-Bas	Non	Non	COP

64 Curaçao a indiqué dans sa réponse que l'accord applicable au Royaume des Pays-Bas régit la relation entre Aruba, Curaçao, Saint-Martin* et les Pays-Bas. Cet accord est similaire à celui entre Curaçao et les Pays-Bas. L'IM ne peut être applicable à ces accords, dans la mesure où ceux-ci sont régis par le droit interne du Royaume des Pays-Bas.

65 Pour ses conventions notifiées aux fins de l'IM, le Curaçao choisit d'appliquer la disposition de la déclaration du préambule (article 6 de l'IM) et la règle COP (article 7 de l'IM).

Danemark

A. Progrès dans la mise en œuvre du standard minimum

Le Danemark compte 72 conventions fiscales en vigueur, ainsi que l'indique sa réponse au questionnaire d'examen par les pairs, y compris la Convention nordique multilatérale conclue avec la Finlande, les Îles Féroé, l'Islande, la Norvège et la Suède (la « Convention nordique »)[66]. Trente de ces conventions, y compris la Convention nordique, sont conformes au standard minimum.

Le Danemark a signé l'IM en 2017 et a déposé son instrument de ratification le 30 septembre 2019. L'IM est entré en vigueur pour le Danemark le 1er janvier 2020. Les conventions qui seront modifiées par l'IM deviendront conformes au standard minimum une fois que les dispositions de l'IM auront pris effet.

Le Danemark n'a pas notifié ses conventions avec l'Allemagne et la Suisse aux fins de l'IM. Aussi, à ce stade, ces conventions ne seront pas modifiées par l'IM. Le Danemark a signé un instrument bilatéral de mise en conformité concernant ses conventions avec l'Allemagne et le Sri Lanka et a indiqué dans sa réponse au questionnaire d'examen par les pairs avoir pris des mesures (autres qu'au titre de l'IM) afin de mettre en œuvre le standard minimum dans ses conventions avec le Groenland et la Suisse.

Le Danemark met en œuvre le standard minimum par l'inclusion de la déclaration du préambule et de la règle COP[67].

B. Conclusion

Aucune juridiction n'a signalé de préoccupation relative à ses conventions conclues avec le Danemark.

Synthèse de la réponse de la juridiction – Danemark

	1. Partenaires conventionnels	2. Conformité avec le standard	3. Signature d'un instrument de mise en conformité	4. Recours à la disposition relative au standard minimum
1	Afrique du Sud	Non	Oui, IM	COP
2	Allemagne	Non	Oui, autres	COP
3	Argentine	Non	Oui, IM	COP + LOB
4	Arménie	Oui, autres		COP
5	Australie	Oui, IM		COP
6	Autriche	Non	Non	COP + LOB
7	Azerbaïdjan*	Non	Non	COP + LOB
8	Bangladesh*	Non	Non	COP + LOB

[66]Voir la convention multilatérale conclue par le Danemark, la Finlande, les Îles Féroé, l'Islande, la Norvège et la Suède tendant : à éviter la double imposition concernant les impôts sur le revenu et la fortune (1996, 1997, 2008 et 2018). Au total, le Danemark a identifié 76 « accords » dans sa liste des conventions fiscales : 71 conventions bilatérales et la Convention nordique conclue avec cinq partenaires.

[67]Pour ses conventions notifiées aux fins de l'IM, le Danemark choisit d'appliquer la disposition de la déclaration du préambule (article 6 de l'IM) et la règle COP (article 7 de l'IM). En vertu de l'article 7(7)(a) de l'IM, le Danemark applique également une règle LOB simplifiée (article 7(8 à 13) de l'IM) dans ses conventions conclues avec des partenaires conventionnels ayant opté pour une règle LOB simplifiée.

9	Belgique	Oui, IM		COP
10	Brésil	Non	Non	COP + LOB
11	Bulgarie	Non	Oui, IM	COP
12	Canada	Oui, IM		COP
13	Chili	Non	Oui, IM	COP + LOB
14	Chine (République populaire de)	Non	Oui, IM	COP
15	Chypre*	Oui, IM		COP
16	Corée	Oui, IM		COP
17	Croatie	Non	Oui, IM	COP
18	Égypte	Oui, IM		COP
19	Estonie	Non	Oui, IM	COP
20	États-Unis	Non	Non	COP + LOB
21	Fédération de Russie	Oui, IM		COP + LOB
22	Finlande	Oui, autres		COP
23	Géorgie	Non	Non	COP + LOB
24	Ghana*	Non	Non	COP + LOB
25	Grèce	Non	Oui, IM	
26	Groenland	Non	Non	
27	Hongrie	Non	Oui, IM	
28	Îles Féroé	Oui, autres		COP
29	Inde	Oui, IM		COP + LOB
30	Indonésie	Oui, IM		COP
31	Irlande	Oui, IM		COP
32	Islande	Oui, autres		COP
33	Israël	Oui, IM		COP
34	Italie	Non	Oui, IM	COP
35	Jamaïque	Non	Oui, IM	COP
36	Japon	Oui, autres		COP + LOB
37	Kenya	Non	Oui, IM	COP + LOB
38	Koweït*	Non	Oui, IM	COP
39	Lettonie	Oui, IM		COP
40	Lituanie	Oui, IM		COP
41	Luxembourg	Oui, IM		COP
42	Macédoine du Nord	Non	Oui, IM	COP
43	Malaisie	Non	Oui, IM	COP
44	Malte	Oui, IM		COP
45	Maroc	Non	Oui, IM	COP
46	Mexique	Non	Oui, IM	COP + LOB
47	Monténégro	Non	Non	COP + LOB
48	Norvège	Oui, autres		COP
49	Nouvelle-Zélande	Oui, IM		COP
50	Ouganda*	Non	Non	COP + LOB
51	Pakistan	Oui, IM		COP + LOB
52	Pays-Bas	Oui, autres		COP
53	Philippines*	Non	Non	COP + LOB
54	Pologne	Oui, IM		COP
55	Portugal	Oui, IM		COP
56	République slovaque	Oui, IM		COP + LOB
57	République tchèque	Oui, IM		COP
58	Roumanie	Non	Oui, IM	COP
59	Royaume-Uni	Oui, IM		COP
60	Serbie	Oui, IM		COP

61	Singapour	Oui, IM		COP
62	Slovénie	Oui, IM		COP
63	Sri Lanka	Non	Oui, autres	COP
64	Suède	Oui, autres		COP
65	Suisse	Non	Non	COP
66	Taipei chinois*	Non	Non	COP + LOB
67	Tanzanie*	Non	Non	COP + LOB
68	Thaïlande	Non	Non	COP + LOB
69	Trinité-et-Tobago	Non	Non	COP + LOB
70	Tunisie	Non	Oui, IM	COP
71	Turquie	Non	Oui, IM	COP
72	Ukraine	Oui, IM		COP
73	Venezuela*	Non	Non	COP + LOB
74	Viet Nam	Non	Non	COP + LOB
75	Zambie	Non	Non	COP + LOB

Autres conventions

	1. Partenaires conventionnels	2. Membre du Cadre inclusif
1	Bélarus	Oui

Djibouti

A. Progrès dans la mise en œuvre du standard minimum

Djibouti n'a aucune convention fiscale en vigueur, comme l'indique sa réponse au questionnaire d'examen par les pairs.

B. Conclusion

Aucune juridiction n'a soulevé de préoccupation concernant Djibouti.

Dominique

A. Progrès dans la mise en œuvre du standard minimum

La Dominique compte deux conventions fiscales en vigueur, comme l'indique sa réponse au questionnaire d'examen par les pairs, y compris la convention multilatérale entre les membres de la CARICOM conclue avec dix de ses partenaires (la convention de la CARICOM)[68]. Aucune de ces conventions n'est conforme au standard minimum.

La Dominique n'a pas signé l'IM.

Dans sa réponse au questionnaire d'examen par les pairs, la Suisse a indiqué que sa convention avec la Dominique ne soulevait pas de préoccupation importante en matière de chalandage fiscal, au regard de sa juridiction.

B. Conclusion

La Dominique reconnaît que la convention de la CARICOM n'est pas conforme au standard minimum à ce stade, et que des discussions visant à la mettre à jour seraient envisagées[69].

Autres conventions

Le tableau ci-après répertorie les conventions non conformes, qui ne font pas l'objet d'un instrument de mise en conformité, qui n'ont pas donné lieu à une déclaration générale relative à l'application d'une règle détaillée de limitation des avantages, et pour lesquelles aucune mesure n'a été prise en vue de mettre en œuvre le standard minimum.

	1. Partenaires conventionnels	2. Membre du Cadre inclusif
1	Antigua-et-Barbuda	Oui
2	Barbade	Oui
3	Belize	Oui
4	Grenade	Oui
5	Guyana*	Non
6	Jamaïque	Oui
7	Sainte-Lucie	Oui
8	Saint-Kitts-et-Nevis	Oui

[68] Accord entre les gouvernements des États membres de la Communauté des Caraïbes tendant à éviter la double imposition et à prévenir l'évasion fiscale en matière d'impôts sur le revenu, sur les profits ou les gains en capital et pour l'encouragement du commerce régional et de l'investissement, 6 juillet 1994, Saint-Michel (Barbade) ; entre Antigua-et-Barbuda (18 février 1998), Barbade (7 juillet 1995), le Belize (30 novembre 1994), Dominique (19 juin 1996), Grenade (1er mars 1996), le Guyana* (26 novembre 1997), Jamaïque (16 février 1995), Saint-Kitts-et-Nevis (8 mai 1997), Sainte-Lucie (22 mai 1995), Saint-Vincent-et-les-Grenadines (12 février 1998) et Trinité-et-Tobago (29 novembre 1994). Au total, la Dominique a identifié 12 « accords » dans sa liste des conventions : deux conventions bilatérales et la convention de la CARICOM.

[69] Les révisions de la convention de la CARICOM nécessitent l'accord de ses onze partenaires.

9	Saint-Vincent-et-les-Grenadines	Oui
10	Suisse	Oui
11	Trinité-et-Tobago	Oui

Égypte

A. Progrès dans la mise en œuvre du standard minimum

L'Égypte compte 59[70] conventions fiscales en vigueur, comme l'indique sa réponse au questionnaire d'examen par les pairs. Vingt-quatre de ces conventions sont conformes au standard minimum.

L'Égypte a signé l'IM en 2017, déposé son instrument de ratification le 30 septembre 2020, et notifié ses conventions fiscales non conformes conclues avec d'autres membres du Cadre inclusif. L'IM est entré en vigueur pour l'Égypte le 1er janvier 2021. Les conventions qui seront modifiées par l'IM deviendront conformes au standard minimum une fois que les dispositions de l'IM auront pris effet.

L'Égypte met en œuvre le standard minimum par l'inclusion de la déclaration du préambule et de la règle COP[71].

B. Conclusion

Aucune juridiction n'a signalé de préoccupation relative à ses conventions conclues avec l'Égypte.

Synthèse de la réponse de la juridiction – Égypte

	1. Partenaires conventionnels	2. Conformité avec le standard	3. Signature d'un instrument de mise en conformité	4. Recours à la disposition relative au standard minimum
1	Afrique du Sud	Non	Oui, IM	COP
2	Albanie	Oui, IM		COP
3	Algérie*	Non	Non	COP
4	Allemagne	Non	Non	COP
5	Arabie saoudite	Oui, IM		COP
6	Autriche	Non	Non	COP
7	Bahreïn	Non	Oui, IM	COP
8	Bélarus	Non	Non	COP
9	Belgique	Oui, IM		COP
10	Bulgarie	Non	Oui, IM	COP
11	Canada	Oui, IM		COP
12	Chine (République populaire de)	Non	Oui, IM	COP
13	Chypre*	Oui, autres		COP
14	Corée	Oui, IM		COP
15	Danemark	Oui, IM		COP
16	Émirats arabes unis	Oui, autres		COP
17	Espagne	Non	Oui, IM	COP
18	États-Unis	Non	Non	LOB détaillée

70 L'Égypte a indiqué dans sa réponse au questionnaire d'examen par les pairs que la convention entre la République arabe d'Égypte et le Conseil des Ministres de Serbie-et-Monténégro avait été héritée et qu'elle était comptabilisée comme deux conventions distinctes.

71 Pour ses conventions notifiées aux fins de l'IM, l'Égypte choisit d'appliquer la disposition de la déclaration du préambule (article 6 de l'IM) et la règle COP (article 7 de l'IM).

19	Éthiopie*	Non	Non	COP
20	Fédération de Russie	Non	Oui, IM	COP
21	Finlande	Oui, IM		COP
22	France	Oui, IM		COP
23	Géorgie	Non	Non	COP
24	Grèce	Non	Oui, IM	COP
25	Hongrie	Non	Oui, IM	COP
26	Inde	Oui, IM		COP
27	Indonésie	Non	Oui, IM	COP
28	Iraq	Non	Non	COP
29	Irlande	Oui, IM		COP
30	Italie	Non	Oui, IM	COP
31	Japon	Oui, IM		COP
32	Jordanie	Oui, IM		COP
33	Koweït*	Non	Oui, IM	COP
34	Liban*	Non	Non	COP
35	Libye*	Non	Non	COP
36	Malaisie	Non	Oui, IM	COP
37	Malte	Oui, IM		COP
38	Maroc	Non	Oui, IM	COP
39	Maurice	Oui, IM		COP
40	Monténégro	Non	Non	COP
41	Norvège	Non	Non	COP
42	Pakistan	Oui, IM		COP
43	Palestine*	Non	Non	COP
44	Pays-Bas	Oui, IM		COP
45	Pologne	Oui, IM		COP
46	République tchèque	Oui, IM		COP
47	Roumanie	Non	Oui, IM	COP
48	Royaume-Uni	Oui, IM		COP
49	Serbie	Oui, IM		COP
50	Singapour	Oui, IM		COP
51	Soudan*	Non	Non	COP
52	Suède	Non	Oui, IM	COP
53	Suisse	Non	Non	COP
54	Syrie*	Non	Non	COP
55	Tunisie	Non	Oui, IM	COP
56	Turquie	Non	Oui, IM	COP
57	Ukraine	Oui, IM		COP
58	Yémen*	Non	Non	COP

Autres conventions

	1. Partenaires conventionnels	**2. Membre du Cadre inclusif**
1	Ouzbékistan*	Non

Émirats arabes unis

A. Progrès dans la mise en œuvre du standard minimum

Les Émirats arabes unis comptent 105 conventions fiscales en vigueur, comme l'indique leur réponse au questionnaire d'examen par les pairs. Trente-huit de ces conventions sont conformes au standard minimum.

Les Émirats arabes unis ont signé l'IM en 2018 et ont déposé leur instrument de ratification le 29 mai 2019. L'IM est entré en vigueur pour les Émirats arabes unis le 1er septembre 2019. Les conventions qui seront modifiées par l'IM deviendront conformes au standard minimum une fois que les dispositions de l'IM auront pris effet.

Les Émirats arabes unis n'ont pas notifié leur convention avec Saint-Marin. Aussi, à ce stade, ces conventions ne seront pas modifiées par l'IM. Saint-Marin a notifié sa convention conclue avec les Émirats arabes unis aux fins de l'IM.

Les Émirats arabes unis ont indiqué dans leur réponse au questionnaire d'examen par les pairs avoir pris des mesures (autres qu'au titre de l'IM) afin de mettre en œuvre le standard minimum dans leur convention avec l'Autriche.

Les Émirats arabes unis mettent en œuvre le standard minimum par l'inclusion de la déclaration du préambule et de la règle COP[72].

B. Conclusion

Recommandation

Il est recommandé que les Émirats arabes unis élaborent un plan afin de mettre en œuvre le standard minimum dans leur convention pour laquelle aucune mesure n'a encore été prise et qui a été conclue avec un membre du Cadre inclusif sur le BEPS (Saint-Marin).

Synthèse de la réponse de la juridiction — Émirats arabes unis

	1. Partenaires conventionnels	2. Conformité avec le standard	3. Signature d'un instrument de mise en conformité	4. Recours à la disposition relative au standard minimum
1	Afrique du Sud	Non	Oui, IM	COP
2	Albanie	Oui, IM		COP
3	Algérie*	Non	Non	COP
4	Allemagne	Non	Non	COP
5	Andorre	Non	Oui, IM	COP
6	Angola	Oui, autres		COP

[72] Pour leurs conventions notifiées aux fins de l'IM, les Émirats arabes unis choisissent d'appliquer la disposition de la déclaration du préambule (article 6 de l'IM) et la règle COP (article 7 de l'IM).

7	Arabie saoudite	Oui, autres		COP
8	Argentine	Non	Oui, IM	COP
9	Arménie	Non	Oui, IM	COP
10	Autriche	Non	Non	COP
11	Azerbaïdjan*	Non	Non	COP
12	Bangladesh*	Non	Non	COP
13	Barbade	Non	Oui, IM	COP
14	Bélarus	Non	Non	COP
15	Belgique	Oui, IM		COP
16	Belize	Non	Non	COP
17	Bermudes	Non	Non	COP
18	Bosnie-Herzégovine	Oui, IM		COP
19	Botswana	Oui, autres		COP
20	Brésil	Oui, autres		COP
21	Brunei Darussalam	Non	Non	COP
22	Bulgarie	Non	Oui, IM	COP
23	Burundi	Non	Non	COP
24	Canada	Oui, IM		COP
25	Chine (République populaire de)	Non	Oui, IM	COP
26	Chypre*	Oui, IM		COP
27	Colombie	Non	Non	COP
28	Comores*	Non	Non	COP
29	Corée	Oui, IM		COP
30	Croatie	Non	Oui, IM	COP
31	Égypte	Non	Non	COP
32	Espagne	Non	Oui, IM	COP
33	Estonie	Non	Oui, IM	COP
34	Éthiopie*	Non	Non	COP
35	Fédération de Russie	Oui, IM		COP
36	Fidji*	Non	Non	COP
37	Finlande	Oui, IM		COP
38	France	Oui, IM		COP
39	Géorgie	Non	Non	COP
40	Grèce	Non	Oui, IM	COP
41	Guinée*	Non	Non	COP
42	Hong Kong (Chine)	Non	Oui, IM	COP
43	Hongrie	Non	Oui, IM	COP
44	Inde	Oui, IM		COP
45	Indonésie	Oui, IM		COP
46	Irlande	Oui, IM		COP
47	Italie	Non	Oui, IM	COP
48	Japon	Oui, IM		COP
49	Jersey	Oui, IM		COP
50	Jordanie	Oui, IM		COP
51	Kazakhstan	Oui, IM		COP
52	Kenya	Non	Oui, IM	COP
53	Kirghizistan*	Non	Non	COP
54	Kosovo*	Non	Non	COP
55	Lettonie	Oui, IM		COP
56	Liban*	Non	Non	COP
57	Liechtenstein	Oui, IM		COP
58	Lituanie	Oui, IM		COP
59	Luxembourg	Oui, IM		COP

60	Macédoine du Nord	Non	Oui, IM	COP
61	Malaisie	Non	Oui, IM	COP
62	Maldives	Non	Non	COP
63	Malte	Oui, IM		COP
64	Maroc	Non	Oui, IM	COP
65	Maurice	Oui, IM		COP
66	Mauritanie*	Non	Non	COP
67	Mexique	Non	Oui, IM	COP
68	Moldova*	Non	Non	COP
69	Monténégro	Non	Non	COP
70	Mozambique*	Non	Non	COP
71	Nouvelle-Zélande	Oui, IM		COP
72	Ouzbékistan*	Non	Non	COP
73	Pakistan	Oui, IM		COP
74	Panama	Non	Oui, IM	COP
75	Paraguay	Non	Non	COP
76	Pays-Bas	Oui, IM		COP
77	Philippines*	Non	Non	COP
78	Pologne	Oui, IM		COP
79	Portugal	Oui, IM		COP
80	République arabe syrienne*	Non	Non	COP
81	République slovaque	Non	Non	COP
82	République tchèque	Non	Non	COP
83	Roumanie	Non	Oui, IM	COP
84	Royaume-Uni	Oui, IM		COP
85	Saint-Vincent-et-les-Grenadines	Oui, autres		COP
86	Sénégal	Non	Oui, IM	COP
87	Serbie	Oui, IM		COP
88	Seychelles	Non	Oui, IM	COP
89	Singapour	Oui, IM		COP
90	Slovénie	Oui, IM		COP
91	Soudan*	Non	Non	COP
92	Sri Lanka	Non	Non	COP
93	Suisse	Non	Non	COP
94	Tadjikistan*	Non	Non	COP
95	Thaïlande	Non	Non	COP
96	Tunisie	Non	Oui, IM	COP
97	Turkménistan*	Non	Non	COP
98	Turquie	Non	Oui, IM	COP
99	Ukraine	Oui, IM		COP
100	Uruguay	Oui, IM		COP
101	Venezuela*	Non	Non	COP
102	Viet Nam	Non	Non	COP
103	Yémen*	Non	Non	COP

Autres conventions

	1. Partenaires conventionnels	2. Membre du Cadre inclusif
1	Saint-Marin	Oui
2	Zimbabwe*	Non

Espagne

A. Progrès dans la mise en œuvre du standard minimum

L'Espagne compte 94 conventions fiscales en vigueur, comme l'indique sa réponse au questionnaire d'examen par les pairs. Quatre de ces conventions sont conformes au standard minimum.

L'Espagne a signé l'IM en 2017 et a déposé son instrument de ratification le 28 septembre 2021. L'IM est entre en vigueur en Espagne le 1er janvier 2022. Les conventions qui seront modifiées par l'IM deviendront conformes au standard minimum une fois que les dispositions de l'IM auront pris effet.

L'Espagne se réserve le droit de retarder la prise d'effet des dispositions de l'IM jusqu'à ce qu'elle ait accompli les procédures internes prévues à cet effet au regard de chacune des conventions notifiées[73]. L'Espagne n'a pas encore notifié qu'elle avait accompli ses procédures internes relatives à la prise d'effet de l'IM au regard de ses conventions fiscales.

L'Espagne a signé un instrument bilatéral de mise en conformité concernant sa convention avec l'Ukraine.

L'Espagne n'a pas notifié ses conventions avec la Norvège, les Pays-Bas et la Suède, mais a indiqué dans sa réponse au questionnaire d'examen par les pairs avoir pris des mesures (autres qu'au titre de l'IM) afin de mettre en œuvre le standard minimum dans ces trois conventions.

L'Espagne met en œuvre le standard minimum par l'inclusion de la disposition de la déclaration du préambule et de la règle COP, associée à la règle LOB en ce qui concerne ses conventions avec le Japon et le Mexique[74].

B. Conclusion

Étant donné que l'IM entre en vigueur pour l'Espagne le 1er janvier 2022, aucune recommandation n'a été formulée invitant l'Espagne à compléter les mesures nécessaires afin que l'IM prenne effet au regard de ses conventions fiscales notifiées aux fins de l'IM en 2021[75]. Il est attendu que l'Espagne débute le processus rapidement pour compléter ces mesures nécessaires en 2022, car ces conventions ne seront modifiées par l'IM (et ne deviendront conformes au standard minimum) qu'une fois que les dispositions de l'IM auront pris effet.

Synthèse de la réponse de la juridiction — Espagne

	1. Partenaires conventionnels	2. Conformité avec le standard	3. Signature d'un instrument de mise en conformité	4. Recours à la disposition relative au standard minimum

[73] Les réserves ont été formulées en vertu de l'article 35(7)(a) de l'IM.

[74] Pour ses conventions notifiées aux fins de l'IM, l'Espagne choisit d'appliquer la disposition de la déclaration du préambule (article 6 de l'IM) et la règle COP (article 7 de l'IM). L'Espagne a formulé une réserve conformément à l'article 6(4) de l'IM afin de ne pas appliquer l'article 6(1) concernant les conventions qui contiennent déjà la version adéquate du préambule (trois conventions). L'Espagne a également formulé une réserve conformément à l'article 7(15)(b) de l'IM afin de ne pas appliquer l'article 7(1) concernant les conventions qui contiennent déjà une règle COP (trois conventions).

[75] En notifiant le Dépositaire qu'il a complété les procédures internes relatives à la prise d'effet de l'IM aux fins de ses conventions (sous l'article 35(7)(b) de l'IM).

1	Afrique du Sud	Non	Oui, IM	COP
2	Albanie	Non	Oui, IM	COP
3	Algérie*	Non	Non	
4	Allemagne	Non	Oui, IM	COP
5	Andorre	Non	Oui, IM	COP
6	Arabie saoudite	Non	Oui, IM	COP
7	Argentine	Non	Oui, IM	COP
8	Arménie	Non	Oui, IM	COP
9	Australie	Non	Oui, IM	COP
10	Autriche	Non	Oui, IM	COP
11	Azerbaïdjan*	Non	Non	
12	Barbade	Non	Oui, IM	COP
13	Bélarus	Non	Non	
14	Belgique	Non	Oui, IM	COP
15	Bolivie*	Non	Non	
16	Bosnie-Herzégovine	Non	Oui, IM	COP
17	Brésil	Non	Non	
18	Bulgarie	Non	Oui, IM	COP
19	Cabo Verde	Non	Non	
20	Canada	Non	Oui, IM	COP
21	Chili	Non	Oui, IM	COP
22	Chine (République populaire de)	Oui, autres		COP
23	Chypre*	Non	Oui, IM	COP
24	Colombie	Non	Oui, IM	COP
25	Corée	Non	Oui, IM	COP
26	Costa Rica	Non	Oui, IM	COP
27	Croatie	Non	Oui, IM	COP
28	Cuba*	Non	Non	
29	Égypte	Non	Oui, IM	COP
30	El Salvador*	Non	Non	
31	Émirats arabes unis	Non	Oui, IM	COP
32	Équateur*	Non	Non	
33	Estonie	Non	Oui, IM	COP
34	États-Unis	Non	Non	
35	Fédération de Russie	Non	Oui, IM	COP
36	Finlande	Non	Oui, IM	COP
37	France	Non	Oui, IM	COP
38	Géorgie	Non	Oui, IM	COP
39	Grèce	Non	Oui, IM	COP
40	Hong Kong (Chine)	Non	Oui, IM	COP
41	Hongrie	Non	Oui, IM	COP
42	Inde	Non	Oui, IM	COP
43	Indonésie	Non	Oui, IM	COP
44	Iran*	Non	Non	
45	Irlande	Non	Oui, IM	COP
46	Islande	Non	Oui, IM	COP
47	Israël	Non	Oui, IM	COP
48	Italie	Non	Oui, IM	COP
49	Jamaïque	Non	Oui, IM	COP
50	Japon	Oui, autres		COP + LOB
51	Kazakhstan	Non	Oui, IM	COP
52	Kirghizistan*	Non	Non	
53	Koweït*	Non	Oui, IM	COP

54	Lettonie	Non	Oui, IM	COP
55	Lituanie	Non	Oui, IM	COP
56	Luxembourg	Non	Oui, IM	COP
57	Macédoine du Nord	Non	Oui, IM	COP
58	Malaisie	Non	Oui, IM	COP
59	Malte	Non	Oui, IM	COP
60	Maroc	Non	Oui, IM	COP
61	Mexique	Oui, autres		COP + LOB
62	Moldova*	Non	Non	
63	Nigéria	Non	Oui, IM	COP
64	Norvège	Non	Non	
65	Nouvelle-Zélande	Non	Oui, IM	COP
66	Oman	Non	Oui, IM	COP
67	Ouzbékistan*	Non	Non	
68	Pakistan	Non	Oui, IM	COP
69	Panama	Non	Oui, IM	COP
70	Pays-Bas	Non	Non	
71	Philippines*	Non	Non	
72	Pologne	Non	Oui, IM	COP
73	Portugal	Non	Oui, IM	COP
74	Qatar	Non	Oui, IM	COP
75	République dominicaine	Non	Non	
76	République slovaque	Non	Oui, IM	COP
77	République tchèque	Non	Oui, IM	COP
78	Roumanie	Oui, autres		COP
79	Royaume-Uni	Non	Oui, IM	COP
80	Sénégal	Non	Oui, IM	COP
81	Serbie	Non	Oui, IM	COP
82	Singapour	Non	Oui, IM	COP
83	Slovénie	Non	Oui, IM	COP
84	Suède	Non	Non	
85	Suisse	Non	Non	
86	Tadjikistan*	Non	Non	
87	Thaïlande	Non	Non	
88	Trinité-et-Tobago	Non	Non	
89	Tunisie	Non	Oui, IM	COP
90	Turquie	Non	Oui, IM	COP
91	Ukraine	Non	Oui, autres	COP
92	Uruguay	Non	Oui, IM	COP
93	Venezuela*	Non	Non	
94	Viet Nam	Non	Non	

Estonie

A. Progrès dans la mise en œuvre du standard minimum

L'Estonie compte 61 conventions fiscales en vigueur, comme l'indique sa réponse au questionnaire d'examen par les pairs. Trois de ces conventions sont conformes au standard minimum.

L'Estonie a signé l'IM en 2018 et a déposé son instrument de ratification le 15 janvier 2021. L'IM est entré en vigueur pour l'Estonie le 1er mai 2021. Les conventions qui seront modifiées par l'IM deviendront conformes au standard minimum une fois que les dispositions de l'IM auront pris effet.

L'Estonie se réserve le droit de retarder la prise d'effet des dispositions de l'IM jusqu'à ce qu'elle ait accompli les procédures internes prévues à cet effet au regard de chacune des conventions notifiées[76]. L'Estonie a notifié qu'elle avait accompli ses procédures internes relatives à la prise d'effet de l'IM au regard de ses conventions fiscales avec l'Autriche, Chypre*, la Finlande, la Lettonie, la Pologne, la République slovaque et l'Ukraine le 25 novembre 2021.

L'Estonie n'a pas notifié ses conventions avec l'Allemagne et la Suisse aux fins de l'IM mais a signé un instrument bilatéral de mise en conformité concernant sa convention avec l'Allemagne et a indiqué dans sa réponse au questionnaire d'examen par les pairs avoir pris des mesures (autres qu'au titre de l'IM) afin de mettre en œuvre le standard minimum dans sa convention avec la Suisse.

L'Estonie met généralement en œuvre le standard minimum par l'inclusion de la déclaration du préambule et de la règle COP[77].

B. Conclusion

L'Estonie est invitée à accomplir (et à notifier qu'elle a accompli) ses procédures internes relatives à la prise d'effet de l'IM au regard de ses conventions fiscales couvertes par l'IM n'ayant pas encore fait l'objet d'une telle notification.

Synthèse de la réponse de la juridiction – Estonie

	1. Partenaires conventionnels	2. Conformité avec le standard	3. Signature d'un instrument de mise en conformité	4. Recours à la disposition relative au standard minimum
1	Albanie	Non	Oui, IM	COP
2	Allemagne	Non	Oui, autres	COP
3	Arménie	Non	Oui, IM	COP
4	Autriche	Non	Oui, IM	COP
5	Azerbaïdjan*	Non	Non	COP
6	Bahreïn	Non	Oui, IM	COP
7	Bélarus	Non	Non	COP
8	Belgique	Non	Oui, IM	COP
9	Bulgarie	Non	Oui, IM	COP
10	Canada	Non	Oui, IM	COP

[76] Les réserves ont été formulées en vertu de l'article 35(7)(a) de l'IM.

[77] Pour ses conventions notifiées aux fins de l'IM, l'Estonie choisit d'appliquer la disposition de la déclaration du préambule (article 6 de l'IM) et la règle COP (article 7 de l'IM).

11	Chine (République populaire de)	Non	Oui, IM	COP
12	Chypre*	Non	Oui, IM	COP
13	Corée	Non	Oui, IM	COP
14	Croatie	Non	Oui, IM	COP
15	Danemark	Non	Oui, IM	COP
16	Émirats arabes unis	Non	Oui, IM	COP
17	Espagne	Non	Oui, IM	COP
18	États-Unis	Non	Non	COP + LOB
19	Finlande	Non	Oui, IM	COP
20	France	Non	Oui, IM	COP
21	Géorgie	Non	Oui, IM	COP
22	Grèce	Non	Oui, IM	COP
23	Guernesey	Oui, autres		COP
24	Hong Kong (Chine)	Oui, autres		COP
25	Hongrie	Non	Oui, IM	COP
26	Île de Man	Non	Oui, IM	COP
27	Inde	Non	Oui, IM	COP
28	Irlande	Non	Oui, IM	COP
29	Islande	Non	Oui, IM	COP
30	Israël	Non	Oui, IM	COP
31	Italie	Non	Oui, IM	COP
32	Japon	Oui, autres		COP + LOB
33	Jersey	Non	Oui, IM	COP
34	Kazakhstan	Non	Oui, IM	COP
35	Kirghizistan*	Non	Non	COP
36	Lettonie	Non	Oui, IM	COP
37	Lituanie	Non	Oui, IM	COP
38	Luxembourg	Non	Oui, IM	COP
39	Macédoine du Nord	Non	Oui, IM	COP
40	Malte	Non	Oui, IM	COP
41	Mexique	Non	Oui, IM	COP
42	Moldova*	Non	Non	COP
43	Norvège	Non	Oui, IM	COP
44	Ouzbékistan*	Non	Non	COP
45	Pays-Bas	Non	Oui, IM	COP
46	Pologne	Non	Oui, IM	COP
47	Portugal	Non	Oui, IM	COP
48	République slovaque	Non	Oui, IM	COP
49	République tchèque	Non	Non	COP
50	Roumanie	Non	Oui, IM	COP
51	Royaume-Uni	Non	Oui, IM	COP
52	Serbie	Non	Oui, IM	COP
53	Singapour	Non	Oui, IM	COP
54	Slovénie	Non	Oui, IM	COP
55	Suède	Non	Oui, IM	COP
56	Suisse	Non	Non	COP
57	Thaïlande	Non	Non	COP
58	Turkménistan*	Non	Non	COP
59	Turquie	Non	Oui, IM	COP
60	Ukraine	Non	Oui, IM	COP
61	Viet Nam	Non	Non	COP

Eswatini

A. Progrès dans la mise en œuvre du standard minimum

L'Eswatini compte sept conventions fiscales en vigueur, comme l'indique sa réponse au questionnaire d'examen par les pairs. L'une de ces conventions, celle conclue avec le Lesotho*, est conforme au standard minimum.

L'Eswatini n'a pas signé l'IM.

L'Eswatini met en œuvre le standard minimum par l'inclusion de la déclaration du préambule et de la règle COP.

B. Conclusion

L'Eswatini développe présentement, en consultation avec le Secrétariat, un plan de mise en œuvre du standard minimum dans ses conventions avec l'Afrique du Sud, le Botswana, Maurice, le Royaume-Uni et les Seychelles.

Synthèse de la réponse de la juridiction – Eswatini

	1. Partenaires conventionnels	2. Conformité avec le standard	3. Signature d'un instrument de mise en conformité	4. Recours à la disposition relative au standard minimum
1	Lesotho*	Oui, autres		COP

Autres conventions

	1. Partenaires conventionnels	2. Membre du Cadre inclusif
1	Afrique du Sud	Oui
2	Botswana	Oui
3	Maurice	Oui
4	Royaume-Uni	Oui
5	Seychelles	Oui
6	Taipei chinois*	Non

États-Unis

A. Progrès dans la mise en œuvre du standard minimum

Les États-Unis comptent 66 conventions fiscales en vigueur, comme l'indique leur réponse au questionnaire d'examen par les pairs. Aucune de ces conventions n'est conforme au standard minimum.

Les États-Unis ont fourni une déclaration générale dans leur réponse au questionnaire d'examen par les pairs stipulant qu'ils ont l'intention de recourir à la règle détaillée de limitation des avantages dans le cadre à de leur engagement à mettre en œuvre le standard minimum. Cette règle ne figure pas dans l'IM, et nécessite des discussions bilatérales approfondies et une adaptation pour chaque convention fiscale.

Les États-Unis ont choisi d'appliquer des règles LOB dans la plupart de leurs conventions. Ils ont commencé à inclure des mesures anti chalandage fiscal en 1962[78], et depuis les années 1970, des dispositions relatives à la règle LOB (qui ciblaient initialement les sociétés d'investissement ou les sociétés holding) figurent dans les conventions conclues par les États-Unis. Toutes les conventions signées par les États-Unis sont complétées par des règles de droit interne visant les mécanismes de financement par des sociétés-relais[79].

Le Modèle de Convention des États-Unis de 2016 indique expressément que la convention ne doit pas créer des possibilités de non-imposition ou d'imposition réduite par l'évasion ou la fraude fiscale (y compris par des mécanismes de chalandage fiscal destinés à obtenir les allégements prévus dans la présente Convention au bénéfice indirect de résidents d'États tiers).

Les conventions conclues entre les États-Unis et les 45 juridictions suivantes contiennent une règle LOB complétée par des règles nationales visant les mécanismes de financement par des sociétés-relais : Afrique du Sud, Allemagne, Australie, Autriche, Bangladesh*, Barbade, Belgique, Bulgarie, Canada, Chine (République populaire de), Chypre*, Danemark, Espagne, Estonie, Fédération de Russie, Finlande, France, Islande, Inde, Indonésie, Irlande, Israël, Italie, Jamaïque, Japon, Kazakhstan, Lettonie, Lituanie, Luxembourg, Malte, Mexique, Nouvelle-Zélande, Pays-Bas, Portugal, République slovaque, République tchèque, Slovénie, Sri Lanka, Suède, Suisse, Thaïlande, Tunisie, Turquie, Ukraine, Venezuela*. Les conventions signées avec la Hongrie et la Pologne contiennent une règle LOB complétée par des règles nationales visant les mécanismes de financement par des sociétés-relais. Les conventions conclues avec la Corée, l'Égypte, le Maroc, la Norvège et Trinité-et-Tobago contiennent une règle de portée limitée contre le chalandage fiscal, et sont complétées par des règles nationales visant les mécanismes de financement par des sociétés-relais. La convention avec le Royaume-Uni contient une règle LOB et des règles visant les mécanismes de financement par des sociétés-relais, et elle est complétée par des règles nationales visant les mécanismes de financement par des sociétés-relais.

---

[78] Concernant la convention conclue entre les États-Unis et le Luxembourg.

[79] Voir I.R.C. § 770(1), ajouté au Code des impôts américain (Internal Revenue Code) par la section 13238 de l'Omnibus Budget Reconciliation Act de1993, P.L. 103-66 (qui permet à l'Internal Revenue Service de requalifier une opération de financement multipartite en tant qu'opération effectuée directement entre deux parties ou plus lorsque cela s'avère approprié pour empêcher l'évasion de l'impôt aux États-Unis) ; Treas. Reg. § 1.881-3 (version modifiée en 2020) (qui fournit des orientations supplémentaires concernant les mécanismes de financement par des sociétés-relais). Les États-Unis disposent en outre de règles jurisprudentielles (par exemple, la règle de substance économique et le principe de la primauté du fond sur la forme) qui peuvent permettre de lutter contre les mécanismes de financement par des sociétés-relais, et de parvenir au même résultat.

B. Conclusion

Aucune juridiction n'a signalé de préoccupation relative à ses conventions conclues avec les États-Unis.

Synthèse de la réponse de la juridiction — États-Unis

	1. Partenaires conventionnels	2. Conformité avec le standard	3. Signature d'un instrument de mise en conformité	4. Recours à la disposition relative au standard minimum
1	Afrique du Sud	Non	Non	
2	Allemagne	Non	Non	
3	Arménie	Non	Non	
4	Australie	Non	Non	
5	Autriche	Non	Non	
6	Azerbaïdjan*	Non	Non	
7	Bangladesh*	Non	Non	
8	Barbade	Non	Non	
9	Bélarus	Non	Non	
10	Belgique	Non	Non	
11	Bulgarie	Non	Non	
12	Canada	Non	Non	
13	Chine (République populaire de)	Non	Non	
14	Chypre*	Non	Non	
15	Corée	Non	Non	
16	Danemark	Non	Non	
17	Égypte	Non	Non	
18	Espagne	Non	Non	
19	Estonie	Non	Non	
20	Fédération de Russie	Non	Non	
21	Finlande	Non	Non	
22	France	Non	Non	
23	Géorgie	Non	Non	
24	Grèce	Non	Non	
25	Hongrie	Non	Non	
26	Inde	Non	Non	
27	Indonésie	Non	Non	
28	Irlande	Non	Non	
29	Islande	Non	Non	
30	Israël	Non	Non	
31	Italie	Non	Non	
32	Jamaïque	Non	Non	
33	Japon	Non	Non	
34	Kazakhstan	Non	Non	
35	Kirghizistan*	Non	Non	
36	Lettonie	Non	Non	
37	Lituanie	Non	Non	
38	Luxembourg	Non	Non	
39	Malte	Non	Non	
40	Maroc	Non	Non	
41	Mexique	Non	Non	
42	Moldova*	Non	Non	

43	Norvège	Non	Non	
44	Nouvelle-Zélande	Non	Non	
45	Ouzbékistan*	Non	Non	
46	Pakistan	Non	Non	
47	Pays-Bas	Non	Non	
48	Philippines*	Non	Non	
49	Pologne	Non	Non	
50	Portugal	Non	Non	
51	République slovaque	Non	Non	
52	République tchèque	Non	Non	
53	Roumanie	Non	Non	
54	Royaume-Uni	Non	Non	
55	Slovénie	Non	Non	
56	Sri Lanka	Non	Non	
57	Suède	Non	Non	
58	Suisse	Non	Non	
59	Tadjikistan*	Non	Non	
60	Thaïlande	Non	Non	
61	Trinité-et-Tobago	Non	Non	
62	Tunisie	Non	Non	
63	Turkménistan*	Non	Non	
64	Turquie	Non	Non	
65	Ukraine	Non	Non	
66	Venezuela*	Non	Non	

Fédération de Russie

A. Progrès dans la mise en œuvre du standard minimum

La Fédération de Russie compte 85 conventions fiscales en vigueur, comme l'indique sa réponse au questionnaire d'examen par les pairs. Trente-six de ces conventions sont conformes au standard minimum.

La Fédération de Russie a signé l'IM en 2017 et a déposé son instrument de ratification le 18 juin 2019. L'IM est entré en vigueur pour la Fédération de Russie le 1er octobre 2019. Les conventions qui seront modifiées par l'IM deviendront conformes au standard minimum une fois que les dispositions de l'IM auront pris effet.

La Fédération de Russie n'a pas notifié ses conventions avec l'Allemagne, le Brésil, la Macédoine du Nord, la Namibie et la Suisse aux fins de l'IM. Aussi, à ce stade, ces conventions ne seront pas modifiées par l'IM. La Macédoine du Nord a notifié sa convention conclue avec la Fédération de Russie aux fins de l'IM. La Macédoine du Nord a notifié sa convention conclue avec la Fédération de Russie aux fins de l'IM.

Les conventions qui seront modifiées par l'IM deviendront conformes au standard minimum une fois que les dispositions de l'IM auront pris effet. La Fédération de Russie se réserve le droit de retarder la prise d'effet des dispositions de l'IM jusqu'à ce qu'elle ait accompli ses procédures internes prévues à cet effet au regard de chacune des conventions notifiées[80]. La Fédération de Russie a notifié avoir accompli ses procédures internes relatives à la prise d'effet de l'IM au regard des conventions conclues avec l'Australie, l'Autriche, la Belgique (ancienne), le Canada, le Danemark, les Émirats arabes unis, la Finlande, la France, l'Inde, l'Irlande, l'Islande, Israël, la Lettonie, la Lituanie, le Luxembourg, Malte, la Norvège, la Nouvelle-Zélande, les Pays-Bas, la Pologne, le Qatar, la République slovaque, le Royaume-Uni, la Serbie, Singapour, la Slovénie et l'Ukraine le 30 avril 2020, et au regard des conventions conclues avec l'Arabie saoudite, Chypre*, la Corée, l'Indonésie, le Kazakhstan, le Portugal et la République tchèque le 26 novembre 2020.

La Fédération de Russie a indiqué dans sa réponse au questionnaire d'examen par les pairs avoir pris des mesures (autres qu'au titre de l'IM) afin de mettre en œuvre le standard minimum dans ses conventions avec l'Allemagne, le Brésil et la Suisse.

La Fédération de Russie a en outre précisé dans sa réponse au questionnaire d'examen par les pairs que ses conventions avec la Macédoine du Nord et la Namibie ne soulevaient pas de préoccupations importantes en matière de chalandage fiscal au regard de sa juridiction.

La Fédération de Russie met en œuvre le standard minimum par l'inclusion de la disposition de la déclaration du préambule et de la règle COP associée à la règle LOB[81].

[80] Les réserves ont été formulées en vertu de l'article 35(7)(a) de l'IM.

[81] Pour ses conventions notifiées aux fins de l'IM, la Fédération de Russie choisit d'appliquer la disposition de la déclaration du préambule (article 6 de l'IM) et la règle COP (article 7 de l'IM). La Fédération de Russie a également opté pour la règle LOB simplifiée au titre de l'article 7(6) de l'IM.

B. Conclusion

La Fédération de Russie est invitée à accomplir (et à notifier qu'elle a accompli) ses procédures internes relatives à la prise d'effet de l'IM au regard de ses conventions fiscales couvertes par l'IM n'ayant pas encore fait l'objet d'une telle notification.

La Macédoine du Nord a notifié sa convention avec la Fédération de Russie aux fins de l'IM, ce qui équivaut à une demande de mise en œuvre du standard minimum.

Recommandation

Il est recommandé que la Fédération de Russie élabore un plan afin de mettre en œuvre le standard minimum dans sa convention pour laquelle aucune mesure n'a encore été prise et qui a été conclue avec un membre du Cadre inclusif sur le BEPS (Macédoine du Nord).

Synthèse de la réponse de la juridiction — Fédération de Russie

	1. Partenaires conventionnels	2. Conformité avec le standard	3. Signature d'un instrument de mise en conformité	4. Recours à la disposition relative au standard minimum
1	Afrique du Sud	Non	Oui, IM	COP
2	Albanie	Non	Oui, IM	COP
3	Algérie*	Non	Non	
4	Allemagne	Non	Non	COP
5	Arabie saoudite	Oui, IM		COP
6	Argentine	Non	Oui, IM	COP + LOB
7	Arménie	Non	Oui, IM	COP + LOB
8	Australie	Oui, IM		COP
9	Autriche	Oui, IM		COP
10	Azerbaïdjan*	Non	Non	
11	Bélarus	Non	Non	
12	Belgique	Oui, IM		COP
13	Botswana	Non	Non	
14	Brésil	Non	Non	COP
15	Bulgarie	Non	Oui, IM	COP + LOB
16	Canada	Oui, IM		COP
17	Chili	Non	Oui, IM	COP + LOB
18	Chine (République populaire de)	Non	Oui, IM	COP
19	Chypre*	Oui, IM		COP
20	Corée	Oui, IM		COP
21	Croatie	Non	Oui, IM	COP
22	Cuba*	Non	Non	
23	Danemark	Oui, IM		COP + LOB
24	Égypte	Non	Oui, IM	COP
25	Émirats arabes unis	Oui, IM		COP
26	Équateur*	Non	Non	
27	Espagne	Non	Oui, IM	COP
28	États-Unis	Non	Non	
29	Finlande	Oui, IM		COP
30	France	Oui, IM		COP

31	Grèce	Non	Oui, IM	COP + LOB
32	Hong Kong (Chine)	Non	Oui, IM	COP + LOB
33	Hongrie	Non	Oui, IM	COP
34	Inde	Oui, IM		COP + LOB
35	Indonésie	Oui, IM		COP
36	Irlande	Oui, IM		COP
37	Islande	Oui, IM		COP + LOB
38	Israël	Oui, IM		COP
39	Italie	Non	Oui, IM	COP
40	Japon	Oui, autres		COP + LOB
41	Kazakhstan	Oui, IM		COP + LOB
42	Koweït*	Non	Oui, IM	COP
43	Lettonie	Oui, IM		COP
44	Liban*	Non	Non	
45	Lituanie	Oui, IM		COP
46	Luxembourg	Oui, IM		COP
47	Malaisie	Non	Oui, IM	COP
48	Malte	Oui, IM		COP
49	Maroc	Non	Oui, IM	COP
50	Mexique	Non	Oui, IM	COP + LOB
51	Moldova*	Non	Non	
52	Mongolie	Non	Non	
53	Monténégro	Non	Non	
54	Norvège	Oui, IM		COP + LOB
55	Nouvelle-Zélande	Oui, IM		COP
56	Pays-Bas	Oui, IM		COP
57	Philippines*	Non	Non	
58	Pologne	Oui, IM		COP
59	Portugal	Oui, IM		COP
60	Qatar	Oui, IM		COP
61	République slovaque	Oui, IM		COP + LOB
62	République tchèque	Oui, IM		COP
63	Roumanie	Non	Oui, IM	COP
64	Royaume-Uni	Oui, IM		COP
65	Serbie	Oui, IM		COP
66	Singapour	Oui, IM		COP
67	Slovénie	Oui, IM		COP
68	Sri Lanka	Non	Non	
69	Suède	Oui, autres		COP
70	Suisse	Non	Non	COP
71	Thaïlande	Non	Non	
72	Turquie	Non	Oui, IM	COP
73	Ukraine	Oui, IM		COP
74	Venezuela*	Non	Non	
75	Viet Nam	Non	Non	COP

Autres conventions

	1. Partenaires conventionnels	2. Membre du Cadre inclusif
1	Iran*	Non
2	Kirghizistan*	Non
3	Macédoine du Nord	Oui

4	Mali*	Non
5	Namibie	Oui
6	Ouzbékistan*	Non
7	République arabe syrienne*	Non
8	République populaire démocratique de Corée*	Non
9	Tadjikistan*	Non
10	Turkménistan*	Non

Finlande

A. Progrès dans la mise en œuvre du standard minimum

La Finlande compte 73 conventions fiscales en vigueur, ainsi que l'indique sa réponse au questionnaire d'examen par les pairs, y compris la Convention nordique multilatérale conclue avec le Danemark, les Îles Féroé, l'Islande, la Norvège et la Suède (la Convention nordique) [82]. Trente-six de ces conventions, y compris la Convention nordique, sont conformes au standard minimum.

La Finlande a signé l'IM en 2017 et a déposé son instrument de ratification le 25 février 2019. L'IM est entré en vigueur pour la Finlande le 1er juin 2019. Les conventions qui seront modifiées par l'IM deviendront conformes au standard minimum une fois que les dispositions de l'IM auront pris effet.

La Finlande n'a pas notifié sa convention avec la Bulgarie aux fins de l'IM, mais a indiqué dans sa réponse au questionnaire d'examen par les pairs avoir pris des mesures (autres qu'au titre de l'IM) afin de mettre en œuvre le standard minimum dans cette convention.

La Finlande met en œuvre le standard minimum par l'inclusion de la déclaration du préambule et de la règle COP[83].

B. Conclusion

Aucune juridiction n'a signalé de préoccupation relative à ses conventions conclues avec la Finlande.

Synthèse de la réponse de la juridiction – Finlande

	1. Partenaires conventionnels	2. Conformité avec le standard	3. Signature d'un instrument de mise en conformité	4. Recours à la disposition relative au standard minimum
1	Afrique du Sud	Non	Oui, IM	COP
2	Allemagne	Oui, autres		COP
3	Argentine	Non	Oui, IM	COP
4	Arménie	Non	Oui, IM	COP
5	Australie	Oui, IM		COP
6	Autriche	Oui, IM		COP
7	Azerbaïdjan*	Non	Non	COP
8	Barbade	Non	Oui, IM	COP
9	Bélarus	Non	Non	COP
10	Belgique	Oui, IM		COP
11	Bosnie-Herzégovine	Non	Oui, IM	COP
12	Brésil	Non	Non	
13	Bulgarie	Non	Non	
14	Canada	Oui, IM		COP

[82] Voir la convention multilatérale conclue par le Danemark, la Finlande, les Îles Féroé, l'Islande, la Norvège et la Suède tendant : à éviter la double imposition concernant les impôts sur le revenu et la fortune (1996, 1997, 2008 et 2018). Au total, la Finlande a notifié 77 « accords » dans sa liste des conventions fiscales : 72 conventions bilatérales et la Convention nordique conclue avec cinq de ses partenaires.

[83] Pour ses conventions notifiées aux fins de l'IM, la Finlande choisit d'appliquer la disposition de la déclaration du préambule (article 6 de l'IM) et la règle COP (article 7 de l'IM).

15	Chine (République populaire de)	Non	Oui, IM	COP
16	Chypre*	Oui, IM		COP
17	Corée	Oui, IM		COP
18	Croatie	Non	Oui, IM	COP
19	Danemark	Oui, autres		COP
20	Égypte	Oui, IM		COP
21	Émirats arabes unis	Oui, IM		COP
22	Espagne	Non	Oui, IM	COP
23	Estonie	Non	Oui, IM	COP
24	États-Unis	Non	Non	COP
25	Fédération de Russie	Oui, IM		COP
26	France	Oui, IM		COP
27	Géorgie	Oui, IM		COP
28	Grèce	Non	Oui, IM	COP
29	Hong Kong (Chine)	Oui, autres		COP
30	Hongrie	Non	Oui, IM	COP
31	Îles Féroé	Oui, autres		COP
32	Inde	Oui, IM		COP
33	Indonésie	Oui, IM		COP
34	Irlande	Oui, IM		COP
35	Islande	Oui, autres		COP
36	Israël	Oui, IM		COP
37	Italie	Non	Oui, IM	COP
38	Japon	Oui, IM		COP
39	Kazakhstan	Oui, IM		COP
40	Kirghizistan*	Non	Non	COP
41	Kosovo*	Non	Non	COP
42	Lettonie	Oui, IM		COP
43	Lituanie	Oui, IM		COP
44	Luxembourg	Oui, IM		COP
45	Macédoine du Nord	Non	Oui, IM	COP
46	Malaisie	Non	Oui, IM	COP
47	Malte	Oui, IM		COP
48	Maroc	Non	Oui, IM	COP
49	Mexique	Non	Oui, IM	COP
50	Moldova*	Non	Non	COP
51	Monténégro	Non	Non	COP
52	Norvège	Oui, autres		COP
53	Nouvelle-Zélande	Oui, IM		COP
54	Ouzbékistan*	Non	Non	COP
55	Pakistan	Oui, IM		COP
56	Pays-Bas	Oui, IM		COP
57	Philippines*	Non	Non	COP
58	Pologne	Oui, IM		COP
59	République slovaque	Oui, IM		COP
60	République tchèque	Oui, IM		COP
61	Roumanie	Non	Oui, IM	COP
62	Royaume-Uni	Oui, IM		COP
63	Serbie	Oui, IM		COP
64	Singapour	Oui, IM		COP
65	Slovénie	Oui, IM		COP
66	Sri Lanka	Non	Non	COP
67	Suède	Oui, autres		COP

68	Suisse	Non	Non	COP
69	Tadjikistan*	Non	Non	COP
70	Tanzanie*	Non	Non	COP
71	Thaïlande	Non	Non	COP
72	Turkménistan*	Non	Non	COP
73	Turquie	Non	Oui, IM	COP
74	Ukraine	Oui, IM		COP
75	Uruguay	Oui, IM		COP
76	Viet Nam	Non	Non	COP
77	Zambie	Non	Non	COP

France

A. Progrès dans la mise en œuvre du standard minimum

La France compte 119 conventions fiscales en vigueur, comme l'indique sa réponse au questionnaire d'examen par les pairs. Quarante-et-une de ces conventions sont conformes au standard minimum.

La France a signé l'IM en 2017 et a déposé son instrument de ratification le 26 septembre 2018. L'IM est entré en vigueur pour la France le 1er janvier 2019. Le 22 septembre 2020, la France a formulé une notification supplémentaire afin d'élargir la liste de conventions qui seront couvertes par l'IM. Les conventions qui seront modifiées par l'IM deviendront conformes au standard minimum une fois que les dispositions de l'IM auront pris effet.

La France met en œuvre le standard minimum par l'inclusion de la déclaration du préambule et de la règle COP[84].

B. Conclusion

Aucune juridiction n'a signalé de préoccupation relative à ses conventions conclues avec la France.

Synthèse de la réponse de la juridiction – France

	1. Partenaires conventionnels	2. Conformité avec le standard	3. Signature d'un instrument de mise en conformité	4. Recours à la disposition relative au standard minimum
1	Afrique du Sud	Non	Oui, IM	COP
2	Albanie	Oui, IM		COP
3	Algérie*	Non	Non	COP
4	Allemagne	Non	Oui, IM	COP
5	Andorre	Non	Oui, IM	COP
6	Arabie saoudite	Oui, IM		COP
7	Argentine	Non	Oui, IM	COP
8	Arménie	Non	Oui, IM	COP
9	Australie	Oui, IM		COP
10	Autriche	Oui, IM		COP
11	Azerbaïdjan*	Non	Non	COP
12	Bahreïn	Non	Oui, IM	COP
13	Bangladesh*	Non	Non	COP
14	Bélarus	Non	Non	COP
15	Belgique	Oui, IM		COP
16	Bénin	Non	Non	COP
17	Bolivie*	Non	Non	COP
18	Bosnie-Herzégovine	Oui, IM		COP
19	Botswana	Non	Non	COP
20	Brésil	Non	Non	COP
21	Bulgarie	Non	Oui, IM	COP
22	Burkina Faso	Non	Oui, IM	COP

[84] Pour ses conventions notifiées aux fins de l'IM, la France choisit d'appliquer la disposition de la déclaration du préambule (article 6 de l'IM) et la règle COP (article 7 de l'IM).

23	Cameroun	Non	Oui, IM	COP
24	Canada	Oui, IM		COP
25	Chili	Non	Oui, IM	COP
26	Chine (République populaire de)	Non	Oui, IM	COP
27	Chypre*	Oui, IM		COP
28	Corée	Oui, IM		COP
29	Côte d'Ivoire	Non	Oui, IM	COP
30	Croatie	Non	Oui, IM	COP
31	Égypte	Oui, IM		COP
32	Émirats arabes unis	Oui, IM		COP
33	Équateur*	Non	Non	COP
34	Espagne	Non	Oui, IM	COP
35	Estonie	Non	Oui, IM	COP
36	États-Unis	Non	Non	COP
37	Éthiopie*	Non	Non	COP
38	Fédération de Russie	Oui, IM		COP
39	Finlande	Oui, IM		COP
40	Gabon	Non	Oui, IM	COP
41	Géorgie	Oui, IM		COP
42	Ghana*	Non	Non	COP
43	Grèce	Non	Oui, IM	COP
44	Guinée*	Non	Non	COP
45	Hong Kong (Chine)	Non	Oui, IM	COP
46	Hongrie	Non	Oui, IM	COP
47	Inde	Oui, IM		COP
48	Indonésie	Oui, IM		COP
49	Iran*	Non	Non	COP
50	Irlande	Oui, IM		COP
51	Islande	Oui, IM		COP
52	Israël	Oui, IM		COP
53	Italie	Non	Oui, IM	COP
54	Jamaïque	Non	Oui, IM	COP
55	Japon	Oui, IM		COP + LOB
56	Jordanie	Oui, IM		COP
57	Kazakhstan	Oui, IM		COP
58	Kenya	Non	Oui, IM	COP
59	Kirghizistan*	Non	Non	COP
60	Kosovo*	Non	Non	COP
61	Koweït*	Non	Oui, IM	COP
62	Lettonie	Oui, IM		COP
63	Liban*	Non	Non	COP
64	Lituanie	Oui, IM		COP
65	Luxembourg	Oui, autres		COP
66	Lybie*	Non	Non	COP
67	Macédoine du Nord	Non	Oui, IM	COP
68	Madagascar*	Non	Non	COP
69	Malaisie	Non	Oui, IM	COP
70	Malawi*	Non	Non	COP
71	Mali*	Non	Non	COP
72	Malte	Oui, IM		COP
73	Maroc	Non	Oui, IM	COP
74	Maurice	Oui, IM		COP
75	Mauritanie*	Non	Non	COP

76	Mexique	Non	Oui, IM	COP
77	Monaco	Oui, IM		COP
78	Mongolie	Non	Non	COP
79	Monténégro	Non	Non	COP
80	Namibie	Non	Non	COP
81	Niger*	Non	Non	COP
82	Nigéria	Non	Oui, IM	COP
83	Norvège	Non	Non	COP
84	Nouvelle-Zélande	Oui, IM		COP
85	Oman	Oui, IM		COP
86	Ouzbékistan*	Non	Non	COP
87	Pakistan	Non	Oui, IM	COP
88	Panama	Non	Oui, IM	COP
89	Pays-Bas	Oui, IM		COP
90	Philippines*	Non	Non	COP
91	Pologne	Oui, IM		COP
92	Portugal	Oui, IM		COP
93	Qatar	Oui, IM		COP
94	Québec*	Non	Non	COP
95	République arabe syrienne*	Non	Non	COP
96	République centrafricaine*	Non	Non	COP
97	République du Congo	Non	Non	COP
98	République slovaque	Oui, IM		COP
99	République tchèque	Oui, IM		COP
100	Roumanie	Non	Oui, IM	COP
101	Royaume-Uni	Oui, IM		COP
102	Sénégal	Non	Oui, IM	COP
103	Serbie	Oui, IM		COP
104	Singapour	Oui, IM		COP
105	Slovénie	Oui, IM		COP
106	Sri Lanka	Non	Non	COP
107	Suède	Non	Non	COP
108	Suisse	Non	Non	COP
109	Thaïlande	Non	Non	COP
110	Togo*	Non	Non	COP
111	Trinité-et-Tobago	Non	Non	COP
112	Tunisie	Non	Oui, IM	COP
113	Turkménistan*	Non	Non	COP
114	Turquie	Non	Oui, IM	COP
115	Ukraine	Oui, IM		COP
116	Venezuela*	Non	Non	COP
117	Viet Nam	Non	Non	COP
118	Zambie	Non	Non	COP
119	Zimbabwe*	Non	Non	COP

Gabon

A. Progrès dans la mise en œuvre du standard minimum

Le Gabon compte six conventions fiscales en vigueur, ainsi que l'indique sa réponse au questionnaire d'examen par les pairs. Aucune de ces conventions n'est conforme au standard minimum.

Le Gabon a signé l'IM en 2017. Les conventions qui seront modifiées par l'IM deviendront conformes au standard minimum une fois que les dispositions de l'IM auront pris effet.

Le Gabon n'a pas notifié sa convention avec l'Arabie saoudite et la Corée. Aussi, à ce stade, ces conventions ne seront pas modifiées par l'IM. L'Arabie saoudite et la Corée ont notifié leurs conventions avec le Gabon aux fins de l'IM.

Le Gabon met en œuvre le standard minimum par l'inclusion de la déclaration du préambule et de la règle COP[85].

B. Conclusion

L'Arabie saoudite et la Corée ont notifié leurs conventions conclues avec le Gabon aux fins de l'IM, ce qui équivaut à une demande de mise en œuvre du standard minimum.

Le Gabon a élaboré un plan de mise en œuvre du standard minimum dans ses conventions conclues avec l'Arabie saoudite et la Corée. Le Gabon a fait savoir dans sa réponse au questionnaire d'examen par les pairs qu'il comptait élargir la liste de ses conventions fiscales couvertes par l'IM afin d'inclure ses conventions.

Recommandation

Il est recommandé que le Gabon est prenne les mesures nécessaires afin que l'IM prenne effet au regard de ses conventions fiscales notifiées aux fins de l'IM, car ces conventions ne seront modifiées par l'IM (et ne deviendront conformes au standard minimum) qu'une fois que les dispositions de l'IM auront pris effet.

Synthèse de la réponse de la juridiction – Gabon

	1. Partenaires conventionnels	2. Conformité avec le standard	3. Signature d'un instrument de mise en conformité	4. Recours à la disposition relative au standard minimum
1	Belgique	Non	Oui, IM	COP
2	Canada	Non	Oui, IM	COP
3	France	Non	Oui, IM	COP
4	Maroc	Non	Oui, IM	COP

[85] Pour ses conventions notifiées aux fins de l'IM, le Gabon choisit d'appliquer la disposition de la déclaration du préambule (article 6 de l'IM) et la règle COP (article 7 de l'IM).

Autres conventions

	1. Partenaires conventionnels	2. Membre du Cadre inclusif
1	Arabie saoudite	Oui
2	Corée	Oui

Géorgie

A. Progrès dans la mise en œuvre du standard minimum

La Géorgie compte 56 conventions fiscales en vigueur, comme l'indique sa réponse au questionnaire d'examen par les pairs. Vingt-trois de ces conventions sont conformes au standard minimum.

La Géorgie a signé l'IM en 2017 et a déposé son instrument de ratification le 29 mars 2019, notifiant 34 de ses conventions alors en vigueur. L'IM est entré en vigueur pour la Géorgie 1er juillet 2019. Les conventions qui seront modifiées par l'IM deviendront conformes au standard minimum une fois que les dispositions de l'IM auront pris effet.

La Géorgie n'a pas notifié ses conventions avec l'Allemagne, l'Arabie saoudite, l'Arménie, l'Autriche, Bahreïn, le Bélarus, le Danemark, l'Égypte, les Émirats arabes unis, le Japon, le Kazakhstan, Malte, la Pologne, le Qatar, la Suisse et l'Ukraine. Aussi, à ce stade, ces conventions ne seront pas modifiées par l'IM. L'Arabie saoudite, l'Arménie, Bahreïn, le Danemark, l'Égypte, les Émirats arabes unis, le Kazakhstan, Malte et l'Ukraine ont notifié leurs conventions avec la Géorgie aux fins de l'IM.

La Géorgie a signé un instrument bilatéral de mise en conformité concernant sa convention avec le Japon.

La Géorgie a indiqué dans sa réponse au questionnaire d'examen par les pairs avoir pris des mesures (autres qu'au titre de l'IM) afin de mettre en œuvre le standard minimum dans ses conventions avec Malte et la Pologne[86].

La Géorgie met en œuvre le standard minimum par l'inclusion de la déclaration du préambule et de la règle COP[87].

Dans sa réponse au questionnaire d'examen par les pairs, l'Allemagne a indiqué que sa convention avec la Géorgie ne soulevait pas de préoccupation importante en matière de chalandage fiscal, au regard de sa juridiction.

B. Conclusion

L'Arabie saoudite, l'Arménie, Bahreïn, le Danemark, l'Égypte, les Émirats arabes unis, le Kazakhstan, Malte et l'Ukraine ont notifié leurs conventions avec la Géorgie aux fins de l'IM, ce qui équivaut à une demande de mise en œuvre le standard minimum.

La Géorgie a élaboré un plan pour la mise en œuvre du standard minimum dans ses accords avec l'Allemagne, l'Arabie saoudite, l'Arménie, l'Autriche, Bahreïn, le Bélarus, le Danemark, l'Égypte, les Émirats arabes unis, le Kazakhstan, le Qatar, la Suisse et l'Ukraine. La Géorgie a indiqué dans sa réponse au questionnaire d' examen par les pairs qu'elle avait l'intention d'élargir la liste des conventions qui seront couvertes par l'IM pour y inclure ces conventions, et qu'elle avait l'intention de fournir la liste révisée des conventions conclues au titre de l'IM avant décembre 2021.

---

[86] La Géorgie et la Pologne ont signé une nouvelle convention le 7 juillet 2021, qui remplacera l'accord actuel une fois qu'il entrera en vigueur.

[87] Pour ses conventions notifiées aux fins de l'IM, la Géorgie choisit d'appliquer la disposition de la déclaration du préambule (article 6 de l'IM) et la règle COP (article 7 de l'IM).

La Géorgie a également indiqué que des négociations bilatérales seraient engagées pour mettre en œuvre le standard minimum dans ses conventions avec l'Azerbaïdjan*, l'Iran*, le Koweït*, le Moldova*, le Turkménistan* et l'Ouzbékistan*.

Synthèse de la réponse de la juridiction – Géorgie

	1. Partenaires conventionnels	2. Conformité avec le standard	3. Signature d'un instrument de mise en conformité	4. Recours à la disposition relative au standard minimum
1	Belgique	Oui, IM		COP
2	Bulgarie	Non	Oui, IM	COP
3	Chine (République populaire de)	Non	Oui, IM	COP
4	Chypre*	Oui, IM		COP
5	Corée	Oui, IM		COP
6	Croatie	Non	Oui, IM	COP
7	Espagne	Non	Oui, IM	COP
8	Estonie	Non	Oui, IM	COP
9	Finlande	Oui, IM		COP
10	France	Oui, IM		COP
11	Grèce	Non	Oui, IM	COP
12	Hongrie	Non	Oui, IM	COP
13	Inde	Oui, IM		COP
14	Irlande	Oui, IM		COP
15	Islande	Oui, IM		COP
16	Israël	Oui, IM		COP
17	Italie	Non	Oui, IM	COP
18	Japon	Non	Oui, autres	COP + LOB
19	Lettonie	Oui, IM		COP
20	Liechtenstein	Oui, IM		COP
21	Lituanie	Oui, IM		COP
22	Luxembourg	Oui, IM		COP
23	Malte	Non	Non	
24	Norvège	Oui, IM		COP
25	Pays-Bas	Oui, IM		COP
26	Pologne	Non	Non	
27	Portugal	Oui, IM		COP
28	République slovaque	Oui, IM		COP
29	République tchèque	Oui, IM		COP
30	Roumanie	Non	Oui, IM	
31	Royaume-Uni	Oui, IM		COP
32	Saint-Marin	Oui, IM		COP
33	Serbie	Oui, IM		COP
34	Singapour	Oui, IM		COP
35	Slovénie	Oui, IM		COP
36	Suède	Non	Oui, IM	COP
37	Turquie	Non	Oui, IM	COP

Autres conventions

	1. Partenaires conventionnels	2. Membre du Cadre inclusif
1	Allemagne	Oui

2	Arabie saoudite	Oui
3	Arménie	Oui
4	Autriche	Oui
5	Azerbaïdjan*	Non
6	Bahreïn	Oui
7	Bélarus	Oui
8	Danemark	Oui
9	Égypte	Oui
10	Émirats arabes unis	Oui
11	Iran*	Non
12	Kazakhstan	Oui
13	Koweït*	Non
14	Moldova*	Non
15	Ouzbékistan*	Non
16	Qatar	Oui
17	Suisse	Oui
18	Turkménistan*	Non
19	Ukraine	Oui

Gibraltar

A. Progrès dans la mise en œuvre du standard minimum

Gibraltar compte une convention fiscale en vigueur avec le Royaume-Uni, comme l'indique sa réponse au questionnaire d'examen par les pairs. Cette convention est conforme au standard minimum.

Gibraltar met en œuvre le standard minimum par l'inclusion de la déclaration du préambule et de la règle COP.

B. Conclusion

Aucune juridiction n'a soulevé de préoccupation concernant Gibraltar.

Synthèse de la réponse de la juridiction – Gibraltar

	1. Partenaires conventionnels	2. Conformité avec le standard	3. Signature d'un instrument de mise en conformité	4. Recours à la disposition relative au standard minimum
1	Royaume-Uni	Oui, autres		COP

Grèce

A. Progrès dans la mise en œuvre du standard minimum

La Grèce compte 57 conventions fiscales en vigueur, comme l'indique sa réponse au questionnaire d'examen par les pairs. Aucune de ces conventions n'est conforme au standard minimum.

La Grèce a signé l'IM en 2017, a déposé son instrument de ratification le 30 mars 2021, et a notifié ses conventions fiscales non conformes. L'IM est entré en vigueur pour la Grèce le 1er juillet 2021. Les conventions qui seront modifiées par l'IM deviendront conformes au standard minimum une fois que les dispositions de l'IM auront pris effet.

La Grèce met en œuvre le standard minimum par l'inclusion de la déclaration du préambule et de la règle COP[88].

B. Conclusion

Aucune juridiction n'a signalé de préoccupation relative à ses conventions conclues avec la Grèce.

Synthèse de la réponse de la juridiction – Grèce

	1. Partenaires conventionnels	2. Conformité avec le standard	3. Signature d'un instrument de mise en conformité	4. Recours à la disposition relative au standard minimum
1	Afrique du Sud	Non	Oui, IM	COP
2	Albanie	Non	Oui, IM	COP
3	Allemagne	Non	Oui, IM	COP
4	Arabie saoudite	Non	Oui, IM	COP
5	Arménie	Non	Oui, IM	COP
6	Autriche	Non	Oui, IM	COP
7	Azerbaïdjan*	Non	Non	COP
8	Belgique	Non	Oui, IM	COP
9	Bosnie-Herzégovine	Non	Oui, IM	COP
10	Bulgarie	Non	Oui, IM	COP
11	Canada	Non	Oui, IM	COP
12	Chine (République populaire de)	Non	Oui, IM	COP
13	Chypre*	Non	Oui, IM	COP
14	Corée	Non	Oui, IM	COP
15	Croatie	Non	Oui, IM	COP
16	Danemark	Non	Oui, IM	COP
17	Égypte	Non	Oui, IM	COP
18	Émirats arabes unis	Non	Oui, IM	COP
19	Espagne	Non	Oui, IM	COP
20	Estonie	Non	Oui, IM	COP
21	États-Unis	Non	Non	COP

[88] Pour ses conventions notifiées aux fins de l'IM, la Grèce choisit d'appliquer la disposition de la déclaration du préambule (article 6 de l'IM) et la règle COP (article 7 de l'IM). La Grèce a également opté pour l'application asymétrique de la règle LOB simplifiée conformément à l'article 7(7)(b) de l'IM.

22	Fédération de Russie	Non	Oui, IM	COP
23	Finlande	Non	Oui, IM	COP
24	France	Non	Oui, IM	COP
25	Géorgie	Non	Oui, IM	COP
26	Hongrie	Non	Oui, IM	COP
27	Inde	Non	Oui, IM	COP
28	Irlande	Non	Oui, IM	COP
29	Islande	Non	Oui, IM	COP
30	Israël	Non	Oui, IM	COP
31	Italie	Non	Oui, IM	COP
32	Koweït*	Non	Oui, IM	COP
33	Lettonie	Non	Oui, IM	COP
34	Lituanie	Non	Oui, IM	COP
35	Luxembourg	Non	Oui, IM	COP
36	Malte	Non	Oui, IM	COP
37	Maroc	Non	Oui, IM	COP
38	Mexique	Non	Oui, IM	COP
39	Moldova*	Non	Non	COP
40	Norvège	Non	Oui, IM	COP
41	Ouzbékistan*	Non	Non	COP
42	Pays-Bas	Non	Oui, IM	COP
43	Pologne	Non	Oui, IM	COP
44	Portugal	Non	Oui, IM	COP
45	Qatar	Non	Oui, IM	COP
46	République slovaque	Non	Oui, IM	COP
47	République tchèque	Non	Oui, IM	COP
48	Roumanie	Non	Oui, IM	COP
49	Royaume-Uni	Non	Oui, IM	COP
50	Saint-Marin	Non	Oui, IM	COP
51	Serbie	Non	Oui, IM	COP
52	Slovénie	Non	Oui, IM	COP
53	Suède	Non	Oui, IM	COP
54	Suisse	Non	Non	COP
55	Tunisie	Non	Oui, IM	COP
56	Turquie	Non	Oui, IM	COP
57	Ukraine	Non	Oui, IM	COP

Grenade

A. Progrès dans la mise en œuvre du standard minimum

La Grenade compte quatre conventions fiscales en vigueur, comme l'indique sa réponse au questionnaire d'examen par les pairs, y compris la convention multilatérale entre les membres de la CARICOM conclue avec dix de ses partenaires (la convention de la CARICOM) [89]. Aucune de ces conventions n'est conforme au standard minimum.

La Grenade n'a pas signé l'IM. Dans sa réponse au questionnaire d'examen par les pairs, la Suisse a indiqué que sa convention avec la Grenade ne soulevait pas de préoccupation importante en matière de chalandage fiscal, au regard de sa juridiction.

B. Conclusion

La convention de la CARICOM n'est pas conforme au standard minimum à ce stade et des discussions visant à la mettre à jour devraient être envisagées[90].

Recommandation

Il est recommandé que la Grenade élabore un plan afin de mettre en œuvre le standard minimum dans ses conventions pour lesquelles aucune mesure n'a encore été prise, et qui ont été conclues avec des membres du Cadre inclusif sur le BEPS (Afrique du Sud et Royaume-Uni).

Autres conventions

Le tableau ci-après répertorie les conventions non conformes, qui ne font pas l'objet d'un instrument de mise en conformité, qui n'ont pas donné lieu à une déclaration générale relative à l'application d'une règle détaillée de limitation des avantages, et pour lesquelles aucune mesure n'a été prise en vue de mettre en œuvre le standard minimum.

	1. Partenaires conventionnels	2. Membre du Cadre inclusif

[89] Accord entre les gouvernements des États membres de la Communauté des Caraïbes tendant à éviter la double imposition et à prévenir l'évasion fiscale en matière d'impôts sur le revenu, sur les profits ou les gains en capital et pour l'encouragement du commerce régional et de l'investissement, 6 juillet 1994, Saint-Michel (Barbade) ; entre Antigua-et-Barbuda (18 février 1998), Barbade (7 juillet 1995), le Belize (30 novembre 1994), Dominique (19 juin 1996), Grenade (1er mars 1996), le Guyana* (26 novembre 1997), Jamaïque (16 février 1995), Saint-Kitts-et-Nevis (8 mai 1997), Sainte-Lucie (22 mai 1995), Saint-Vincent-et-les-Grenadines (12 février 1998) et Trinité-et-Tobago (29 novembre 1994). Au total, la Grenade a notifié 13 « accords » dans sa liste de conventions fiscales : trois conventions bilatérales et la convention de la CARICOM.

[90] Les révisions de la convention de la CARICOM nécessitent l'accord de ses onze partenaires.

1	Afrique du Sud	Oui
2	Antigua-et-Barbuda	Oui
3	Barbade	Oui
4	Belize	Oui
5	Dominique	Oui
6	Guyana*	Non
7	Jamaïque	Oui
8	Royaume-Uni	Oui
9	Sainte-Lucie	Oui
10	Saint-Kitts-et-Nevis	Oui
11	Saint-Vincent-et-les-Grenadines	Oui
12	Suisse	Oui
13	Trinité-et-Tobago	Oui

Groenland

A. Progrès dans la mise en œuvre du standard minimum

Le Groenland compte quatre conventions fiscales en vigueur, ainsi que l'indique sa réponse au questionnaire d'examen par les pairs. L'une de ces conventions, celle avec les Îles Féroé, est conforme au standard minimum.

Le Groenland n'a pas signé l'IM.

Le Groenland a indiqué dans sa réponse au questionnaire d'examen par les pairs avoir pris des mesures (autres qu'au titre de l'IM) afin de mettre en œuvre le standard minimum dans ses conventions avec le Danemark, l'Islande et la Norvège.

Le Groenland met en œuvre le standard minimum par l'inclusion de la déclaration du préambule et de la règle COP.

B. Conclusion

Aucune juridiction n'a signalé de préoccupation relative à ses conventions conclues avec le Groenland.

Synthèse de la réponse de la juridiction – Groenland

	1. Partenaires conventionnels	2. Conformité avec le standard	3. Signature d'un instrument de mise en conformité	4. Recours à la disposition relative au standard minimum
1	Danemark	Non	Non	
2	Îles Féroé	Oui, autres		COP
3	Islande	Non	Non	
4	Norvège	Non	Non	

Guernesey

A. Progrès dans la mise en œuvre du standard minimum

Guernesey compte 14 conventions fiscales en vigueur, comme l'indique sa réponse au questionnaire d'examen par les pairs. Dix de ces conventions sont conformes au standard minimum.

Guernesey a signé l'IM en 2017 et a déposé son instrument de ratification le 12 février 2019. L'IM est entré en vigueur pour Guernesey le 1er juin 2019. Les conventions qui seront modifiées par l'IM deviendront conformes au standard minimum une fois que les dispositions de l'IM auront pris effet.

Guernesey n'a pas notifié ses conventions avec Jersey et le Qatar aux fins de l'IM, mais a indiqué dans sa réponse au questionnaire d'examen par les pairs avoir pris des mesures (autres qu'au titre de l'IM) afin de mettre en œuvre le standard minimum dans ces deux conventions.

Guernesey met en œuvre le standard minimum par l'inclusion de la déclaration du préambule et de la règle COP[91].

B. Conclusion

Aucune juridiction n'a signalé de préoccupation relative à ses conventions conclues avec Guernesey.

Synthèse de la réponse de la juridiction – Guernesey

	1. Partenaires conventionnels	2. Conformité avec le standard	3. Signature d'un instrument de mise en conformité	4. Recours à la disposition relative au standard minimum
1	Chypre*	Oui, IM		COP
2	Estonie	Oui, autres		COP
3	Hong Kong (Chine)	Non	Oui, IM	COP
4	Île de Man	Oui, autres		COP
5	Jersey	Non	Non	COP
6	Liechtenstein	Oui, IM		COP
7	Luxembourg	Oui, IM		COP
8	Malte	Oui, IM		COP
9	Maurice	Oui, IM		COP
10	Monaco	Oui, IM		COP
11	Qatar	Non	Non	COP
12	Royaume-Uni	Oui, autres		COP
13	Seychelles	Non	Oui, IM	COP
14	Singapour	Oui, IM		COP

[91] Pour ses conventions notifiées aux fins de l'IM, Guernesey choisit d'appliquer la disposition de la déclaration du préambule (article 6 de l'IM) et la règle COP (article 7 de l'IM).

Haïti

A. Progrès dans la mise en œuvre du standard minimum

Haïti n'a aucune convention fiscale en vigueur, comme l'indique sa réponse au questionnaire d'examen par les pairs.

B. Conclusion

Aucune juridiction n'a soulevé de préoccupation concernant Haïti.

Honduras

A. Progrès dans la mise en œuvre du standard minimum

Le Honduras n'a aucune convention fiscale en vigueur, comme l'indique sa réponse au questionnaire d'examen par les pairs.

B. Conclusion

Aucune juridiction n'a soulevé de préoccupation concernant le Honduras.

Hong Kong (Chine)

A. Progrès dans la mise en œuvre du standard minimum

Hong Kong (Chine) compte 42 conventions fiscales en vigueur, ainsi que l'indique sa réponse au questionnaire d'examen par les pairs. Quatre de ces conventions sont conformes au standard minimum.

Hong Kong (Chine) a rejoint l'IM en 2017 et a inscrit ses conventions non conformes dans son projet de liste définitive des conventions fiscales qui seront couvertes par l'IM. Les conventions qui seront modifiées par l'IM deviendront conformes au standard minimum une fois que les dispositions de l'IM auront pris effet.

Hong Kong (Chine) met en œuvre le standard minimum par l'inclusion de la déclaration du préambule et de la règle COP[92].

B. Conclusion

Recommandation

Il est recommandé que les mesures nécessaires pour que l'IM prenne effet au regard des conventions fiscales de Hong Kong (Chine) notifiées aux fins de l'IM soient complétées, car ces conventions ne seront modifiées par l'IM (et ne deviendront conformes au standard minimum) qu'une fois que les dispositions de l'IM auront pris effet.

Synthèse de la réponse de la juridiction – Hong Kong (Chine)

	1. Partenaires conventionnels	2. Conformité avec le standard	3. Signature d'un instrument de mise en conformité	4. Recours à la disposition relative au standard minimum
1	Afrique du Sud	Non	Oui, IM	COP
2	Arabie saoudite	Non	Non	COP
3	Autriche	Non	Oui, IM	COP
4	Bélarus	Oui, autres		COP
5	Belgique	Non	Oui, IM	COP
6	Brunei Darussalam	Non	Non	COP
7	Cambodge*	Non	Non	COP
8	Canada	Non	Oui, IM	COP
9	Corée	Non	Oui, IM	COP
10	Émirats arabes unis	Non	Oui, IM	COP
11	Espagne	Non	Oui, IM	COP

[92]Pour ses conventions notifiées aux fins de l'IM, Hong-Kong (Chine) choisit d'appliquer la disposition de la déclaration du préambule (article 6 de l'IM) et la règle COP (article 7 de l'IM). Hong Kong (Chine) a formulé une réserve conformément à l'article 6(4) de l'IM afin de ne pas appliquer l'article 6(1) concernant les conventions qui contiennent déjà la version adéquate du préambule (une convention). Hong Kong (Chine) a également formulé une réserve conformément à l'article 7(15)(b) de l'IM afin de ne pas appliquer l'article 7(1) concernant les conventions qui contiennent déjà une règle COP (trois conventions).

12	Estonie	Oui, autres		COP
13	Fédération de Russie	Non	Oui, IM	COP
14	Finlande	Oui, autres		COP
15	France	Non	Oui, IM	COP
16	Guernesey	Non	Oui, IM	COP
17	Hongrie	Non	Oui, IM	COP
18	Inde	Non	Non	COP
19	Indonésie	Non	Oui, IM	COP
20	Irlande	Non	Oui, IM	COP
21	Italie	Non	Oui, IM	COP
22	Japon	Non	Oui, IM	COP
23	Jersey	Non	Oui, IM	COP
24	Koweït*	Non	Oui, IM	COP
25	Lettonie	Non	Oui, IM	COP
26	Liechtenstein	Non	Oui, IM	COP
27	Luxembourg	Non	Oui, IM	COP
28	Malaisie	Non	Oui, IM	COP
29	Malte	Non	Oui, IM	COP
30	Mexique	Non	Oui, IM	COP
31	Nouvelle-Zélande	Non	Oui, IM	COP
32	Pakistan	Non	Oui, IM	COP
33	Pays-Bas	Non	Oui, IM	COP
34	Portugal	Non	Oui, IM	COP
35	Qatar	Non	Oui, IM	COP
36	République tchèque	Non	Oui, IM	COP
37	Roumanie	Non	Oui, IM	COP
38	Royaume-Uni	Non	Oui, IM	COP
39	Serbie	Oui, autres		COP
40	Suisse	Non	Non	COP
41	Thaïlande	Non	Non	COP
42	Viet Nam	Non	Non	COP

Hongrie

A. Progrès dans la mise en œuvre du standard minimum

La Hongrie compte 82 conventions fiscale en vigueur, comme l'indique sa réponse au questionnaire d'examen par les pairs. Aucune de ces conventions n'est conforme au standard minimum.

La Hongrie a signé l'IM en 2017 et a déposé son instrument de ratification le 25 mars 2021. L'IM est entré en vigueur pour la Hongrie le 1er juillet 2021. Les conventions qui seront modifiées par l'IM deviendront conformes au standard minimum une fois que les dispositions de l'IM auront pris effet.

La Hongrie n'a pas notifié ses conventions avec la Mongolie, le Monténégro et la Suisse mais a indiqué dans sa réponse au questionnaire d'examen par les pairs avoir pris des mesures (autres qu'au titre de l'IM) afin de mettre en œuvre le standard minimum dans sa convention avec la Suisse. La Hongrie a indiqué dans sa réponse au questionnaire d'examen par les pairs que ses conventions avec la Mongolie et le Monténégro ne soulevaient pas de préoccupation importante en matière de chalandage fiscal au regard de sa juridiction.

La Hongrie met en œuvre le standard minimum par l'inclusion de la déclaration du préambule et de la règle COP[93].

B. Conclusion

Aucune juridiction n'a signalé de préoccupation relative à ses conventions conclues avec la Hongrie.

Synthèse de la réponse de la juridiction – Hongrie

	1. Partenaires conventionnels	2. Conformité avec le standard	3. Signature d'un instrument de mise en conformité	4. Recours à la disposition relative au standard minimum
1	Afrique du Sud	Non	Oui, IM	COP
2	Albanie	Non	Oui, IM	COP
3	Allemagne	Non	Oui, IM	COP
4	Arabie saoudite	Non	Oui, IM	COP
5	Arménie	Non	Oui, IM	COP
6	Australie	Non	Oui, IM	COP
7	Autriche	Non	Oui, IM	COP
8	Azerbaïdjan*	Non	Non	COP
9	Bahreïn	Non	Oui, IM	COP
10	Bélarus	Non	Non	COP
11	Belgique	Non	Oui, IM	COP
12	Bosnie-Herzégovine	Non	Oui, IM	COP
13	Brésil	Non	Non	COP
14	Bulgarie	Non	Oui, IM	COP
15	Canada	Non	Oui, IM	COP
16	Chine (République populaire de)	Non	Oui, IM	COP

93Pour ses conventions notifiées aux fins de l'IM, la Hongrie choisit d'appliquer la disposition de la déclaration du préambule (article 6 de l'IM) et la règle COP (article 7 de l'IM).

17	Chypre*	Non	Oui, IM	COP
18	Corée	Non	Oui, IM	COP
19	Croatie	Non	Oui, IM	COP
20	Danemark	Non	Oui, IM	COP
21	Égypte	Non	Oui, IM	COP
22	Émirats arabes unis	Non	Oui, IM	COP
23	Espagne	Non	Oui, IM	COP
24	Estonie	Non	Oui, IM	COP
25	États-Unis	Non	Non	COP
26	Fédération de Russie	Non	Oui, IM	COP
27	Finlande	Non	Oui, IM	COP
28	France	Non	Oui, IM	COP
29	Géorgie	Non	Oui, IM	COP
30	Grèce	Non	Oui, IM	COP
31	Hong Kong (Chine)	Non	Oui, IM	COP
32	Inde	Non	Oui, IM	COP
33	Indonésie	Non	Oui, IM	COP
34	Irlande	Non	Oui, IM	COP
35	Islande	Non	Oui, IM	COP
36	Israël	Non	Oui, IM	COP
37	Italie	Non	Oui, IM	COP
38	Japon	Non	Oui, IM	COP
39	Kazakhstan	Non	Oui, IM	COP
40	Koweït*	Non	Non	COP
41	Lettonie	Non	Oui, IM	COP
42	Liechtenstein	Non	Oui, IM	COP
43	Lituanie	Non	Oui, IM	COP
44	Luxembourg	Non	Oui, IM	COP
45	Macédoine du Nord	Non	Oui, IM	COP
46	Malaisie	Non	Oui, IM	COP
47	Malte	Non	Oui, IM	COP
48	Maroc	Non	Oui, IM	COP
49	Mexique	Non	Oui, IM	COP
50	Norvège	Non	Non	COP
51	Oman	Non	Oui, IM	COP
52	Pakistan	Non	Oui, IM	COP
53	Pays-Bas	Non	Oui, IM	COP
54	Philippines*	Non	Non	COP
55	Pologne	Non	Oui, IM	COP
56	Portugal	Non	Oui, IM	COP
57	Qatar	Non	Oui, IM	COP
58	République slovaque	Non	Oui, IM	COP
59	République tchèque	Non	Oui, IM	COP
60	Roumanie	Non	Oui, IM	COP
61	Royaume-Uni	Non	Oui, IM	COP
62	Saint-Marin	Non	Oui, IM	COP
63	Serbie	Non	Oui, IM	COP
64	Singapour	Non	Oui, IM	COP
65	Slovénie	Non	Oui, IM	COP
66	Suède	Non	Oui, IM	COP
67	Suisse	Non	Non	COP
68	Thaïlande	Non	Non	COP
69	Tunisie	Non	Oui, IM	COP

70	Turquie	Non	Oui, IM	COP
71	Ukraine	Non	Oui, IM	COP
72	Uruguay	Non	Oui, IM	COP
73	Viet Nam	Non	Non	COP

Autres conventions

	1. Partenaires conventionnels	2. Membre du Cadre inclusif
1	Iran*	Non
2	Iraq	Non
3	Kirghizistan*	Non
4	Kosovo*	Non
5	Moldova*	Non
6	Mongolie	Oui
7	Monténégro	Oui
8	Ouzbékistan*	Non
9	Taipei chinois*	Non
10	Turkménistan*	Non

Îles Caïmanes

A. Progrès dans la mise en œuvre du standard minimum

Les Îles Caïmanes n'ont aucune convention fiscale en vigueur, comme l'indique leur réponse au questionnaire d'examen par les pairs.

B. Conclusion

Aucune juridiction n'a signalé de préoccupation concernant les Îles Caïmanes.

Îles Cook

A. Progrès dans la mise en œuvre du standard minimum

Les Îles Cook n'ont aucune convention fiscale en vigueur, comme l'indique leur réponse au questionnaire d'examen par les pairs.

B. Conclusion

Aucune juridiction n'a signalé de préoccupation concernant les Îles Cook.

Île de Man

A. Progrès dans la mise en œuvre du standard minimum

L'Île de Man compte dix conventions fiscales en vigueur, comme l'indique sa réponse au questionnaire d'examen par les pairs. Six de ces conventions sont conformes au standard minimum.

L'Île de Man a signé l'IM en 2017 et a déposé son instrument de ratification le mercredi 25 octobre 2017. L'IM est entré en vigueur pour l'Île de Man le 1er juillet 2018. Les conventions qui seront modifiées par l'IM deviendront conformes au standard minimum une fois que les dispositions de l'IM auront pris effet.

L'Île de Man n'a pas notifié sa convention avec Jersey aux fins de l'IM, mais a indiqué dans sa réponse au questionnaire d'examen par les pairs avoir pris des mesures (autres qu'au titre de l'IM) afin de mettre en œuvre le standard minimum dans cette convention.

L'Île de Man met en œuvre le standard minimum par l'inclusion de la déclaration du préambule et de la règle COP[94].

B. Conclusion

Aucune juridiction n'a signalé de préoccupation relative à ses conventions conclues avec l'Île de Man.

Synthèse de la réponse de la juridiction – Île de Man

	1. Partenaires conventionnels	2. Conformité avec le standard	3. Signature d'un instrument de mise en conformité	4. Recours à la disposition relative au standard minimum
1	Bahreïn	Non	Oui, IM	COP
2	Estonie	Non	Oui, IM	COP
3	Guernesey	Oui, autres		COP
4	Jersey	Non	Non	COP
5	Luxembourg	Oui, IM		COP
6	Malte	Oui, IM		COP
7	Qatar	Oui, IM		COP
8	Royaume-Uni	Oui, autres		COP
9	Seychelles	Non	Oui, IM	COP
10	Singapour	Oui, IM		COP

94 Pour ses conventions notifiées aux fins de l'IM, l'Île de Man choisit d'appliquer la disposition de la déclaration du préambule (article 6 de l'IM) et la règle COP (article 7 de l'IM).

Îles Féroé

A. Progrès dans la mise en œuvre du standard minimum

Les Îles Féroé comptent cinq conventions fiscales en vigueur, ainsi que l'indique leur réponse au questionnaire d'examen par les pairs, y compris la Convention nordique multilatérale conclue avec le Danemark, la Finlande, l'Islande, la Norvège et la Suède (la « Convention nordique »)[95]. Trois de ces conventions, y compris la Convention nordique, sont conformes au standard minimum.

Les Îles Féroé n'ont pas adhéré à l'IM.

Les Îles Féroé ont indiqué dans leur réponse au questionnaire d'examen par les pairs avoir pris des mesures (autres qu'au titre de l'IM) afin de mettre en œuvre le standard minimum dans sa convention avec la Suisse.

Les Îles Féroé mettent en œuvre le standard minimum par l'inclusion de la déclaration du préambule et de la règle COP.

B. Conclusion

Les Îles Féroé ont élaboré un plan de mise en œuvre du standard minimum dans leur convention conclue avec le Royaume-Uni. Les Îles Féroé ont indiqué dans leur réponse au questionnaire d'examen par les pairs que des négociations bilatérales seraient engagées concernant cette convention.

Synthèse de la réponse de la juridiction – Îles Féroé

	1. Partenaires conventionnels	2. Conformité avec le standard	3. Signature d'un instrument de mise en conformité	4. Recours à la disposition relative au standard minimum
1	Danemark	Oui, autres		COP
2	Finlande	Oui, autres		COP
3	Groenland	Oui, autres		COP
4	Inde	Oui, autres		COP + règle de la limitation des avantages
5	Islande	Oui, autres		COP
6	Norvège	Oui, autres		COP
7	Suède	Oui, autres		COP
8	Suisse	Non	Non	

Autres conventions

	1. Partenaires conventionnels	2. Membre du Cadre inclusif
1	Royaume-Uni	Oui

[95]Voir la convention multilatérale conclue par le Danemark, la Finlande, les Îles Féroé, l'Islande, la Norvège et la Suède tendant : à éviter la double imposition concernant les impôts sur le revenu et la fortune (1996, 1997, 2008 et 2018). Au total, les Îles Féroé ont identifié neuf « accords » dans leur liste des conventions fiscales couvertes : quatre conventions bilatérales et la Convention nordique conclue avec cinq partenaires.

Îles Turques et Caïques

A. Progrès dans la mise en œuvre du standard minimum

Les Îles Turques et Caïques ne comptent aucune convention fiscale en vigueur, comme l'indique leur réponse au questionnaire d'examen par les pairs.

B. Conclusion

Aucune juridiction n'a signalé de préoccupation concernant les Îles Turques et Caïques.

Îles Vierges britanniques

A. Progrès dans la mise en œuvre du standard minimum

Les Îles Vierges britanniques comptent une convention fiscale en vigueur avec la Suisse, comme l'indique leur réponse au questionnaire d'examen par les pairs. Cette convention n'est pas conforme au standard minimum.

Les Îles Vierges britanniques n'ont pas adhéré à l'IM.

Dans sa réponse au questionnaire d'examen par les pairs, la Suisse a indiqué que sa convention avec les Îles Vierges britanniques ne soulevait pas de préoccupation importante en matière de chalandage fiscal, au regard de sa juridiction.

B. Conclusion

Aucune juridiction n'a signalé de préoccupation concernant les Îles vierges britanniques.

Autres conventions

Le tableau ci-après répertorie les conventions non conformes, qui ne font pas l'objet d'un instrument de mise en conformité, qui n'ont pas donné lieu à une déclaration générale relative à l'application d'une règle détaillée de limitation des avantages, et pour lesquelles aucune mesure n'a été prise en vue de mettre en œuvre le standard minimum.

	1. Partenaires conventionnels	2. Membre du Cadre inclusif
1	Suisse	Oui

Inde

A. Progrès dans la mise en œuvre du standard minimum

L'Inde compte 95 conventions fiscales en vigueur, comme l'indique sa réponse au questionnaire d'examen par les pairs. Quarante-deux de ces conventions sont conformes au standard minimum.

L'Inde a signé l'IM en 2017, a déposé son instrument de ratification le 25 juin 2019, et a notifié ses conventions fiscales non conformes. L'IM est entré en vigueur pour l'Inde le 1er octobre 2019. Les conventions qui seront modifiées par l'IM deviendront conformes au standard minimum une fois que les dispositions de l'IM auront pris effet.

L'Inde met en œuvre le standard minimum par l'inclusion de la disposition de la déclaration du préambule et de la règle COP associée à la règle LOB[96].

B. Conclusion

Aucune juridiction n'a signalé de préoccupation relative à ses conventions conclues avec l'Inde.

Synthèse de la réponse de la juridiction – Inde

	1. Partenaires conventionnels	2. Conformité avec le standard	3. Signature d'un instrument de mise en conformité	4. Recours à la disposition relative au standard minimum
1	Afrique du Sud	Non	Oui, IM	COP
2	Albanie	Oui, IM		COP
3	Allemagne	Non	Non	
4	Arabie saoudite	Oui, IM		COP
5	Arménie	Non	Oui, IM	COP + LOB
6	Australie	Oui, IM		COP
7	Autriche	Oui, IM		COP
8	Bangladesh*	Non	Non	
9	Bélarus	Non	Non	
10	Belgique	Oui, IM		COP
11	Bhoutan*	Non	Non	
12	Botswana	Non	Non	
13	Brésil	Non	Non	
14	Bulgarie	Non	Oui, IM	COP + LOB
15	Canada	Oui, IM		COP
16	Chine (République populaire de)	Oui, autres		COP
17	Chypre*	Oui, IM		COP
18	Colombie	Non	Oui, IM	COP + LOB
19	Corée	Oui, IM		COP

[96] Pour ses conventions notifiées aux fins de l'IM, l'Inde choisit d'appliquer la disposition de la déclaration du préambule (article 6 de l'IM), la règle COP (article 7 de l'IM) et la règle LOB simplifiée (article 7(6) de l'IM). L'Inde a déclaré, conformément à l'article 7(17)(a) de l'IM, que même si elle accepte d'appliquer uniquement la règle COP à titre provisoire, elle a l'intention d'adopter, dans la mesure du possible, une règle LOB venant compléter ou remplacer la règle COP via des négociations bilatérales.

20	Croatie	Non	Oui, IM	COP
21	Danemark	Oui, IM		COP + LOB
22	Égypte	Oui, IM		COP
23	Émirats arabes unis	Oui, IM		COP
24	Espagne	Non	Oui, IM	COP
25	Estonie	Non	Oui, IM	COP
26	États-Unis	Non	Non	
27	Éthiopie*	Non	Non	
28	Fédération de Russie	Oui, IM		COP + LOB
29	Fidji*	Non	Oui, IM	COP
30	Finlande	Oui, IM		COP
31	France	Oui, IM		COP
32	Géorgie	Oui, IM		COP
33	Grèce	Non	Oui, IM	COP + LOB
34	Hong Kong (Chine)	Non	Non	
35	Hongrie	Non	Oui, IM	COP
36	Indonésie	Oui, IM		COP
37	Iran*	Oui, autres		COP
38	Irlande	Oui, IM		COP
39	Islande	Oui, IM		COP + LOB
40	Israël	Oui, IM		COP
41	Italie	Non	Oui, IM	COP
42	Japon	Oui, IM		COP
43	Jordanie	Oui, IM		COP
44	Kazakhstan	Oui, IM		COP + LOB
45	Kenya	Non	Oui, IM	COP + LOB
46	Kirghizistan*	Non	Non	
47	Koweït*	Non	Oui, IM	COP
48	Lettonie	Oui, IM		COP
49	Libye*	Non	Non	
50	Lituanie	Oui, IM		COP
51	Luxembourg	Oui, IM		COP
52	Macédoine du Nord	Non	Oui, IM	COP
53	Malaisie	Non	Oui, IM	COP
54	Malte	Oui, IM		COP
55	Maroc	Non	Oui, IM	COP
56	Maurice	Non	Non	
57	Mexique	Non	Oui, IM	COP
58	Mongolie	Non		
59	Monténégro	Non	Non	
60	Mozambique*	Non	Non	
61	Myanmar*	Non	Non	
62	Namibie	Non	Non	
63	Népal*	Non	Non	
64	Norvège	Oui, IM		COP + LOB
65	Nouvelle-Zélande	Oui, IM		COP
66	Oman	Non	Non	
67	Ouganda*	Non	Non	
68	Ouzbékistan*	Non	Non	
69	Pays-Bas	Oui, IM		COP
70	Philippines*	Non	Non	
71	Pologne	Oui, IM		COP
72	Portugal	Oui, IM		COP

73	Qatar	Oui, IM		COP
74	République slovaque	Oui, IM		COP + LOB
75	République tchèque	Oui, IM		COP
76	Roumanie	Non	Oui, IM	COP
77	Royaume-Uni	Oui, IM		COP
78	Serbie	Oui, IM		COP
79	Singapour	Oui, IM		COP
80	Slovénie	Oui, IM		COP
81	Soudan*	Non	Non	
82	Sri Lanka	Non	Non	
83	Suède	Non	Oui, IM	COP
84	Suisse	Non	Non	
85	Syrie*	Non	Non	
86	Tadjikistan*	Non	Non	
87	Tanzanie*	Non	Non	
88	Thaïlande	Non	Non	
89	Trinité-et-Tobago	Non	Non	
90	Turkménistan*	Non	Non	
91	Turquie	Non	Oui, IM	COP
92	Ukraine	Oui, IM		COP
93	Uruguay	Oui, IM		COP + LOB
94	Viet Nam	Non	Non	
95	Zambie	Non	Non	

Indonésie

A. Progrès dans la mise en œuvre du standard minimum

L'Indonésie compte 70 conventions fiscales en vigueur, comme l'indique sa réponse au questionnaire d'examen par les pairs. Vingt et une de ces conventions sont conformes au standard minimum.

L'Indonésie a signé l'IM en 2017 et a déposé son instrument de ratification le 28 avril 2020. L'IM est entré en vigueur pour l'Indonésie le 1er août 2020. Les conventions qui seront modifiées par l'IM deviendront conformes au standard minimum une fois que les dispositions de l'IM auront pris effet.

L'Indonésie se réserve le droit de retarder la prise d'effet des dispositions de l'IM jusqu'à ce qu'elle ait accompli les procédures internes prévues à cet effet au regard de chacune des conventions notifiées[97]. L'Indonésie a notifié qu'elle avait accompli les procédures internes prévues aux fins de l'entrée en vigueur de l'IM concernant ses conventions avec l'Australie, la Belgique, la Canada, la Corée, le Danemark, les Émirats arabes unis, la Finlande, la France, l'Inde, le Japon, le Luxembourg, la Nouvelle-Zélande, les Pays-Bas, la Pologne, le Portugal, le Qatar, la République slovaque, le Royaume-Uni, la Fédération de Russie, la Serbie, Singapour et la Suède le 26 novembre 2020, et concernant ses conventions avec la Croatie, l'Égypte, la Hongrie, la Malaisie et le Pakistan le 21 octobre 2021.

L'Indonésie n'a pas notifié ses conventions avec l'Allemagne, l'Autriche, le Bélarus, la Jordanie, la Mongolie, le Maroc, la Papouasie-Nouvelle-Guinée, le Sri Lanka, la Tunisie et l'Ukraine aux fins de l'IM. Aussi, à ce stade, ces conventions ne seront pas modifiées par l'IM. La Jordanie, le Maroc, la Papouasie-Nouvelle-Guinée, le la Tunisie et l'Ukraine ont notifié leurs conventions avec l'Indonésie aux fins de l'IM. L'Indonésie a indiqué dans sa réponse au questionnaire d'examen par les pairs avoir pris des mesures (autres qu'au titre de l'IM) afin de mettre en œuvre le standard minimum dans ses conventions avec l'Allemagne et l'Autriche. L'Indonésie a indiqué dans sa réponse au questionnaire d'examen par les pairs que ses conventions avec le Maroc, la Mongolie, la Papouasie-Nouvelle-Guinée, le Sri Lanka, la Tunisie et l'Ukraine ne soulevaient pas de préoccupation importante en matière de chalandage fiscal au regard de sa juridiction.

L'Indonésie met en œuvre le standard minimum par l'inclusion de la déclaration du préambule et de la règle COP[98].

B. Conclusion

La Jordanie, le Maroc, la Papouasie-Nouvelle-Guinée, le la Tunisie et l'Ukraine ont notifié leurs conventions avec l'Indonésie aux fins de l'IM, ce qui équivaut à une demande de mise en œuvre le standard minimum.

L'Indonésie a élaboré un plan pour la mise en œuvre du standard minimum dans ses conventions avec le Bélarus, la Jordanie, la Mongolie, le Maroc, la Papouasie-Nouvelle-Guinée, Sri Lanka, la Tunisie et l'Ukraine. L'Indonésie a fait savoir dans sa réponse au questionnaire d'examen par les pairs qu'il comptait élargir la liste de ses conventions fiscales qui seront couvertes par l'IM afin d'inclure ses conventions.

---

[97] Des réserves ont été formulées conformément à l'article 35(7)(a) de l'IM.

[98] Pour ses conventions notifiées aux fins de l'IM, l'Indonésie choisit d'appliquer la disposition de la déclaration du préambule (article 6 de l'IM) et la règle COP (article 7 de l'IM).

Synthèse de la réponse de la juridiction – Indonésie

	1. Partenaires conventionnels	2. Conformité avec le standard	3. Signature d'un instrument de mise en conformité	4. Recours à la disposition relative au standard minimum
1	Afrique du Sud	Non	Oui, IM	COP
2	Allemagne	Non	Non	
3	Arménie	Non	Oui, IM	COP
4	Australie	Oui, IM		COP
5	Autriche	Non	Non	
6	Belgique	Oui, IM		COP
7	Brunei Darussalam	Non	Non	COP
8	Bulgarie	Non	Oui, IM	COP
9	Canada	Oui, IM		
10	Chine (République populaire de)	Non	Oui, IM	COP
11	Corée	Oui, IM		COP
12	Croatie	Non	Oui, IM	COP
13	Danemark	Oui, IM		COP
14	Égypte	Non	Oui, IM	COP
15	Émirats arabes unis	Oui, IM		COP
16	Espagne	Non	Oui, IM	COP
17	États-Unis	Non	Non	COP
18	Fédération de Russie	Oui, IM		COP
19	Finlande	Oui, IM		COP
20	France	Oui, IM		COP
21	Hong Kong (Chine)	Non	Oui, IM	COP
22	Hongrie	Non	Oui, IM	COP
23	Inde	Oui, IM		COP
24	Italie	Non	Oui, IM	COP
25	Japon	Oui, IM		COP
26	Luxembourg	Oui, IM		COP
27	Malaisie	Non	Oui, IM	COP
28	Mexique	Non	Oui, IM	COP
29	Norvège	Non	Non	COP
30	Nouvelle-Zélande	Oui, IM		COP
31	Pakistan	Non	Oui, IM	COP
32	Pays-Bas	Oui, IM		COP
33	Philippines*	Non	Non	COP
34	Pologne	Oui, IM		COP
35	Portugal	Oui, IM		COP
36	Qatar	Oui, IM		COP
37	République démocratique populaire lao*	Non	Non	COP
38	République slovaque	Oui, IM		COP
39	République tchèque	Non	Non	COP
40	Roumanie	Non	Oui, IM	COP
41	Royaume-Uni	Oui, IM		COP
42	Serbie	Oui, IM		COP
43	Seychelles	Non	Oui, IM	COP
44	Singapour	Oui, IM		COP
45	Suède	Oui, IM		COP
46	Suisse	Non	Non	COP
47	Thaïlande	Non	Non	COP
48	Turquie	Non	Oui, IM	COP

49	Viet Nam	Non	Non	COP

Autres conventions

	1. Partenaires conventionnels	2. Membre du Cadre inclusif
1	Algérie*	Non
2	Bangladesh*	Non
3	Bélarus	Oui
4	Cambodge*	Non
5	Iran*	Non
6	Jordanie	Oui
7	Koweït*	Non
8	Maroc	Oui
9	Mongolie	Oui
10	Ouzbékistan*	Non
11	Papouasie-Nouvelle-Guinée	Oui
12	République arabe syrienne*	Non
13	République populaire démocratique de Corée*	Non
14	Soudan*	Non
15	Sri Lanka	Oui
16	Suriname	Non
17	Tadjikistan*	Non
18	Taipei chinois*	Non
19	Tunisie	Oui
20	Ukraine	Oui
21	Venezuela*	Non

Irlande

A. Progrès dans la mise en œuvre du standard minimum

L'Irlande compte 73 conventions fiscales en vigueur, comme l'indique sa réponse au questionnaire d'examen par les pairs. Quarante de ces conventions sont conformes au standard minimum.

L'Irlande a signé l'IM en 2017 et a déposé son instrument de ratification le mardi 29 janvier 2019. L'IM est entré en vigueur pour l'Irlande le 1er mai 2019. Les conventions qui seront modifiées par l'IM deviendront conformes au standard minimum une fois que les dispositions de l'IM auront pris effet.

L'Irlande n'a pas notifié sa convention avec l'Allemagne aux fins de l'IM, mais a signé un instrument bilatéral de mise en conformité concernant cette convention. Les instruments bilatéraux de mise en conformité concernant les conventions avec les Pays-Bas et la Suisse ont commencé à prendre effet en janvier 2021.

L'Irlande met en œuvre le standard minimum par l'inclusion de la déclaration du préambule et de la règle COP[99].

B. Conclusion

Aucune juridiction n'a signalé de préoccupation relative à ses conventions conclues avec l'Irlande.

Synthèse de la réponse de la juridiction – Irlande

	1. Partenaires conventionnels	2. Conformité avec le standard	3. Signature d'un instrument de mise en conformité	4. Recours à la disposition relative au standard minimum
1	Afrique du Sud	Non	Oui, IM	COP
2	Albanie	Oui, IM		COP
3	Allemagne	Non	Oui, autres	COP
4	Arabie saoudite	Oui, IM		COP
5	Arménie	Non	Oui, IM	COP
6	Australie	Oui, IM		COP
7	Autriche	Oui, IM		COP
8	Bahreïn	Non	Oui, IM	COP
9	Bélarus	Non	Non	COP
10	Belgique	Oui, IM		COP
11	Bosnie-Herzégovine	Oui, IM		COP
12	Botswana	Non	Non	COP
13	Bulgarie	Non	Oui, IM	COP
14	Canada	Oui, IM		COP
15	Chili	Non	Oui, IM	COP
16	Chine (République populaire de)	Non	Oui, IM	COP
17	Chypre*	Oui, IM		COP
18	Corée	Oui, IM		COP
19	Croatie	Non	Oui, IM	COP
20	Danemark	Oui, IM		COP

[99] Pour ses conventions notifiées aux fins de l'IM, l'Irlande choisit d'appliquer la disposition de la déclaration du préambule (article 6 de l'IM) et la règle COP (article 7 de l'IM).

21	Égypte	Oui, IM		COP
22	Émirats arabes unis	Oui, IM		COP
23	Espagne	Non	Oui, IM	COP
24	Estonie	Non	Oui, IM	COP
25	États-Unis	Non	Non	Règle LOB
26	Éthiopie	Non	Non	COP
27	Fédération de Russie	Oui, IM		COP
28	Finlande	Oui, IM		COP
29	France	Oui, IM		COP
30	Géorgie	Oui, IM		COP
31	Grèce	Non	Oui, IM	COP
32	Hong Kong (Chine)	Non	Oui, IM	COP
33	Hongrie	Non	Oui, IM	COP
34	Inde	Oui, IM		COP
35	Islande	Oui, IM		COP
36	Israël	Oui, IM		COP
37	Italie	Non	Oui, IM	COP
38	Japon	Oui, IM		COP
39	Kazakhstan	Oui, IM		COP
40	Koweït*	Non	Oui, IM	COP
41	Lettonie	Oui, IM		COP
42	Lituanie	Oui, IM		COP
43	Luxembourg	Oui, IM		COP
44	Macédoine du Nord	Non	Oui, IM	COP
45	Malaisie	Non	Oui, IM	COP
46	Malte	Oui, IM		COP
47	Maroc	Non	Oui, IM	COP
48	Mexique	Non	Oui, IM	COP
49	Moldova	Non	Non	COP
50	Monténégro	Non	Non	COP
51	Norvège	Oui, IM		COP
52	Nouvelle-Zélande	Oui, IM		COP
53	Ouzbékistan*	Non	Non	COP
54	Pakistan	Oui, IM		COP
55	Panama	Non	Oui, IM	COP
56	Pays-Bas	Oui, autres		COP
57	Pologne	Oui, IM		COP
58	Portugal	Oui, IM		COP
59	Qatar	Oui, IM		COP
60	République slovaque	Oui, IM		COP
61	République tchèque	Oui, IM		COP
62	Roumanie	Non	Oui, IM	COP
63	Royaume-Uni	Oui, IM		COP
64	Serbie	Oui, IM		COP
65	Singapour	Oui, IM		COP
66	Slovénie	Oui, IM		COP
67	Suède	Non	Oui, IM	COP
68	Suisse	Oui, autres		COP
69	Thaïlande	Non	Non	COP
70	Turquie	Non	Oui, IM	COP
71	Ukraine	Oui, IM		COP
72	Viet Nam	Non	Non	COP
73	Zambie	Non	Non	COP

Islande

A. Progrès dans la mise en œuvre du standard minimum

L'Islande compte 41 conventions fiscales en vigueur, comme l'indique sa réponse au questionnaire d'examen par les pairs, y compris la Convention nordique multilatérale conclue avec le Danemark, les Îles Féroé, la Finlande, la Norvège et la Suède (la « Convention nordique »)[100]. Vingt-cinq de ces conventions, y compris la Convention nordique, sont conformes au standard minimum.

L'Islande a signé l'IM en 2017 et a déposé son instrument de ratification le 26 septembre 2019. L'IM est entré en vigueur pour l'Islande le 1er janvier 2020. Le 14 décembre 2021, l'Islande a formulé une notification additionnelle pour élargir sa liste de conventions couvertes par l'IM. Les conventions qui seront modifiées par l'IM deviendront conformes au standard minimum une fois que les dispositions de l'IM auront pris effet.

L'Islande n'a pas notifié sa convention avec l'Allemagne et le Groenland aux fins de l'IM, mais a indiqué dans sa réponse au questionnaire d'examen par les pairs avoir pris des mesures (autres qu'au titre de l'IM) afin de mettre en œuvre le standard minimum dans ces conventions.

L'Islande met en œuvre le standard minimum par l'inclusion de la déclaration du préambule et de la règle COP[101].

B. Conclusion

L'Islande a donné effet à un plan de mise en œuvre du standard minimum dans sa convention conclue avec l'Autriche en formulant une notification le 14 décembre 2021 afin d'élargir la liste de ses conventions fiscales qui seront couvertes par l'IM afin d'inclure cette convention.

Synthèse de la réponse de la juridiction – Islande

	1. Partenaires conventionnels	2. Conformité avec le standard	3. Signature d'un instrument de mise en conformité	4. Recours à la disposition relative au standard minimum
1	Albanie	Oui, IM		COP
2	Allemagne	Non	Non	
3	Barbade	Non	Oui, IM	COP
4	Belgique	Oui, IM		COP
5	Canada	Oui, IM		COP
6	Chine (République populaire de)	Non	Oui, IM	COP

[100] Voir la convention multilatérale conclue par le Danemark, la Finlande, les Îles Féroé, l'Islande, la Norvège et la Suède tendant : à éviter la double imposition concernant les impôts sur le revenu et la fortune (1996, 1997, 2008 et 2018). Au total, l'Islande a identifié 45 « accords » dans sa liste des conventions fiscales : 40 conventions bilatérales et la Convention nordique conclue avec cinq de ses partenaires.

[101] Pour ses conventions notifiées aux fins de l'IM, l'Islande choisit d'appliquer la disposition de la déclaration du préambule (article 6 de l'IM) et la règle COP (article 7 de l'IM). En vertu de l'article 7(7)(a) de l'IM, l'Islande applique également une règle LOB simplifiée (article 7(8 à 13) de l'IM) dans ses conventions conclues avec des partenaires conventionnels ayant opté pour une règle LOB simplifiée.

7	Chypre*	Oui, IM		COP
8	Corée	Oui, IM		COP
9	Croatie	Non	Oui, IM	COP
10	Danemark	Oui, autres		COP
11	Espagne	Non	Oui, IM	COP
12	Estonie	Non	Oui, IM	COP
13	États-Unis	Non	Non	LOB détaillée
14	Fédération de Russie	Oui, IM		COP
15	Finlande	Oui, autres		COP
16	France	Oui, IM		COP
17	Géorgie	Oui, IM		COP
18	Grèce	Non	Oui, IM	COP
19	Groenland	Non	Non	
20	Hongrie	Non	Oui, IM	COP
21	Îles Féroé	Oui, autres		COP
22	Inde	Oui, IM		COP + LOB
23	Irlande	Oui, IM		COP
24	Italie	Non	Oui, IM	COP
25	Japon	Oui, autres		COP + LOB
26	Lettonie	Oui, IM		COP
27	Lichtenstein	Oui, autres		COP
28	Lituanie	Oui, IM		COP
29	Luxembourg	Oui, IM		COP
30	Malte	Oui, IM		COP
31	Mexique	Non	Oui, IM	COP
32	Norvège	Oui, autres		COP
33	Pays-Bas	Oui, IM		COP
34	Pologne	Oui, IM		COP
35	Portugal	Oui, IM		COP
36	République slovaque	Oui, IM		COP
37	République tchèque	Oui, IM		COP
38	Roumanie	Non	Oui, IM	COP
39	Royaume-Uni	Oui, IM		COP + LOB
40	Slovénie	Oui, IM		COP
41	Suède	Oui, autres		COP
42	Suisse	Non	Oui, IM	COP
43	Ukraine	Oui, IM		COP
44	Viet Nam	Non	Non	COP

Autres conventions

	1. Partenaires conventionnels	2. Membre du Cadre inclusif
1	Autriche	Oui

Israël

A. Progrès dans la mise en œuvre du standard minimum

Israël compte 58 conventions fiscales en vigueur, comme l'indique sa réponse au questionnaire d'examen par les pairs. Vingt-huit de ces conventions sont conformes au standard minimum.

Israël a signé l'IM en 2017 et a déposé son instrument de ratification le 13 septembre 2018. L'IM est entré en vigueur pour Israël le 1er janvier 2019. Les conventions qui seront modifiées par l'IM deviendront conformes au standard minimum une fois que les dispositions de l'IM auront pris effet.

Israël n'a pas notifié ses conventions avec l'Allemagne et la Suisse mais a indiqué dans sa réponse au questionnaire d'examen par les pairs avoir pris des mesures (autres qu'au titre de l'IM) afin de mettre en œuvre le standard minimum dans ces deux conventions.

Israël met en œuvre le standard minimum par l'inclusion de la déclaration du préambule et de la règle COP[102].

B. Conclusion

Aucune juridiction n'a signalé de préoccupation relative à ses conventions conclues avec Israël.

Synthèse de la réponse de la juridiction – Israël

	1. Partenaires conventionnels	2. Conformité avec le standard	3. Signature d'un instrument de mise en conformité	4. Recours à la disposition relative au standard minimum
1	Afrique du Sud	Non	Oui, IM	COP
2	Allemagne	Non	Non	COP
3	Arménie	Non	Non	COP
4	Australie	Oui, autres		COP
5	Autriche	Oui, IM		COP
6	Azerbaïdjan*	Non	Non	COP
7	Bélarus	Non	Non	COP
8	Belgique	Oui, IM		COP
9	Brésil	Non	Non	COP
10	Bulgarie	Non	Oui, IM	COP
11	Canada	Oui, IM		COP
12	Chine (République populaire de)	Non	Oui, IM	COP
13	Corée	Oui, IM		COP
14	Croatie	Non	Oui, IM	COP
15	Danemark	Oui, IM		COP
16	Espagne	Non	Oui, IM	COP
17	Estonie	Non	Oui, IM	COP
18	États-Unis	Non	Non	COP
19	Éthiopie*	Non	Non	COP

102 Pour ses conventions notifiées aux fins de l'IM, Israël choisit d'appliquer la disposition de la déclaration du préambule (article 6 de l'IM) et la règle COP (article 7 de l'IM).

20	Fédération de Russie	Oui, IM		COP
21	Finlande	Oui, IM		COP
22	France	Oui, IM		COP
23	Géorgie	Oui, IM		COP
24	Grèce	Non	Oui, IM	COP
25	Hongrie	Non	Oui, IM	COP
26	Inde	Oui, IM		COP
27	Irlande	Oui, IM		COP
28	Italie	Non	Oui, IM	COP
29	Jamaïque	Non	Oui, IM	COP
30	Japon	Oui, IM		COP
31	Lettonie	Oui, IM		COP
32	Lituanie	Oui, IM		COP
33	Luxembourg	Oui, IM		COP
34	Macédoine du Nord	Non	Oui, IM	COP
35	Malte	Oui, IM		COP
36	Mexique	Non	Oui, IM	COP
37	Moldova*	Non	Non	COP
38	Norvège	Non	Non	COP
39	Ouzbékistan*	Non	Non	COP
40	Panama	Oui, IM		COP
41	Pays-Bas	Oui, IM		COP
42	Philippines*	Non	Non	COP
43	Pologne	Oui, IM		COP
44	Portugal	Oui, IM		COP
45	République slovaque	Oui, IM		COP
46	République tchèque	Oui, IM		COP
47	Roumanie	Non	Oui, IM	COP
48	Royaume-Uni	Oui, autres		COP
49	Serbie	Oui, autres		COP
50	Singapour	Oui, IM		COP
51	Slovénie	Oui, IM		COP
52	Suède	Non	Oui, IM	COP
53	Suisse	Non	Non	COP
54	Taipei chinois*	Non	Non	COP
55	Thaïlande	Non	Non	COP
56	Turquie	Non	Oui, IM	COP
57	Ukraine	Oui, IM		COP
58	Viet Nam	Non	Non	COP

Italie

A. Progrès dans la mise en œuvre du standard minimum

L'Italie compte 100 conventions fiscales en vigueur, comme l'indique sa réponse au questionnaire d'examen par les pairs. Deux de ces conventions sont conformes au standard minimum.

L'Italie a signé l'IM en 2017. Les conventions qui seront modifiées par l'IM deviendront conformes au standard minimum une fois que les dispositions de l'IM auront pris effet. L'Italie n'a pas notifié ses conventions avec l'Albanie, le Bélarus, le Congo, la Macédoine du Nord, le Monténégro, Oman et le Panama. Aussi, à ce stade, ces conventions ne seront pas modifiées par l'IM. L'Albanie, la Macédoine du Nord, Oman et le Panama ont notifié leurs conventions avec l'Italie aux fins de l'IM.

L'Italie a indiqué dans sa réponse au questionnaire d'examen par les pairs avoir pris des mesures (autres qu'au titre de l'IM) afin de mettre en œuvre le standard minimum dans ses conventions avec le Brésil, la Norvège et l'Ouzbékistan*.

Dans sa réponse au questionnaire sur les examens par les pairs, l'Italie a indiqué que les conventions conclues avec le Bélarus, le Congo, l'Équateur*, l'Éthiopie*, le Ghana*, le Kirghizistan*, le Monténégro, le Mozambique*, la Syrie*, le Tadjikistan* et le Venezuela* ne soulevaient pas de préoccupation importante en matière de chalandage fiscal au regard de sa juridiction, considérant qu'elles contiennent des dispositions particulières et que les règles domestiques anti-évitement de l'Italie s'appliquent.

L'Italie met en œuvre le standard minimum par l'inclusion de la déclaration du préambule et de la règle COP[103].

B. Conclusion

L'Albanie, la Macédoine du Nord, Oman et le Panama ont notifié leurs conventions avec l'Italie au titre de l'IM, ce qui équivaut à une demande de mise en œuvre le standard minimum. L'Italie a élaboré un plan de mise en œuvre du standard minimum dans ses conventions conclue avec l'Albanie, la Macédoine du Nord, Oman et le Panama. L'Italie a fait savoir dans sa réponse au questionnaire d'examen par les pairs qu'elle comptait élargir la liste de ses conventions fiscales qui seront couvertes par l'IM afin d'inclure ces conventions.

[103] Pour ses conventions notifiées aux fins de l'IM, l'Italie choisit d'appliquer la disposition de la déclaration du préambule (article 6 de l'IM) et la règle COP (article 7 de l'IM). L'Italie a formulé une réserve conformément à l'article 7(15)(b) de l'IM afin de ne pas appliquer l'article 7(1) concernant les conventions qui contiennent déjà une règle COP (treize conventions).

Recommandation

Il est recommandé que l'Italie prenne les mesures nécessaires afin que l'IM prenne effet au regard de ses conventions fiscales notifiées aux fins de l'IM, car ces conventions ne seront modifiées par l'IM (et ne deviendront conformes au standard minimum) qu'une fois que les dispositions de l'IM auront pris effet.

Synthèse de la réponse de la juridiction – Italie

	1. Partenaires conventionnels	2. Conformité avec le standard	3. Signature d'un instrument de mise en conformité	4. Recours à la disposition relative au standard minimum
1	Afrique du Sud	Non	Oui, IM	COP
2	Allemagne	Non	Oui, IM	COP
3	Arabie saoudite	Non	Oui, IM	COP
4	Argentine	Non	Oui, IM	COP
5	Arménie	Non	Oui, IM	COP
6	Australie	Non	Oui, IM	COP
7	Autriche	Non	Oui, IM	COP
8	Azerbaïdjan*	Non	Non	COP
9	Bangladesh*	Non	Non	COP
10	Barbade	Non	Oui, IM	COP
11	Belgique	Non	Oui, IM	COP
12	Bosnie-Herzégovine	Non	Oui, IM	COP
13	Brésil	Non	Non	COP
14	Bulgarie	Non	Oui, IM	COP
15	Canada	Non	Oui, IM	COP
16	Chili	Oui, autres		COP
17	Chine (République populaire de)	Non	Oui, IM	COP
18	Chypre*	Non	Oui, IM	COP
19	Corée	Non	Oui, IM	COP
20	Côte d'Ivoire	Non	Oui, IM	COP
21	Croatie	Non	Oui, IM	COP
22	Danemark	Non	Oui, IM	COP
23	Égypte	Non	Oui, IM	COP
24	Émirats arabes unis	Non	Oui, IM	COP
25	Espagne	Non	Oui, IM	COP
26	Estonie	Non	Oui, IM	COP
27	États-Unis	Non	Non	LOB
28	Fédération de Russie	Non	Oui, IM	COP
29	Finlande	Non	Oui, IM	COP
30	France	Non	Oui, IM	COP
31	Géorgie	Non	Oui, IM	COP
32	Grèce	Non	Oui, IM	COP
33	Hong Kong (Chine)	Non	Oui, IM	COP
34	Hongrie	Non	Oui, IM	COP
35	Inde	Non	Oui, IM	COP
36	Indonésie	Non	Oui, IM	COP
37	Irlande	Non	Oui, IM	COP

38	Islande	Non	Oui, IM	COP
39	Israël	Non	Oui, IM	COP
40	Japon	Non	Oui, IM	COP
41	Jordanie	Non	Oui, IM	COP
42	Kazakhstan	Non	Oui, IM	COP
43	Koweït*	Non	Non	COP
44	Lettonie	Non	Oui, IM	COP
45	Liban*	Non	Non	COP
46	Lituanie	Non	Oui, IM	COP
47	Luxembourg	Non	Oui, IM	COP
48	Malaisie	Non	Oui, IM	COP
49	Malte	Non	Oui, IM	COP
50	Maroc	Non	Oui, IM	COP
51	Maurice	Non	Oui, IM	COP
52	Mexique	Non	Oui, IM	COP
53	Moldova*	Non	Non	COP
54	Norvège	Non	Non	COP
55	Nouvelle-Zélande	Non	Oui, IM	COP
56	Ouganda*	Non	Non	COP
57	Ouzbékistan*	Non	Non	COP
58	Pakistan	Non	Oui, IM	COP
59	Pays-Bas	Non	Oui, IM	COP
60	Philippines*	Non	Non	COP
61	Pologne	Non	Oui, IM	COP
62	Portugal	Non	Oui, IM	COP
63	Qatar	Non	Oui, IM	COP
64	République slovaque	Non	Oui, IM	COP
65	République tchèque	Non	Oui, IM	COP
66	Roumanie	Non	Oui, IM	COP
67	Royaume-Uni	Non	Oui, IM	COP
68	Saint-Marin	Non	Oui, IM	COP
69	Sénégal	Non	Oui, IM	COP
70	Serbie	Non	Oui, IM	COP
71	Singapour	Non	Oui, IM	COP
72	Slovénie	Non	Oui, IM	COP
73	Sri Lanka	Non	Non	COP
74	Suède	Non	Oui, IM	COP
75	Suisse	Non	Oui, IM	COP
76	Tanzanie*	Non	Non	COP
77	Thaïlande	Non	Non	COP
78	Trinité-et-Tobago	Non	Non	LOB détaillée
79	Tunisie	Non	Oui, IM	COP
80	Turquie	Non	Oui, IM	COP
81	Ukraine	Non	Oui, IM	COP
82	Uruguay	Oui, autres		COP
83	Viet Nam	Non	Non	COP
84	Zambie	Non	Non	COP

Autres conventions

	1. Partenaires conventionnels	2. Membre du Cadre inclusif
1	Albanie	Oui

2	Algérie*	Non
3	Bélarus	Oui
4	Congo	Oui
5	Équateur*	Non
6	Éthiopie*	Non
7	Ghana*	Non
8	Kirghizistan*	Non
9	Macédoine du Nord	Oui
10	Monténégro	Oui
11	Mozambique*	Non
12	Oman	Oui
13	Panama	Oui
14	République arabe syrienne*	Non
15	Tadjikistan*	Non
16	Venezuela*	Non

Jamaïque

A. Progrès dans la mise en œuvre du standard minimum

La Jamaïque compte 15 conventions fiscales en vigueur, comme l'indique sa réponse au questionnaire d'examen par les pairs, y compris la convention multilatérale entre les membres de la CARICOM conclue avec dix de ses partenaires (la convention de la CARICOM)[104]. Une de ces conventions, celle avec le Japon, est conforme au standard minimum.

La Jamaïque a signé l'IM en 2018 et a notifié ses conventions bilatérales non conformes. Les conventions qui seront modifiées par l'IM deviendront conformes au standard minimum une fois que les dispositions de l'IM auront pris effet.

La Jamaïque met en œuvre le standard minimum par l'inclusion de la disposition de la déclaration du préambule et de la règle COP associée à la règle LOB[105].

B. Conclusion

La Jamaïque reconnaît que la convention de la CARICOM n'est pas conforme au standard minimum à ce stade, et que des discussions visant à la mettre à jour seraient envisagées[106].

---

[104] Accord entre les gouvernements des États membres de la Communauté des Caraïbes tendant à éviter la double imposition et à prévenir l'évasion fiscale en matière d'impôts sur le revenu, sur les profits ou les gains en capital et pour l'encouragement du commerce régional et de l'investissement, 6 juillet 1994, Saint-Michel (Barbade) ; entre Antigua-et-Barbuda (18 février 1998), Barbade (7 juillet 1995), le Belize (30 novembre 1994), Dominique (19 juin 1996), Grenade (1er mars 1996), le Guyana* (26 novembre 1997), Jamaïque (16 février 1995), Saint-Kitts-et-Nevis (8 mai 1997), Sainte-Lucie (22 mai 1995), Saint-Vincent-et-les-Grenadines (12 février 1998) et Trinité-et-Tobago (29 novembre 1994). Au total, laJamaïquea notifié 24 « accords » dans sa liste de conventions fiscales : 14 conventions bilatérales ainsi que 4 la convention de la CARICOM conclue avec dix de ses partenaires.

[105] Pour ses conventions notifiées aux fins de l'IM, la Jamaïque choisit d'appliquer la disposition de la déclaration du préambule (article 6 de l'IM) et la règle COP (article 7 de l'IM). En vertu de l'article 7(7)(a) de l'IM, la Jamaïque met également en œuvre une règle LOB simplifiée (article 7(8 à 13) de l'IM) dans ses conventions conclues avec des partenaires conventionnels ayant opté pour la règle LOB simplifiée.

[106] Les révisions de la convention de la CARICOM nécessitent l'accord de ses onze partenaires.

Recommandation

Il est recommandé que la Jamaïque prenne les mesures nécessaires afin que l'IM prenne effet au regard de ses conventions fiscales notifiées aux fins de l'IM, car ces conventions ne seront modifiées par l'IM (et ne deviendront conformes au standard minimum) qu'une fois que les dispositions de l'IM auront pris effet.

Synthèse de la réponse de la juridiction – Jamaïque

	1. Partenaires conventionnels	2. Conformité avec le standard	3. Signature d'un instrument de mise en conformité	4. Recours à la disposition relative au standard minimum
1	Allemagne	Non	Non	COP + LOB
2	Antigua-et-Barbuda	Non	Non	COP + LOB
3	Barbade	Non	Non	COP + LOB
4	Belize	Non	Non	COP + LOB
5	Canada	Non	Oui, IM	COP
6	Chine (République populaire de)	Non	Oui, IM	COP
7	Danemark	Non	Oui, IM	COP
8	Dominique	Non	Non	COP + LOB
9	Espagne	Non	Oui, IM	COP
10	États-Unis	Non	Non	COP + LOB
11	France	Non	Oui, IM	COP
12	Grenade	Non	Non	COP + LOB
13	Guyana*	Non	Non	COP + LOB
14	Israël	Non	Oui, IM	COP
15	Japon	Oui, autres		COP
16	Mexique	Non	Oui, IM	COP + LOB
17	Norvège	Non	Non	COP + LOB
18	Royaume-Uni	Non	Oui, IM	COP
19	Sainte-Lucie	Non	Non	COP + LOB
20	Saint-Kitts-et-Nevis	Non	Non	COP + LOB
21	Saint-Vincent-et-les-Grenadines	Non	Non	COP + LOB
22	Suède	Non	Oui, IM	COP
23	Suisse	Non	Non	COP + LOB
24	Trinité-et-Tobago	Non	Non	COP + LOB

Japon

A. Progrès dans la mise en œuvre du standard minimum

Le Japon compte 75 conventions fiscales en vigueur, comme l'indique sa réponse au questionnaire d'examen par les pairs. Quarante-quatre de ces conventions sont conformes au standard minimum.

Le Japon a signé l'IM en 2017 et a déposé son instrument d'acceptationle 26 septembre 2018. L'IM est entré en vigueur pour le Japon le 1er janvier 2019. Subséquemment, le Japon a formulé des notifications supplémentaires afin d'élargir la liste conventions qui seront couverts aux fins de l'IM[107]. Les conventions qui seront modifiées par l'IM deviendront conformes au standard minimum une fois que les dispositions de l'IM auront pris effet. Le Japon n'a pas notifié aux fins de l'IM ses conventions avec l'Arménie, le Bélarus, le Brésil, le Brunei Darussalam, les États-Unis, la Géorgie, le Sri Lanka, la Suisse, la Thaïlande, le Viet Nam et la Zambie, qui n'ont pas rejoint l'IM ou ont joint l'IM, mais n'ont pas notifié la convention avec le Japon. Aussi, à ce stade, ces conventions ne seront pas modifiées par l'IM. Le Japon a indiqué qu'il notifierait ces conventions lorsque les partenaires de convention se joindront à l'IM et notifieront leurs conventions avec le Japon à être modifiées sous l'IM, sauf lorsqu'une convention sera mise à jour via des négociations bilatérales pour être conformes au standard minimum.

Le Japon a signé un instrument bilatéral de mise en conformité concernant sa convention avec la Géorgie.

Le Japon a indiqué dans sa réponse au questionnaire d'examen par les pairs avoir pris des mesures (autres qu'au titre de l'IM) afin de mettre en œuvre le standard minimum dans ses conventions avec l'Azerbaïdjan* et la Suisse[108].

Le Japon a indiqué dans sa réponse au questionnaire sur les examens par les pairs que les conventions conclues avec l'Arménie, le Bélarus, le Brésil, le Brunei Darussalam, Sri Lanka, la Thaïlande, le Viet Nam et la Zambie ne soulevaient pas de préoccupation importante en matière de chalandage fiscal au regard de sa juridiction.

Le Japon met en œuvre le standard minimum par l'inclusion de la déclaration du préambule et de la règle COP pour ses conventions conformes avec l'Arabie saoudite, le Canada, le Chili, la Corée, les Émirats arabes unis, l'Équateur*, l'Égypte, la Finlande, l'Inde, l'Indonésie, l'Irlande, Israël, la Jamaïque, le Kazakhstan, le Luxembourg, la Norvège, Oman, le Pakistan, le Pérou, la Pologne, le Portugal, le Qatar, la République slovaque, la République tchèque, Singapour, la Slovénie et l'Ukraine. Le Japon met en œuvre le standard minimum par l'inclusion de la déclaration du préambule et de la règle COP associée à la règle LOB pour ses conventions conformes avec l'Allemagne, l'Australie, l'Autriche, la Belgique, la Croatie, le Danemark, l'Espagne, l'Estonie, la France, l'Islande, la Lettonie, la Lituanie, la Nouvelle-Zélande, les Pays-Bas, la Fédération de Russie, le Royaume-Uni et l'Ouzbékistan*[109].

---

[107] Le Japon a formulé des notifications additionnelles pour élargir la liste de conventions couvertes par l'IM le 14 fvrier 2020 et le 22 juillet 2020.

[108] Le 16 juillet 2021, le Japon et la Suisse ont signé un protocole portant modification de la convention fiscale signée en 1971 entre les deux pays, telle que modifiée par le protocole de 2010.

[109] Pour ses conventions notifiées aux fins de l'IM, le Japon choisit d'appliquer la disposition de la déclaration du préambule (article 6 de l'IM) et la règle COP (article 7 de l'IM). Le Japon a formulé une réserve conformément à l'article 6(4) de l'IM afin de ne pas appliquer l'article 6(1) concernant les conventions qui contiennent déjà la version adéquate du préambule (une convention).

B. Conclusion

Aucune juridiction n'a signalé de préoccupation relative à ses conventions conclues avec le Japon.

Synthèse de la réponse de la juridiction – Japon

	1. Partenaires conventionnels	2. Conformité avec le standard	3. Signature d'un instrument de mise en conformité	4. Recours à la disposition relative au standard minimum
1	Afrique du Sud	Non	Oui, IM	COP
2	Allemagne	Oui, autres		COP + LOB
3	Arabie saoudite	Oui, IM		COP
4	Australie	Oui, IM		COP + LOB
5	Autriche	Oui, autres		COP + LOB
6	Azerbaïdjan*	Non	Non	
7	Belgique	Oui, autres		COP + LOB
8	Bulgarie	Non	Oui, IM	COP
9	Canada	Oui, IM		COP
10	Chili	Oui, autres		COP
11	Chine (République populaire de)	Non	Oui, IM	COP
12	Corée	Oui, IM		COP
13	Croatie	Oui, autres		COP + LOB
14	Danemark	Oui, autres		COP + LOB
15	Égypte	Oui, IM		COP
16	Émirats arabes unis	Oui, IM		COP
17	Équateur*	Oui, autres		COP
18	Espagne	Oui, autres		COP + LOB
19	Estonie	Oui, autres		COP + LOB
20	États-Unis	Non	Non	LOB détaillée
21	Fédération de Russie	Oui, autres		COP + LOB
22	Fidji*	Non	Oui, IM	COP
23	Finlande	Oui, IM		COP
24	France	Oui, IM		COP + LOB
25	Géorgie	Non	Oui, autres	COP + LOB
26	Hong Kong (Chine)	Non	Oui, IM	COP
27	Hongrie	Non	Oui, IM	COP
28	Inde	Oui, IM		COP
29	Indonésie	Oui, IM		COP
30	Irlande	Oui, IM		COP
31	Islande	Oui, autres		COP + LOB
32	Israël	Oui, IM		COP
33	Italie	Non	Oui, IM	COP
34	Jamaïque	Oui, autres		COP
35	Kazakhstan	Oui, IM		COP
36	Koweït*	Non	Oui, IM	COP
37	Lettonie	Oui, autres		COP + LOB
38	Lituanie	Oui, autres		COP + LOB
39	Luxembourg	Oui, IM		COP
40	Malaisie	Non	Oui, IM	COP
41	Mexique	Non	Oui, IM	COP
42	Norvège	Oui, IM		COP
43	Nouvelle-Zélande	Oui, IM		COP + LOB

44	Oman	Oui, IM		COP
45	Ouzbékistan*	Oui, autres		COP + LOB
46	Pakistan	Oui, IM		COP
47	Pays-Bas	Oui, IM		COP + LOB
48	Pérou	Oui, autres		COP
49	Pologne	Oui, IM		COP
50	Portugal	Oui, IM		COP
51	Qatar	Oui, IM		COP
52	République slovaque	Oui, IM		COP
53	République tchèque	Oui, IM		COP
54	Roumanie	Non	Oui, IM	COP
55	Royaume-Uni	Oui, IM		COP + LOB
56	Singapour	Oui, IM		COP
57	Slovénie	Oui, autres		COP
58	Suède	Non	Oui, IM	COP + LOB
59	Suisse	Non	Non	COP + LOB
60	Turquie	Non	Oui, IM	COP
61	Ukraine	Oui, IM		COP

Autres conventions

	1. Partenaires conventionnels	2. Membre du Cadre inclusif
1	Arménie	Oui
2	Bangladesh*	Non
3	Bélarus	Oui
4	Brésil	Oui
5	Brunei Darussalam	Oui
6	Kirghizistan*	Non
7	Moldova*	Non
8	Philippines*	Non
9	Sri Lanka	Oui
10	Tadjikistan*	Non
11	Thaïlande	Oui
12	Turkménistan*	Non
13	Viet Nam	Oui
14	Zambie	Oui

Jersey

A. Progrès dans la mise en œuvre du standard minimum

Jersey compte 15 conventions fiscales en vigueur, comme l'indique sa réponse au questionnaire d'examen par les pairs. Huit de ces conventions sont conformes au standard minimum.

Jersey a signé l'IM en 2017 et a déposé son instrument de ratification le 15 décembre 2018. L'IM est entré en vigueur pour Jersey le 1er juillet 2018. Les conventions qui seront modifiées par l'IM deviendront conformes au standard minimum une fois que les dispositions de l'IM auront pris effet. Jersey n'a pas notifié sa convention avec Maurice. Aussi, à ce stade, cette convention ne sera pas modifiée par l'IM. Maurice a notifié sa convention avec Jersey aux fins de l'IM.

Jersey a indiqué dans sa réponse au questionnaire d'examen par les pairs avoir pris des mesures (autres qu'au titre de l'IM) afin de mettre en œuvre le standard minimum dans ses conventions avec Guernesey et l'Île de Man.

Jersey met en œuvre le standard minimum par l'inclusion de la déclaration du préambule et de la règle COP[110].

B. Conclusion

Recommandation

Il est recommandé que Jersey élabore un plan afin de mettre en œuvre le standard minimum dans sa convention pour laquelle aucune mesure n'a encore été prise, et qui a été conclues avec un membre du Cadre inclusif sur le BEPS (Maurice).

Synthèse de la réponse de la juridiction – Jersey

	1. Partenaires conventionnels	2. Conformité avec le standard	3. Signature d'un instrument de mise en conformité	4. Recours à la disposition relative au standard minimum
1	Chypre*	Oui, IM		COP
2	Émirats arabes unis	Oui, IM		COP
3	Estonie	Non	Oui, IM	COP
4	Guernesey	Non	Non	COP
5	Hong Kong (Chine)	Non	Oui, IM	COP
6	Île de Man	Non	Non	COP
7	Liechtenstein	Oui, autres		COP
8	Luxembourg	Oui, IM		COP
9	Malte	Oui, IM		COP
10	Qatar	Oui, IM		COP
11	Royaume-Uni	Oui, autres		COP

110 Pour ses conventions notifiées aux fins de l'IM, Jersey choisit d'appliquer la disposition de la déclaration du préambule (article 6 de l'IM) et la règle COP (article 7 de l'IM).

12	Rwanda*	Non	Non	
13	Seychelles	Non	Oui, IM	COP
14	Singapour	Oui, IM		COP

Autres conventions

	1. Partenaires conventionnels	2. Membre du Cadre inclusif
1	Maurice	Oui

Jordanie

A. Progrès dans la mise en œuvre du standard minimum

La Jordanie compte 37 conventions fiscales en vigueur, comme l'indique sa réponse au questionnaire d'examen par les pairs. Quinze de ces conventions sont conformes au standard minimum.

La Jordanie a signé l'IM en 2019, a déposé son instrument de ratification le 22 septembre 2020, et a notifié ses conventions fiscales non conformes. L'IM est entré en vigueur pour la Jordanie le 1er janvier 2021. Les conventions qui seront modifiées par l'IM deviendront conformes au standard minimum une fois que les dispositions de l'IM auront pris effet.

La Jordanie met en œuvre le standard minimum par l'inclusion de la déclaration du préambule et de la règle COP[111].

B. Conclusion

Aucune juridiction n'a signalé de préoccupation relative à ses conventions conclues avec la Jordanie

Synthèse de la réponse de la juridiction – Jordanie

	1. Partenaires conventionnels	2. Conformité avec le standard	3. Signature d'un instrument de mise en conformité	4. Recours à la disposition relative au standard minimum
1	Algérie*	Non	Non	
2	Arabie saoudite	Oui, IM		COP
3	Azerbaïdjan*	Non	Non	
4	Bahreïn	Non	Oui, IM	COP
5	Bosnie-Herzégovine	Oui, IM		COP
6	Bulgarie	Non	Oui, IM	COP
7	Canada	Oui, IM		COP
8	Corée	Oui, IM		COP
9	Croatie	Non	Oui, IM	COP
10	Égypte	Oui, IM		COP
11	Émirats arabes unis	Oui, IM		COP
12	France	Oui, IM		COP
13	Inde	Oui, IM		COP
14	Indonésie	Non	Non	
15	Iran*	Non	Non	
16	Italie	Non	Oui, IM	COP
17	Koweït*	Non	Non	
18	Liban*	Non	Non	
19	Malaisie	Non	Oui, IM	COP
20	Malte	Oui, IM		COP
21	Maroc	Non	Oui, IM	COP
22	Ouzbékistan*	Non	Non	
23	Pakistan	Oui, IM		COP

[111] Pour ses conventions notifiées aux fins de l'IM, la Jordanie choisit d'appliquer la disposition de la déclaration du préambule (article 6 de l'IM) et la règle COP (article 7 de l'IM).

24	Palestine*	Non	Non	
25	Pays-Bas	Oui, IM		COP
26	Pologne	Oui, IM		COP
27	Qatar	Oui, IM		COP
28	République tchèque	Non	Non	
29	Roumanie	Non	Oui, IM	COP
30	Royaume-Uni	Oui, IM		COP
31	Soudan*	Non	Non	
32	Syrie*	Non	Non	
33	Tadjikistan*	Non	Non	
34	Tunisie	Non	Oui, IM	COP
35	Turquie	Non	Oui, IM	COP
36	Ukraine	Oui, IM		COP
37	Yémen*	Non	Non	

Kazakhstan

A. Progrès dans la mise en œuvre du standard minimum

Le Kazakhstan compte 55 conventions fiscales en vigueur, ainsi que l'indique sa réponse au questionnaire d'examen par les pairs. Vingt-trois de ces conventions sont conformes au standard minimum.

Le Kazakhstan a signé l'IM en 2018, déposé son instrument de ratification le 24 juin 2020, et notifié ses conventions fiscales non conformes. L'IM entrera en vigueur pour le Kazakhstan le 1er octobre 2020. Les conventions qui seront modifiées par l'IM deviendront conformes au standard minimum une fois que les dispositions de l'IM auront pris effet.

Le Kazakhstan met en œuvre le standard minimum par l'inclusion de la disposition de la déclaration du préambule et de la règle COP associée à la règle LOB[112].

B. Conclusion

Aucune juridiction n'a signalé de préoccupation relative à ses conventions conclues avec le Kazakhstan.

Synthèse de la réponse de la juridiction – Kazakhstan

	1. Partenaires conventionnels	2. Conformité avec le standard	3. Signature d'un instrument de mise en conformité	4. Recours à la disposition relative au standard minimum
1	Allemagne	Non	Non	
2	Arabie saoudite	Oui, IM		COP
3	Arménie	Non	Oui, IM	COP + LOB
4	Autriche	Non	Non	
5	Azerbaïdjan*	Non	Non	
6	Bélarus	Non	Non	
7	Belgique	Oui, IM		COP
8	Bulgarie	Non	Oui, IM	COP
9	Canada	Oui, IM		COP
10	Chine (République populaire de)	Non	Oui, IM	COP
11	Corée	Oui, IM		COP
12	Croatie	Non	Oui, IM	COP
13	Émirats arabes unis	Oui, IM		COP
14	Espagne	Non	Oui, IM	COP
15	Estonie	Non	Oui, IM	COP
16	États-Unis	Non	Non	
17	Fédération de Russie	Oui, IM		COP + LOB
18	Finlande	Oui, IM		COP
19	France	Oui, IM		COP
20	Géorgie	Non	Non	
21	Hongrie	Non	Oui, IM	COP

112 Pour ses conventions notifiées aux fins de l'IM, le Kazakhstan choisit d'appliquer la disposition de la déclaration du préambule (article 6 de l'IM) et la règle COP (article 7 de l'IM). Le Kazakhstan a également opté pour la règle LOB simplifiée conformément à l'article 7(6) de l'IM.

22	Inde	Oui, IM		COP + LOB
23	Iran*	Non	Non	
24	Irlande	Oui, IM		COP
25	Italie	Non	Oui, IM	COP
26	Japon	Oui, IM		COP
27	Kirghizistan*	Non	Non	
28	Lettonie	Oui, IM		COP
29	Lituanie	Oui, IM		COP
30	Luxembourg	Oui, IM		COP
31	Macédoine du Nord	Non	Oui, IM	
32	Malaisie	Non	Oui, IM	COP
33	Moldova*	Non	Non	
34	Mongolie	Non	Non	
35	Norvège	Non	Non	
36	Ouzbékistan*	Non	Non	
37	Pakistan	Oui, IM		COP + LOB
38	Pays-Bas	Oui, IM		COP
39	Pologne	Oui, IM		COP
40	Qatar	Non	Non	COP + LOB
41	République slovaque	Oui, IM		COP + LOB
42	République tchèque	Non	Non	
43	Roumanie	Non	Oui, IM	COP
44	Royaume-Uni	Oui, IM		COP
45	Serbie	Oui, IM		COP
46	Singapour	Oui, IM		COP
47	Slovénie	Oui, IM		COP
48	Suède	Non	Oui, IM	COP
49	Suisse	Non	Non	
50	Tadjikistan*	Non	Non	
51	Turkménistan*	Non	Non	
52	Turquie	Non	Oui, IM	COP
53	Ukraine	Oui, IM		COP
54	Viet Nam	Non	Non	

Autres conventions

	1. Partenaires conventionnels	2. Membre du Cadre inclusif
1	Chypre*	Non

Kenya

A. Progrès dans la mise en œuvre du standard minimum

Le Kenya compte 15 conventions fiscales en vigueur, comme l'indique sa réponse au questionnaire d'examen par les pairs. Aucune de ces conventions n'est conforme au standard minimum.

Le Kenya a signé l'IM en 2019. Les conventions qui seront modifiées par l'IM deviendront conformes au standard minimum une fois que les dispositions de l'IM auront pris effet.

Le Kenya n'a pas notifié aux fins de l'IM ses conventions avec l'Allemagne, la Corée et la Zambie, mais a indiqué dans sa réponse au questionnaire d'examen par les pairs avoir pris des mesures (autres qu'au titre de l'IM) afin de mettre en œuvre le standard minimum dans ses conventions avec l'Allemagne et la Corée. La Corée a notifié sa convention avec le Kenya aux fins de l'IM.

Le Kenya met en œuvre le standard minimum par l'inclusion de la disposition de la déclaration du préambule et de la règle COP associée à la règle LOB[113].]

B. Conclusion

La Corée a notifié sa convention avec le Kenya aux fins de l'IM, ce qui équivaut à une demande de mise en œuvre du standard minimum.

Le Kenya a élaboré un plan de mise en œuvre du standard minimum dans sa convention conclue avec la Zambie. Le Kenya a fait savoir dans sa réponse au questionnaire d'examen par les pairs qu'elle comptait élargir la liste de ses conventions fiscales qui seront couvertes par l'IM afin d'inclure cette convention.

Recommandation

Il est recommandé que le Kenya prenne les mesures nécessaires afin que l'IM prenne effet au regard de ses conventions fiscales notifiées aux fins de l'IM, car ces conventions ne seront modifiées par l'IM (et ne deviendront conformes au standard minimum) qu'une fois que les dispositions de l'IM auront pris effet.

Synthèse de la réponse de la juridiction – Kenya

	1. Partenaires conventionnels	2. Conformité avec le standard	3. Signature d'un instrument de mise en conformité	4. Recours à la disposition relative au standard minimum
1	Afrique du Sud	Non	Oui, IM	COP
2	Allemagne	Non	Non	
3	Canada	Non	Oui, IM	COP
4	Corée	Non	Non	
5	Danemark	Non	Oui, IM	COP + LOB
6	Émirats arabes unis	Non	Oui, IM	COP

113 Pour ses conventions notifiées aux fins de l'IM, le Kenya choisit d'appliquer la disposition de la déclaration du préambule (article 6 de l'IM) et la règle COP associée à la règle LOB (article 7 de l'IM).

7	France	Non	Oui, IM	
8	Inde	Non	Oui, IM	COP + LOB
9	Norvège	Non	Non	
10	Qatar	Non	Oui, IM	COP
11	Royaume-Uni	Non	Oui, IM	COP
12	Seychelles	Non	Oui, IM	COP
13	Suède	Non	Oui, IM	COP

Autres conventions

	1. Partenaires conventionnels	2. Membre du Cadre inclusif
1	Iran*	Non
2	Zambie	Oui

Lettonie

A. Progrès dans la mise en œuvre du standard minimum

La Lettonie compte 62 conventions fiscales en vigueur, comme l'indique sa réponse au questionnaire d'examen par les pairs. Trente-quatre de ces conventions sont conformes au standard minimum.

La Lettonie e a signé l'IM en 2017 et a déposé son instrument de ratification le 29 octobre 2019. L'IM est entré en vigueur pour la Lettonie le 1er février 2020. Le 20 avril 2020, la Lettonie a formulé une notification supplémentaire afin d'élargir la liste conventions qui seront couverts aux fins de l'IM. Les conventions qui seront modifiées par l'IM deviendront conformes au standard minimum une fois que les dispositions de l'IM auront pris effet.

La Lettonie n'a pas notifié sa convention avec l'Allemagne, mais a indiqué dans sa réponse au questionnaire d'examen par les pairs avoir pris des mesures (autres qu'au titre de l'IM) afin de mettre en œuvre le standard minimum dans cette convention.

La Lettonie met en œuvre le standard minimum par l'inclusion de la déclaration du préambule et de la règle COP[114].

B. Conclusion

Aucune juridiction n'a signalé de préoccupation relative à ses conventions conclues avec la Lettonie.

Synthèse de la réponse de la juridiction – Lettonie

	1. Partenaires conventionnels	2. Conformité avec le standard	3. Signature d'un instrument de mise en conformité	4. Recours à la disposition relative au standard minimum
1	Albanie*	Oui, IM		COP
2	Allemagne	Non	Non	COP
3	Arménie	Non	Oui, IM	COP
4	Autriche	Oui, IM		COP
5	Azerbaïdjan*	Non	Non	COP
6	Bélarus	Non	Non	COP
7	Belgique	Oui, IM		COP
8	Bulgarie	Non	Oui, IM	COP
9	Canada	Oui, IM		COP
10	Chine (République populaire de)	Non	Oui, IM	COP
11	Chypre*	Oui, IM		COP
12	Corée	Oui, IM		COP
13	Croatie	Non	Oui, IM	COP
14	Danemark	Oui, IM		COP
15	Émirats arabes unis	Oui, IM		COP
16	Espagne	Non	Oui, IM	COP
17	Estonie	Non	Oui, IM	COP

114 Pour ses conventions notifiées aux fins de l'IM, la Lettonie choisit d'appliquer la disposition de la déclaration du préambule (article 6 de l'IM) et la règle COP (article 7 de l'IM).

18	États-Unis	Non	Non	COP
19	Fédération de Russie	Oui, IM		COP
20	Finlande	Oui, IM		COP
21	France	Oui, IM		COP
22	Géorgie	Oui, IM		COP
23	Grèce	Non	Oui, IM	COP
24	Hong Kong (Chine)	Non	Oui, IM	COP
25	Hongrie	Non	Oui, IM	COP
26	Inde	Oui, IM		COP
27	Irlande	Oui, IM		COP
28	Islande	Oui, IM		COP
29	Israël	Oui, IM		COP
30	Italie	Non	Oui, IM	COP
31	Japon	Oui, autres		COP + LOB
32	Kazakhstan	Oui, IM		COP
33	Kirghizistan*	Non	Non	COP
34	Koweït*	Non	Non	COP
35	Lituanie	Oui, IM		COP
36	Luxembourg	Oui, IM		COP
37	Macédoine du Nord	Non	Oui, IM	COP
38	Malte	Oui, IM		COP
39	Maroc	Non	Oui, IM	COP
40	Mexique	Non	Oui, IM	COP
41	Moldova*	Non	Non	COP
42	Monténégro	Non	Non	COP
43	Norvège	Oui, IM		COP
44	Ouzbékistan*	Non	Non	COP
45	Pays-Bas	Oui, IM		COP
46	Pologne	Oui, IM		COP
47	Portugal	Oui, IM		COP
48	Qatar	Oui, IM		COP
49	République slovaque	Oui, IM		COP
50	République tchèque	Oui, IM		COP
51	Roumanie	Non	Oui, IM	COP
52	Royaume-Uni	Oui, IM		COP
53	Serbie	Oui, IM		COP
54	Singapour	Oui, IM		COP
55	Slovénie	Oui, IM		COP
56	Suède	Non	Oui, IM	COP
57	Suisse	Oui, autres		COP
58	Tadjikistan*	Non	Non	COP
59	Turkménistan*	Non	Non	COP
60	Turquie	Non	Oui, IM	COP
61	Ukraine	Oui, IM		COP
62	Viet Nam	Non	Non	COP

Libéria

A. Progrès dans la mise en œuvre du standard minimum

Le Libéria compte une convention fiscale en vigueur avec l'Allemagne, comme l'indique sa réponse au questionnaire d'examen par les pairs. Cette convention n'est pas conforme au standard minimum.

Le Libéria n'a pas signé l'IM.

Le Libéria a indiqué dans sa réponse au questionnaire d'examen par les pairs avoir pris des mesures (autres qu'au titre de l'IM) afin de mettre en œuvre le standard minimum dans sa convention avec l'Allemagne.

Le Libéria met en œuvre le standard minimum par l'inclusion de la déclaration du préambule et de la règle COP.

B. Conclusion

Aucune juridiction n'a soulevé de préoccupation concernant le Libéria.

Synthèse de la réponse de la juridiction – Libéria

	1. Partenaires conventionnels	2. Conformité avec le standard	3. Signature d'un instrument de mise en conformité	4. Recours à la disposition relative au standard minimum
1	Allemagne	Non	Non	

Liechtenstein

A. Progrès dans la mise en œuvre du standard minimum

Le Liechtenstein compte 21 conventions fiscales en vigueur, comme l'indique sa réponse au questionnaire d'examen par les pairs. Seize de ces conventions sont conformes au standard minimum.

Le Liechtenstein a signé l'IM en 2017 et a déposé son instrument de ratification le 19 décembre 2019. L'IM est entré en vigueur pour le Liechtenstein le 1er avril 2020. Les conventions qui seront modifiées par l'IM deviendront conformes au standard minimum une fois que les dispositions de l'IM auront pris effet.

Le Liechtenstein n'a pas notifié sa convention avec la Suisse aux fins de l'IM, mais a signé un instrument bilatéral de mise en conformité concernant ses conventions avec l'Allemagne et la Suisse.

Le Liechtenstein met en œuvre le standard minimum par l'inclusion de la déclaration du préambule et de la règle COP[115].

B. Conclusion

Aucune juridiction n'a signalé de préoccupation relative à ses conventions conclues avec le Liechtenstein.

Synthèse de la réponse de la juridiction – Liechtenstein

	1. Partenaires conventionnels	2. Conformité avec le standard	3. Signature d'un instrument de mise en conformité	4. Recours à la disposition relative au standard minimum
1	Allemagne	Non	Oui, autres	COP
2	Andorre	Non	Oui, IM	COP
3	Autriche	Oui, autres		COP
4	Émirats arabes unis	Oui, IM		COP
5	Géorgie	Oui, IM		COP
6	Guernesey	Oui, IM		COP
7	Hong Kong (Chine)	Non	Oui, IM	COP
8	Hongrie	Non	Oui, IM	COP
9	Islande	Oui, autres		COP
10	Jersey	Oui, autres		COP
11	Lituanie	Oui, autres		COP
12	Luxembourg	Oui, IM		COP
13	Malte	Oui, IM		COP
14	Monaco	Oui, autres		COP
15	Pays-Bas	Oui, autres		COP
16	République tchèque	Oui, IM		COP
17	Royaume-Uni	Oui, IM		COP
18	Saint-Marin	Oui, IM		COP
19	Singapour	Oui, IM		COP
20	Suisse	Non	Oui, autres	COP
21	Uruguay	Oui, IM		COP

[115] Pour ses conventions notifiées aux fins de l'IM, le Liechtenstein choisit d'appliquer la disposition de la déclaration du préambule (article 6 de l'IM) et la règle COP (article 7 de l'IM).

Lituanie

A. Progrès dans la mise en œuvre du standard minimum

La Lituanie compte 56 conventions fiscales en vigueur, comme l'indique sa réponse au questionnaire d'examen par les pairs. Trente-trois de ces conventions sont conformes au standard minimum.

La Lituanie a signé l'IM en 2017, et a déposé son instrument de ratification le 11 septembre 2018. L'IM est entré en vigueur pour la Lituanie le 1er janvier 2019. Les conventions qui seront modifiées par l'IM deviendront conformes au standard minimum une fois que les dispositions de l'IM auront pris effet.

La Lituanie a indiqué dans sa réponse au questionnaire d'examen par les pairs avoir pris des mesures (autres qu'au titre de l'IM) afin de mettre en œuvre le standard minimum dans sa convention avec l'Allemagne. La Lituanie met en œuvre le standard minimum par l'inclusion de la déclaration du préambule et de la règle COP[116].

B. Conclusion

Aucune juridiction n'a signalé de préoccupation relative à ses conventions conclues avec la Lituanie.

Synthèse de la réponse de la juridiction – Lituanie

	1. Partenaires conventionnels	2. Conformité avec le standard	3. Signature d'un instrument de mise en conformité	4. Recours à la disposition relative au standard minimum
1	Allemagne	Non	Non	COP
2	Arménie	Non	Oui, IM	COP
3	Autriche	Oui, IM		COP
4	Azerbaïdjan*	Non	Non	COP
5	Bélarus	Non	Non	COP
6	Belgique	Oui, IM		COP
7	Bulgarie	Non	Oui, IM	COP
8	Canada	Oui, IM		COP
9	Chine (République populaire de)	Non	Oui, IM	COP
10	Chypre*	Oui, IM		COP
11	Corée	Oui, IM		COP
12	Croatie	Non	Oui, IM	COP
13	Danemark	Oui, IM		COP
14	Émirats arabes unis	Oui, IM		COP
15	Espagne	Non	Oui, IM	COP
16	Estonie	Non	Oui, IM	COP
17	États-Unis	Non	Non	COP
18	Fédération de Russie	Oui, IM		COP
19	Finlande	Oui, IM		COP
20	France	Oui, IM		COP
21	Géorgie	Oui, IM		COP

[116] Pour ses conventions notifiées aux fins de l'IM, la Lituanie choisit d'appliquer la disposition de la déclaration du préambule (article 6 de l'IM) et la règle COP (article 7 de l'IM).

22	Grèce	Non	Oui, IM	COP
23	Hongrie	Non	Oui, IM	COP
24	Inde	Oui, IM		COP
25	Irlande	Oui, IM		COP
26	Islande	Oui, IM		COP
27	Israël	Oui, IM		COP
28	Italie	Non	Oui, IM	COP
29	Japon	Oui, autres		COP + LOB
30	Kazakhstan	Oui, IM		COP
31	Kirghizistan*	Non	Non	COP
32	Koweït*	Non	Oui, IM	COP
33	Lettonie	Oui, IM		COP
34	Liechtenstein	Oui, autres		COP
35	Luxembourg	Oui, IM		COP
36	Macédoine du Nord	Non	Oui, IM	COP
37	Malte	Oui, IM		COP
38	Mexique	Non	Oui, IM	COP
39	Moldova*	Non	Non	COP
40	Norvège	Oui, IM		COP
41	Ouzbékistan*	Non	Non	COP
42	Pays-Bas	Oui, IM		COP
43	Pologne	Oui, IM		COP
44	Portugal	Oui, IM		COP
45	République slovaque	Oui, IM		COP
46	République tchèque	Oui, IM		COP
47	Roumanie	Non	Oui, IM	COP
48	Royaume-Uni	Oui, IM		COP
49	Serbie	Oui, IM		COP
50	Singapour	Oui, IM		COP
51	Slovénie	Oui, IM		COP
52	Suède	Non	Oui, IM	COP
53	Suisse	Oui, IM		COP
54	Turkménistan*	Non	Non	COP
55	Turquie	Non	Oui, IM	COP
56	Ukraine	Oui, IM		COP

Luxembourg

A. Progrès dans la mise en œuvre du standard minimum

Le Luxembourg compte 83 conventions fiscales en vigueur, comme l'indique sa réponse au questionnaire d'examen par les pairs. Quarante-six de ces conventions sont conformes au standard minimum.

Le Luxembourg a signé l'IM en 2017, déposé son instrument de ratification le 9 avril 2019, et notifié ses conventions fiscales non conformes. L'IM est entré en vigueur pour le Luxembourg le 1er août 2019. Les conventions qui seront modifiées par l'IM deviendront conformes au standard minimum une fois que les dispositions de l'IM auront pris effet.

Le Luxembourg met en œuvre le standard minimum par l'inclusion de la déclaration du préambule et de la règle COP[117].

B. Conclusion

Aucune juridiction n'a signalé de préoccupation relative à ses conventions conclues avec le Luxembourg.

Synthèse de la réponse de la juridiction — Luxembourg

	1. Partenaires conventionnels	2. Conformité avec le standard	3. Signature d'un instrument de mise en conformité	4. Recours à la disposition relative au standard minimum
1	Afrique du Sud	Non	Oui, IM	COP
2	Allemagne	Non	Oui, IM	COP
3	Andorre	Non	Oui, IM	COP
4	Arabie saoudite	Oui, IM		COP
5	Arménie	Non	Oui, IM	COP
6	Autriche	Oui, IM		COP
7	Azerbaïdjan*	Non	Non	COP
8	Bahreïn	Non	Oui, IM	COP
9	Barbade	Non	Oui, IM	COP
10	Belgique	Oui, IM		COP
11	Brésil	Non	Non	COP
12	Brunei Darussalam	Non	Non	COP
13	Bulgarie	Non	Oui, IM	COP
14	Canada	Oui, IM		COP
15	Chine (République populaire de)	Non	Oui, IM	COP
16	Chypre*	Oui, autres		COP
17	Corée	Oui, IM		COP
18	Croatie	Non	Oui, IM	COP

117 Pour ses conventions notifiées aux fins de l'IM, le Luxembourg choisit d'appliquer la disposition de la déclaration du préambule (article 6 de l'IM) et la règle COP (article 7 de l'IM). Le Luxembourg a formulé une réserve conformément à l'article 6(4) de l'IM afin de ne pas appliquer l'article 6(1) concernant les conventions qui contiennent déjà la version adéquate du préambule (une convention). Le Luxembourg a également formulé une réserve conformément à l'article 7(15)(b) de l'IM afin de ne pas appliquer l'article 7(1) concernant les conventions qui contiennent déjà une règle COP (une convention).

19	Danemark	Oui, IM		COP
20	Émirats arabes unis	Oui, IM		COP
21	Espagne	Non	Oui, IM	COP
22	Estonie	Non	Oui, IM	COP
23	États-Unis	Non	Non	LOB détaillée
24	Fédération de Russie	Oui, IM		COP
25	Finlande	Oui, IM		COP
26	France	Oui, autres		COP
27	Géorgie	Oui, IM		COP
28	Grèce	Non	Oui, IM	COP
29	Guernesey	Oui, IM		COP
30	Hong Kong (Chine)	Non	Oui, IM	COP
31	Hongrie	Non	Oui, IM	COP
32	Île de Man	Oui, IM		COP
33	Inde	Oui, IM		COP
34	Indonésie	Oui, IM		COP
35	Irlande	Oui, IM		COP
36	Islande	Oui, IM		COP
37	Israël	Oui, IM		COP
38	Italie	Non	Oui, IM	COP
39	Japon	Oui, IM		COP
40	Jersey	Oui, IM		COP
41	Kazakhstan	Oui, IM		COP
42	Kosovo*	Oui, autres		COP
43	Lettonie	Oui, IM		COP
44	Liechtenstein	Oui, IM		COP
45	Lituanie	Oui, IM		COP
46	Macédoine du Nord	Non	Oui, IM	COP
47	Malaisie	Non	Oui, IM	COP
48	Malte	Oui, IM		COP
49	Maroc	Non	Oui, IM	COP
50	Maurice	Oui, IM		COP
51	Mexique	Non	Oui, IM	COP
52	Moldova*	Non	Non	COP
53	Monaco	Oui, IM		COP
54	Norvège	Oui, IM		COP
55	Ouzbékistan*	Oui, autres		COP
56	Panama	Non	Oui, IM	COP
57	Pays-Bas	Oui, IM		COP
58	Pologne	Oui, IM		COP
59	Portugal	Oui, IM		COP
60	Qatar	Oui, IM		COP
61	République démocratique populaire lao*	Non	Non	COP
62	République slovaque	Oui, IM		COP
63	République tchèque	Oui, IM		COP
64	Roumanie	Non	Oui, IM	COP
65	Royaume-Uni	Oui, IM		COP
66	Saint-Marin	Oui, IM		COP
67	Sénégal	Oui, autres		COP
68	Serbie	Oui, IM		COP
69	Seychelles	Non	Oui, IM	COP
70	Singapour	Oui, IM		COP
71	Slovénie	Oui, IM		COP

72	Sri Lanka	Non	Non	COP
73	Suède	Non	Oui, IM	COP
74	Suisse	Oui, IM		COP
75	Tadjikistan*	Non	Non	COP
76	Taipei chinois*	Non	Non	COP
77	Thaïlande	Non	Non	COP
78	Trinité-et-Tobago	Non	Non	COP
79	Tunisie	Non	Oui, IM	COP
80	Turquie	Non	Oui, IM	COP
81	Ukraine	Oui, IM		COP
82	Uruguay	Oui, IM		COP
83	Viet Nam	Non	Non	COP

Macao (Chine)

A. Progrès dans la mise en œuvre du standard minimum

Macao (Chine) compte quatre conventions fiscales en vigueur, comme l'indique sa réponse au questionnaire d'examen par les pairs. Aucune de ces conventions n'est conforme au standard minimum.

Macao (Chine) n'a pas adhéré à l'IM.

Macao (Chine) a indiqué dans sa réponse au questionnaire d'examen par les pairs avoir pris des mesures (autres qu'au titre de l'IM) afin de mettre en œuvre le standard minimum dans ses conventions avec le Cabo Verde, le Mozambique*, le Portugal et le Viet Nam.

B. Conclusion

Aucune juridiction n'a signalé de préoccupation relative à ses conventions conclues avec Macao (Chine).

Synthèse de la réponse de la juridiction — Macao (Chine)

	1. Partenaires conventionnels	2. Conformité avec le standard	3. Signature d'un instrument de mise en conformité	4. Recours à la disposition relative au standard minimum
1	Cabo Verde	Non	Non	COP
2	Mozambique*	Non	Non	COP
3	Portugal	Non	Non	
4	Viet Nam	Non	Non	

Macédoine du Nord

A. Progrès dans la mise en œuvre du standard minimum

La République de Macédoine du Nord compte 48 conventions fiscales en vigueur, comme l'indique sa réponse au questionnaire d'examen par les pairs. Aucune de ces conventions n'est conforme au standard minimum.

La République de Macédoine du Nord a signé l'IM en 2020. Les conventions qui seront modifiées par l'IM deviendront conformes au standard minimum une fois que les dispositions de l'IM auront pris effet.

La République de Macédoine du Nord n'a pas notifié sa convention avec la Suisse aux fins de l'IM, mais a signé un instrument bilatéral de mise en conformité concernant cette convention.

La République de Macédoine du Nord met en œuvre le standard minimum par l'inclusion de la déclaration du préambule et de la règle COP[118].

B. Conclusion

Recommandation

Il est recommandé que la République de Macédoine du Nord prenne les mesures nécessaires afin que l'IM prenne effet au regard de ses conventions fiscales notifiées aux fins de l'IM, car ces conventions ne seront modifiées par l'IM (et ne deviendront conformes au standard minimum) qu'une fois que les dispositions de l'IM auront pris effet.

Synthèse de la réponse de la juridiction — République de Macédoine du Nord

	1. Partenaires conventionnels	2. Conformité avec le standard	3. Signature d'un instrument de mise en conformité	4. Recours à la disposition relative au standard minimum
1	Albanie	Non	Oui, IM	COP
2	Allemagne	Non	Non	COP
3	Arabie saoudite	Non	Oui, IM	COP
4	Autriche	Non	Non	COP
5	Azerbaïdjan*	Non	Non	COP
6	Bélarus	Non	Non	COP
7	Belgique	Non	Oui, IM	COP
8	Bosnie-Herzégovine	Non	Oui, IM	COP
9	Bulgarie	Non	Oui, IM	COP
10	Chine (République populaire de)	Non	Oui, IM	COP
11	Croatie	Non	Oui, IM	COP
12	Danemark	Non	Oui, IM	COP

118 Pour ses conventions notifiées aux fins de l'IM, la République de Macédoine du Nord choisit d'appliquer la disposition de la déclaration du préambule (article 6 de l'IM) et la règle COP (article 7 de l'IM).

13	Émirats arabes unis	Non	Oui, IM	COP
14	Espagne	Non	Oui, IM	COP
15	Estonie	Non	Oui, IM	COP
16	Fédération de Russie	Non	Non	COP
17	Finlande	Non	Oui, IM	COP
18	France	Non	Oui, IM	COP
19	Hongrie	Non	Oui, IM	COP
20	Inde	Non	Oui, IM	COP
21	Iran*	Non	Non	COP
22	Irlande	Non	Oui, IM	COP
23	Israël	Non	Oui, IM	COP
24	Italie	Non	Non	COP
25	Kazakhstan	Non	Oui, IM	COP
26	Kosovo*	Non	Non	COP
27	Koweït*	Non	Non	COP
28	Lettonie	Non	Oui, IM	COP
29	Lituanie	Non	Oui, IM	COP
30	Luxembourg	Non	Oui, IM	COP
31	Maroc	Non	Oui, IM	COP
32	Moldova*	Non	Non	COP
33	Monténégro	Non	Non	COP
34	Norvège	Non	Non	COP
35	Pays-Bas	Non	Oui, IM	COP
36	Pologne	Non	Oui, IM	COP
37	Qatar	Non	Oui, IM	COP
38	République slovaque	Non	Oui, IM	COP
39	République tchèque	Non	Non	COP
40	Roumanie	Non	Oui, IM	COP
41	Royaume-Uni	Non	Oui, IM	COP
42	Serbie	Non	Oui, IM	COP
43	Slovénie	Non	Oui, IM	COP
44	Suède	Non	Oui, IM	COP
45	Suisse	Non	Oui, autres	COP
46	Taipei chinois*	Non	Non	COP
47	Turquie	Non	Oui, IM	COP
48	Ukraine	Non	Oui, IM	COP

Malaisie

A. Progrès dans la mise en œuvre du standard minimum

La Malaisie compte 73 conventions fiscales en vigueur, comme l'indique sa réponse au questionnaire d'examen par les pairs. L'une de ces conventions, celle conclue avec le Cambodge*, est conforme au standard minimum.

La Malaisie a signé l'IM en 2018, déposé son instrument de ratification le 18 février 2021, et notifié ses conventions fiscales non conformes. L'IM est entré en vigueur pour la Malaisie le 1er juin 2021. Les conventions qui seront modifiées par l'IM deviendront conformes au standard minimum une fois que les dispositions de l'IM auront pris effet.

La Malaisie met en œuvre le standard minimum par l'inclusion de la déclaration du préambule et de la règle COP[119].

B. Conclusion

Aucune juridiction n'a signalé de préoccupation relative à ses conventions conclues avec la Malaisie.

Synthèse de la réponse de la juridiction — Malaisie

	1. Partenaires conventionnels	2. Conformité avec le standard	3. Signature d'un instrument de mise en conformité	4. Recours à la disposition relative au standard minimum
1	Afrique du Sud	Non	Oui, IM	COP
2	Albanie	Non	Oui, IM	COP
3	Allemagne	Non	Non	COP
4	Arabie saoudite	Non	Oui, IM	COP
5	Australie	Non	Oui, IM	COP
6	Autriche	Non	Non	COP
7	Bahreïn	Non	Oui, IM	COP
8	Bangladesh*	Non	Non	COP
9	Belgique	Non	Oui, IM	COP
10	Bosnie-Herzégovine	Non	Oui, IM	COP
11	Brunei Darussalam	Non	Non	COP
12	Cambodge*	Oui, autres		COP
13	Canada	Non	Oui, IM	COP
14	Chili	Non	Oui, IM	COP
15	Chine (République populaire de)	Non	Oui, IM	COP
16	Corée	Non	Oui, IM	COP
17	Croatie	Non	Oui, IM	COP
18	Danemark	Non	Oui, IM	COP
19	Égypte	Non	Oui, IM	COP
20	Émirats arabes unis	Non	Oui, IM	COP
21	Espagne	Non	Oui, IM	COP

[119] Pour ses conventions notifiées aux fins de l'IM, la Malaisie choisit d'appliquer la disposition de la déclaration du préambule (article 6 de l'IM) et la règle COP (article 7 de l'IM).

22	Fédération de Russie	Non	Oui, IM	COP
23	Fidji*	Non	Oui, IM	COP
24	Finlande	Non	Oui, IM	COP
25	France	Non	Oui, IM	COP
26	Hong Kong (Chine)	Non	Oui, IM	COP
27	Hongrie	Non	Oui, IM	COP
28	Inde	Non	Oui, IM	COP
29	Indonésie	Non	Oui, IM	COP
30	Iran*	Non	Non	COP
31	Irlande	Non	Oui, IM	COP
32	Italie	Non	Oui, IM	COP
33	Japon	Non	Oui, IM	COP
34	Jordanie	Non	Oui, IM	COP
35	Kazakhstan	Non	Oui, IM	COP
36	Kirghizistan*	Non	Non	COP
37	Koweït*	Non	Oui, IM	COP
38	Liban*	Non	Non	COP
39	Luxembourg	Non	Oui, IM	COP
40	Malte	Non	Oui, IM	COP
41	Maroc	Non	Oui, IM	COP
42	Maurice	Non	Oui, IM	COP
43	Mongolie	Non	Non	COP
44	Myanmar*	Non	Non	COP
45	Namibie	Non	Non	COP
46	Norvège	Non	Non	COP
47	Nouvelle-Zélande	Non	Oui, IM	COP
48	Ouzbékistan*	Non	Non	COP
49	Pakistan	Non	Oui, IM	COP
50	Papouasie–Nouvelle-Guinée	Non	Oui, IM	COP
51	Pays-Bas	Non	Oui, IM	COP
52	Philippines*	Non	Non	COP
53	Pologne	Non	Oui, IM	COP
54	Qatar	Non	Oui, IM	COP
55	République arabe syrienne*	Non	Non	COP
56	République démocratique populaire lao*	Non	Non	COP
57	République slovaque	Non	Oui, IM	COP
58	République tchèque	Non	Non	COP
59	Roumanie	Non	Oui, IM	COP
60	Royaume-Uni	Non	Oui, IM	COP
61	Saint-Marin	Non	Oui, IM	COP
62	Seychelles	Non	Oui, IM	COP
63	Singapour	Non	Oui, IM	COP
64	Soudan*	Non	Non	COP
65	Sri Lanka	Non	Non	COP
66	Suède	Non	Oui, IM	COP
67	Suisse	Non	Non	COP
68	Thaïlande	Non	Non	COP
69	Turkménistan*	Non	Non	COP
70	Turquie	Non	Oui, IM	COP
71	Venezuela*	Non	Non	COP
72	Viet Nam	Non	Non	COP
73	Zimbabwe*	Non	Non	COP

Maldives

A. Progrès dans la mise en œuvre du standard minimum

Les Maldives comptent une convention fiscale en vigueur, avec les Émirats arabes unis, comme l'indique leur réponse au questionnaire d'examen par les pairs. Cette convention n'est pas conforme au standard minimum.

Les Maldives n'ont pas signé l'IM.

B. Conclusion

Les Maldives développent présentement, en consultation avec le Secrétariat, un plan de mise en œuvre du standard minimum dans leur convention avec les Émirats arabes unis.

Autres conventions

Le tableau ci-après répertorie les conventions non conformes, qui ne font pas l'objet d'un instrument de mise en conformité, d'une déclaration générale relative à l'application d'une règle détaillée de limitation des avantages, et pour lesquelles aucune mesure n'a été prise en vue de mettre en œuvre le standard minimum.

	1. Partenaires conventionnels	2. Membre du Cadre inclusif
1	Émirats arabes unis	Oui

Malte

A. Progrès dans la mise en œuvre du standard minimum

Malte compte 77 conventions fiscales en vigueur, comme l'indique sa réponse au questionnaire d'examen par les pairs. Quarante-trois de ces conventions sont conformes au standard minimum.

Malte a signé l'IM en 2017 et a déposé son instrument de ratification le 18 décembre 2018. L'IM est entré en vigueur pour Malte le 1er avril 2019. Les conventions qui seront modifiées par l'IM deviendront conformes au standard minimum une fois que les dispositions de l'IM auront pris effet[120]. Malte n'a pas notifié ses conventions avec le Botswana, la Bulgarie, Monaco et la Suisse aux fins de l'IM. Aussi, à ce stade, ces conventions ne seront pas modifiées par l'IM.

Malte a signé un instrument bilatéral de mise en conformité concernant sa convention avec la Suisse. Malte a aussi indiqué dans sa réponse au questionnaire d'examen par les pairs avoir pris des mesures (autres qu'au titre de l'IM) afin de mettre en œuvre le standard minimum dans ses conventions avec le Botswana, la Bulgarie, les États-Unis, la Géorgie, la Moldova*, Monaco et le Monténégro.

Malte met en œuvre le standard minimum par l'inclusion de la déclaration du préambule et de la règle COP[121].

B. Conclusion

Aucune juridiction n'a signalé de préoccupation relative à ses conventions conclues avec Malte.

Synthèse de la réponse de la juridiction — Malte

	1. Partenaires conventionnels	2. Conformité avec le standard	3. Signature d'un instrument de mise en conformité	4. Recours à la disposition relative au standard minimum
1	Afrique du Sud	Non	Oui, IM	COP
2	Albanie	Oui, IM		COP
3	Allemagne	Non	Oui, IM	COP
4	Andorre	Non	Oui, IM	COP
5	Arabie saoudite	Oui, IM		COP
6	Australie	Oui, IM		COP
7	Autriche	Oui, IM		COP
8	Azerbaïdjan*	Non	Non	
9	Bahreïn	Non	Oui, IM	COP
10	Barbade	Non	Oui, IM	COP
11	Belgique	Oui, IM		COP
12	Botswana	Non	Non	

[120] Malte a choisi de remplacer, en vertu de l'article 35(3) de l'IM, l'expression « *périodes d'imposition commençant à l'expiration ou après l'expiration d'une période* » par « *périodes d'imposition commençant à compter du 1er janvier de l'année qui commence à compter de l'expiration d'une période* », pour une application unilatérale de l'article 35(1)(b) et (5)(b) (Entrée en vigueur) de l'IM.

[121] Pour ses conventions notifiées aux fins de l'IM, Malte choisit d'appliquer la disposition de la déclaration du préambule (article 6 de l'IM) et la règle COP (article 7 de l'IM).

13	Bulgarie	Non	Non	
14	Canada	Oui, IM		COP
15	Chine (République populaire de)	Non	Oui, IM	COP
16	Chypre*	Oui, IM		COP
17	Corée	Oui, IM		COP
18	Croatie	Non	Oui, IM	COP
19	Danemark	Oui, IM		COP
20	Égypte	Oui, IM		COP
21	Émirats arabes unis	Oui, IM		COP
22	Espagne	Non	Oui, IM	COP
23	Estonie	Non	Oui, IM	COP
24	États-Unis	Non	Non	COP
25	Fédération de Russie	Oui, IM		COP
26	Finlande	Oui, IM		COP
27	France	Oui, IM		COP
28	Géorgie	Non	Non	COP
29	Grèce	Non	Oui, IM	COP
30	Guernesey	Oui, IM		COP
31	Hong Kong (Chine)	Non	Oui, IM	COP
32	Hongrie	Non	Oui, IM	COP
33	Île de Man	Oui, IM		COP
34	Inde	Oui, IM		COP
35	Irlande	Oui, IM		COP
36	Islande	Oui, IM		COP
37	Israël	Oui, IM		COP
38	Italie	Non	Oui, IM	COP
39	Jersey	Oui, IM		COP
40	Jordanie	Oui, IM		COP
41	Kosovo*	Oui, autres		COP
42	Koweït*	Non	Oui, IM	COP
43	Lettonie	Oui, IM		COP
44	Liban*	Non	Non	
45	Libye*	Non	Non	
46	Liechtenstein	Oui, IM		COP
47	Lituanie	Oui, IM		COP
48	Luxembourg	Oui, IM		COP
49	Malaisie	Non	Oui, IM	COP
50	Maroc	Non	Oui, IM	COP
51	Maurice	Oui, IM		COP
52	Mexique	Non	Oui, IM	COP
53	Moldova*	Non	Non	
54	Monaco	Non	Non	
55	Monténégro	Non	Non	
56	Norvège	Oui, IM		COP
57	Pakistan	Oui, IM		COP
58	Pays-Bas	Oui, IM		COP
59	Pologne	Oui, IM		COP
60	Portugal	Oui, IM		COP
61	Qatar	Oui, IM		COP
62	République slovaque	Oui, IM		COP
63	République tchèque	Oui, IM		COP
64	Roumanie	Non	Oui, IM	COP
65	Royaume-Uni	Oui, IM		COP

66	Saint-Marin	Oui, IM		COP
67	Serbie	Oui, IM		COP
68	Singapour	Oui, IM		COP
69	Slovénie	Oui, IM		COP
70	Suède	Non	Oui, IM	COP
71	Suisse	Non	Oui, autres	COP
72	Syrie*	Non	Non	
73	Tunisie	Non	Oui, IM	COP
74	Turquie	Non	Oui, IM	COP
75	Ukraine	Oui, IM		COP
76	Uruguay	Oui, IM		COP
77	Viet Nam	Non	Non	COP

Maroc

A. Progrès dans la mise en œuvre du standard minimum

Le Maroc compte 57 conventions fiscales en vigueur, comme l'indique sa réponse au questionnaire d'examen par les pairs, y compris la Convention en matière d'impôts sur le revenu de l'Union du Maghreb arabe conclue avec quatre partenaires (la Convention UMA)[122]. Aucune de ces conventions n'est conforme au standard minimum.

Le Maroc a signé l'IM en 2019 et a notifié ses conventions bilatérales non conformes. Les conventions qui seront modifiées par l'IM deviendront conformes au standard minimum une fois que les dispositions de l'IM auront pris effet.

Le Maroc met en œuvre le standard minimum par l'inclusion de la déclaration du préambule et de la règle COP[123].

B. Conclusion

Recommandation

Il est recommandé que le Maroc prenne les mesures nécessaires afin que l'IM prenne effet au regard de ses conventions fiscales notifiées aux fins de l'IM, car ces conventions ne seront modifiées par l'IM (et ne deviendront conformes au standard minimum) qu'une fois que les dispositions de l'IM auront pris effet.

Synthèse de la réponse de la juridiction — Maroc

	1. Partenaires conventionnels	2. Conformité avec le standard	3. Signature d'un instrument de mise en conformité	4. Recours à la disposition relative au standard minimum
1	Algérie*	Non	Non	COP
2	Allemagne	Non	Non	COP
3	Autriche	Non	Non	COP
4	Bahreïn	Non	Oui, IM	COP
5	Belgique	Non	Oui, IM	COP
6	Bulgarie	Non	Oui, IM	COP
7	Cameroun	Non	Oui, IM	COP
8	Canada	Non	Oui, IM	COP
9	Chine (République populaire de)	Non	Oui, IM	COP
10	Corée	Non	Oui, IM	COP

122 Au total, le Maroc a identifié 60 « accords » dans sa liste des conventions fiscales : 56 conventions bilatérales, et la Convention UMA conclue avec quatre de ses partenaires.

123 Pour ses conventions notifiées aux fins de l'IM, le Maroc choisit d'appliquer la disposition de la déclaration du préambule (article 6 de l'IM) et la règle COP (article 7 de l'IM).

11	Côte d'Ivoire	Non	Oui, IM	COP
12	Croatie	Non	Oui, IM	COP
13	Danemark	Non	Oui, IM	COP
14	Égypte	Non	Oui, IM	COP
15	Émirats arabes unis	Non	Oui, IM	COP
16	Espagne	Non	Oui, IM	COP
17	États-Unis	Non	Non	COP
18	Éthiopie*	Non	Non	COP
19	Fédération de Russie	Non	Oui, IM	COP
20	Finlande	Non	Oui, IM	COP
21	France	Non	Oui, IM	COP
22	Gabon	Non	Oui, IM	COP
23	Grèce	Non	Oui, IM	COP
24	Guinée*	Non	Non	COP
25	Hongrie	Non	Oui, IM	COP
26	Inde	Non	Oui, IM	COP
27	Indonésie	Non	Non	COP
28	Irlande	Non	Oui, IM	COP
29	Italie	Non	Oui, IM	COP
30	Jordanie	Non	Oui, IM	COP
31	Koweït*	Non	Oui, IM	COP
32	Lettonie	Non	Oui, IM	COP
33	Liban*	Non	Non	COP
34	Libye*	Non	Non	COP
35	Luxembourg	Non	Oui, IM	COP
36	Macédoine du Nord	Non	Oui, IM	COP
37	Malaisie	Non	Oui, IM	COP
38	Mali*	Non	Non	COP
39	Malte	Non	Oui, IM	COP
40	Mauritanie*	Non	Non	COP
41	Norvège	Non	Non	COP
42	Oman	Non	Oui, IM	COP
43	Pakistan	Non	Oui, IM	COP
44	Pays-Bas	Non	Oui, IM	COP
45	Pologne	Non	Oui, IM	COP
46	Portugal	Non	Oui, IM	COP
47	Qatar	Non	Oui, IM	COP
48	République tchèque	Non	Non	COP
49	Roumanie	Non	Oui, IM	COP
50	Royaume-Uni	Non	Oui, IM	COP
51	Rwanda*	Non	Non	COP
52	Sénégal	Non	Oui, IM	COP
53	Singapour	Non	Oui, IM	COP
54	Suisse	Non	Non	COP
55	Syrie*	Non	Non	COP
56	Tunisie	Non	Oui, IM	COP
57	Turquie	Non	Oui, IM	COP
58	Ukraine	Non	Oui, IM	COP
59	Viet Nam	Non	Non	COP
60	Zambie	Non	Non	COP

Maurice

A. Progrès dans la mise en œuvre du standard minimum

Maurice compte 44 conventions fiscales en vigueur[124], comme l'indique sa réponse au questionnaire d'examen par les pairs. Douze de ces conventions sont conformes au standard minimum.

Maurice a signé l'IM en 2017 et a déposé son instrument de ratification le 18 octobre 2019. L'IM est entré en vigueur pour Maurice le 1er février 2020. Les conventions qui seront modifiées par l'IM deviendront conformes au standard minimum une fois que les dispositions de l'IM auront pris effet.

Maurice n'a pas notifié sa convention avec l'Inde aux fins de l'IM, mais a indiqué dans sa réponse au questionnaire d'examen par les pairs avoir pris des mesures (autres qu'au titre de l'IM) afin de mettre en œuvre le standard minimum dans cette convention. L'Inde a notifié sa convention avec Maurice aux fins de l'IM.

Maurice met en œuvre le standard minimum par l'inclusion de la disposition de la déclaration du préambule et de la règle COP[125].

B. Conclusion

Aucune juridiction n'a signalé de préoccupation relative à ses conventions conclues avec Maurice.

L'Inde a notifié sa convention avec Maurice aux fins de l'IM, ce qui équivaut à une demande de mise en œuvre du standard minimum.

Synthèse de la réponse de la juridiction — Maurice

	1. Partenaires conventionnels	2. Conformité avec le standard	3. Signature d'un instrument de mise en conformité	4. Recours à la disposition relative au standard minimum
1	Afrique du Sud	Non	Oui, IM	COP
2	Allemagne	Non	Non	COP
3	Bangladesh*	Non	Non	COP
4	Barbade	Non	Oui, IM	COP
5	Belgique	Oui, IM		COP
6	Botswana	Non	Non	COP
7	Cabo Verde	Non	Non	COP
8	Chine (République populaire de)	Non	Oui, IM	COP
9	Chypre*	Oui, IM		COP
10	Congo	Non	Non	COP
11	Croatie	Non	Oui, IM	COP

124 Maurice a également conclu une nouvelle convention avec le Lesotho* en 2021. Cette convention n'était pas entrée en vigueur au 31 mai 2021, et n'a par conséquent pas été évaluée aux fins du Rapport d'examen par les pairs de 2021 au titre de l'Action 6.

125 Pour ses conventions notifiées aux fins de l'IM, Maurice choisit d'appliquer la disposition de la déclaration du préambule (article 6 de l'IM) et la règle COP (article 7 de l'IM). Maurice a indiqué que même s'il accepte l'application de la règle COP aux fins de l'IM, il a l'intention d'adopter dans la mesure du possible une règle LOB au moyen de négociations bilatérales.

12	Égypte	Non	Oui, IM	COP
13	Émirats arabes unis	Oui, IM		COP
14	Eswatini	Non	Non	COP
15	France	Oui, IM		COP
16	Ghana*	Non	Non	COP
17	Guernesey	Oui, IM		COP
18	Inde	Non	Non	COP
19	Italie	Non	Oui, IM	COP
20	Jersey	Non	Non	COP
21	Koweït*	Non	Oui, IM	COP
22	Lesotho*	Non	Non	COP
23	Luxembourg	Oui, IM		COP
24	Madagascar*	Non	Non	COP
25	Malaisie	Non	Oui, IM	COP
26	Malte	Oui, IM		COP
27	Monaco	Oui, IM		COP
28	Mozambique*	Non	Non	COP
29	Namibie	Non	Non	COP
30	Népal*	Non	Non	COP
31	Oman	Oui, IM		COP
32	Ouganda*	Non	Non	COP
33	Pakistan	Non	Oui, IM	COP
34	Qatar	Oui, IM		COP
35	Royaume-Uni	Oui, IM		COP
36	Rwanda*	Non	Non	COP
37	Seychelles	Non	Oui, IM	COP
38	Singapour	Oui, IM		COP
39	Sri Lanka	Non	Non	COP
40	Suède	Non	Oui, IM	COP
41	Thaïlande	Non	Non	COP
42	Tunisie	Non	Non	COP
43	Zambie	Non	Non	COP
44	Zimbabwe*	Non	Non	COP

Mexique

A. Progrès dans la mise en œuvre du standard minimum

Le Mexique compte 60 conventions fiscales en vigueur, comme l'indique sa réponse au questionnaire d'examen par les pairs. Trois de ces conventions sont conformes au standard minimum.

Le Mexique a signé l'IM en 2017, et a notifié ses conventions non conformes. Les conventions qui seront modifiées par l'IM deviendront conformes au standard minimum une fois que les dispositions de l'IM auront pris effet.

Le Mexique a indiqué dans sa réponse au questionnaire d'examen par les pairs avoir pris des mesures (autres qu'au titre de l'IM) afin de mettre en œuvre le standard minimum dans sa convention avec l'Allemagne.

Le Mexique met en œuvre le standard minimum par l'inclusion de la disposition de la déclaration du préambule et de la règle COP associée à la règle LOB[126].

B. Conclusion

Recommandation

Il est recommandé que le Mexique prenne les mesures nécessaires afin que l'IM prenne effet au regard de ses conventions fiscales notifiées aux fins de l'IM, car ces conventions ne seront modifiées par l'IM (et ne deviendront conformes au standard minimum) qu'une fois que les dispositions de l'IM auront pris effet.

Synthèse de la réponse de la juridiction — Mexique

	1. Partenaires conventionnels	2. Conformité avec le standard	3. Signature d'un instrument de mise en conformité	4. Recours à la disposition relative au standard minimum
1	Afrique du Sud	Non	Oui, IM	COP
2	Allemagne	Non	Non	COP
3	Arabie saoudite	Non	Oui, IM	COP
4	Argentine	Oui, autres		COP + LOB
5	Australie	Non	Oui, IM	COP
6	Autriche	Non	Oui, IM	COP
7	Bahreïn	Non	Oui, IM	COP
8	Barbade	Non	Oui, IM	COP

126 Pour ses conventions notifiées aux fins de l'IM, le Mexique choisit d'appliquer la disposition de la déclaration du préambule (article 6 de l'IM) et la règle COP (article 7 de l'IM). Le Mexique a également adopté la règle simplifiée de limitation des avantages en vertu de l'article 7(6) de l'IM. Le Mexique a formulé une réserve conformément à l'article 6(4) de l'IM afin de ne pas appliquer l'article 6(1) concernant les conventions qui contiennent déjà la version adéquate du préambule (quatre conventions). Le Mexique a également formulé une réserve conformément à l'article 7(15)(b) de l'IM afin de ne pas appliquer l'article 7(1) concernant les conventions qui contiennent déjà une règle COP (trois conventions).

9	Belgique	Non	Oui, IM	COP
10	Brésil	Non	Non	
11	Canada	Non	Oui, IM	COP
12	Chili	Non	Oui, IM	COP + LOB
13	Chine (République populaire de)	Non	Oui, IM	COP
14	Colombie	Non	Oui, IM	COP
15	Corée	Non	Oui, IM	COP
16	Costa Rica	Non	Oui, IM	COP
17	Danemark	Non	Oui, IM	COP + LOB
18	Émirats arabes unis	Non	Oui, IM	COP
19	Équateur*	Non	Non	COP
20	Espagne	Oui, autres		COP
21	Estonie	Non	Oui, IM	COP
22	États-Unis	Non	Non	
23	Fédération de Russie	Non	Oui, IM	COP + LOB
24	Finlande	Non	Oui, IM	COP
25	France	Non	Oui, IM	COP
26	Grèce	Non	Oui, IM	COP
27	Hong Kong (Chine)	Non	Oui, IM	COP
28	Hongrie	Non	Oui, IM	COP
29	Inde	Non	Oui, IM	COP
30	Indonésie	Non	Oui, IM	COP
31	Irlande	Non	Oui, IM	COP
32	Islande	Non	Oui, IM	COP
33	Israël	Non	Oui, IM	COP
34	Italie	Non	Oui, IM	COP
35	Jamaïque	Non	Oui, IM	COP
36	Japon	Non	Oui, IM	COP
37	Koweït*	Non	Oui, IM	COP
38	Lettonie	Non	Oui, IM	COP
39	Lituanie	Non	Oui, IM	COP
40	Luxembourg	Non	Oui, IM	COP
41	Malte	Non	Oui, IM	COP
42	Norvège	Non	Oui, IM	COP + LOB
43	Nouvelle-Zélande	Non	Oui, IM	COP
44	Panama	Non	Oui, IM	COP
45	Pays-Bas	Non	Oui, IM	COP
46	Pérou	Non	Oui, IM	COP
47	Philippines*	Oui, autres		COP
48	Pologne	Non	Oui, IM	COP
49	Portugal	Non	Oui, IM	COP
50	Qatar	Non	Oui, IM	COP
51	République slovaque	Non	Oui, IM	COP + LOB
52	République tchèque	Non	Oui, IM	COP
53	Roumanie	Non	Oui, IM	COP
54	Royaume-Uni	Non	Oui, IM	COP
55	Singapour	Non	Oui, IM	COP
56	Suède	Non	Oui, IM	COP
57	Suisse	Non	Oui, IM	COP
58	Turquie	Non	Oui, IM	COP
59	Ukraine	Non	Oui, IM	COP
60	Uruguay	Non	Oui, IM	COP

Monaco

A. Progrès dans la mise en œuvre du standard minimum

Monaco compte dix conventions fiscales en vigueur, comme l'indique sa réponse au questionnaire d'examen par les pairs. Six de ces conventions sont conformes au standard minimum.

Monaco a signé l'IM en 2017 et a déposé son instrument de ratification le 10 janvier 2019. L'IM est entré en vigueur pour Monaco le 1er mai 2019. Les conventions qui seront modifiées par l'IM deviendront conformes au standard minimum une fois que les dispositions de l'IM auront pris effet.

Monaco n'a pas notifié sa convention avec Malte, mais a indiqué dans sa réponse au questionnaire d'examen par les pairs avoir pris des mesures (autres qu'au titre de l'IM) afin de mettre en œuvre le standard minimum dans les conventions avec le Mali* et avec Malte.

Monaco met en œuvre le standard minimum par l'inclusion de la déclaration du préambule et de la règle COP[127].

B. Conclusion

Aucune juridiction n'a signalé de préoccupation relative à ses conventions conclues avec Monaco.

Synthèse de la réponse de la juridiction — Monaco

	1. Partenaires conventionnels	2. Conformité avec le standard	3. Signature d'un instrument de mise en conformité	4. Recours à la disposition relative au standard minimum
1	France	Oui, IM		COP
2	Guernesey	Oui, IM		COP
3	Liechtenstein	Oui, autres		COP
4	Luxembourg	Oui, IM		COP
5	Mali*	Non	Non	
6	Malte	Non	Non	
7	Maurice	Oui, IM		COP
8	Qatar	Oui, IM		COP
9	Saint-Kitts-et-Nevis	Non	Non	
10	Seychelles	Non	Oui, IM	COP

[127] Pour ses conventions notifiées aux fins de l'IM, Monaco choisit d'appliquer la disposition de la déclaration du préambule (article 6 de l'IM) et la règle COP (article 7 de l'IM).

Mongolie

A. Progrès dans la mise en œuvre du standard minimum

La Mongolie compte 25 conventions fiscales en vigueur, comme l'indique sa réponse au questionnaire d'examen par les pairs. Aucune de ces conventions n'est conforme au standard minimum.

La Mongolie n'a pas signé l'IM.

La Mongolie a indiqué dans sa réponse au questionnaire d'examen par les pairs qu'elle prévoyait d'adhérer à l'IM au début de 2022.

Dans leurs réponses au questionnaire d'examen par les pairs, la Hongrie et l'Indonésie ont indiqué que leurs conventions avec la Mongolie ne soulevaient pas de préoccupations importantes en matière de chalandage fiscal, au regard de leurs juridictions respectives.

B. Conclusion

La Mongolie a élaboré un plan de mise en œuvre du standard minimum dans ses conventions avec l'Allemagne, l'Autriche, le Bélarus, la Belgique, la Bulgarie, le Canada, la Chine (République populaire de), la Corée, la France, la Hongrie, l'Inde, l'Indonésie, le Kazakhstan, la Malaisie, la Pologne, la Fédération de Russie, la République tchèque, Singapour, la Suisse, la Turquie, l'Ukraine, le Royaume-Uni et le Viet Nam. La Mongolie a indiqué dans sa réponse au questionnaire d'examen par les pairs qu'elle prévoyait de signer l'IM au début de 2022 et de notifier les conventions devant être couvertes par l'IM.

Autres conventions

Le tableau ci-après répertorie les conventions non conformes, qui ne font pas l'objet d'un instrument de mise en conformité, d'une déclaration générale relative à l'application d'une règle détaillée de limitation des avantages, et pour lesquelles aucune mesure n'a été prise en vue de mettre en œuvre le standard minimum.

	1. Partenaires conventionnels	2. Membre du Cadre inclusif
1	Allemagne	Oui
2	Autriche	Oui
3	Bélarus	Oui
4	Belgique	Oui
5	Bulgarie	Oui
6	Canada	Oui
7	Chine (République populaire de)	Oui
8	Corée	Oui
9	Fédération de Russie	Oui
10	France	Oui
11	Hongrie	Oui
12	Inde	Oui
13	Indonésie	Oui
14	Kazakhstan	Oui
15	Kirghizistan*	Non
16	Malaisie	Oui
17	Pologne	Oui

18	République populaire démocratique de Corée*	Non
19	République tchèque	Oui
20	Royaume-Uni	Oui
21	Singapour	Oui
22	Suisse	Oui
23	Turquie	Oui
24	Ukraine	Oui
25	Viet Nam	Oui

Monténégro

A. Progrès dans la mise en œuvre du standard minimum

Le Monténégro compte 44 conventions fiscales en vigueur, comme l'indique sa réponse au questionnaire d'examen par les pairs. Aucune de ces conventions n'est conforme au standard minimum.

Le Monténégro n'a pas signé l'IM.

Le Monténégro a indiqué dans sa réponse au questionnaire d'examen par les pairs avoir pris des mesures (autres qu'au titre de l'IM) afin de mettre en œuvre le standard minimum dans ses conventions avec la Pologne, la République slovaque, la République tchèque et la Slovénie.

Le Monténégro a indiqué dans sa réponse au questionnaire d'examen par les pairs qu'il prévoyait d'adhérer à l'IM.

Dans leurs réponses au questionnaire d'examen par les pairs, la Hongrie, l'Italie et la Suède ont indiqué que leurs conventions avec le Monténégro ne soulevaient pas de préoccupations importantes en matière de chalandage fiscal, au regard de leurs juridictions respectives.

B. Conclusion

Le Monténégro a élaboré un plan de mise en œuvre du standard minimum dans ses conventions avec l'Albanie, l'Allemagne, l'Autriche, le Bélarus, la Belgique, la Bosnie-Herzégovine, la Bulgarie, la Chine, la Croatie, le Danemark, l'Égypte, les Émirats arabes unis, la Fédération de Russie, la Finlande, la France, la Hongrie, l'Inde, l'Irlande, l'Italie, la Lettonie, la Macédoine du Nord, la Malaisie, Malte, la Norvège, les Pays-Bas, le Portugal, la Roumanie, le Royaume-Uni, la Serbie, le Sri Lanka, la Suède, la Suisse, la Turquie et l'Ukraine. Le Monténégro a indiqué dans sa réponse au questionnaire d'examen par les pairs qu'il prévoyait de signer l'IM, et de notifier ces conventions pour être couvertes par l'IM.

Synthèse de la réponse de la juridiction — Monténégro

	1. Partenaires conventionnels	2. Conformité avec le standard	3. Signature d'un instrument de mise en conformité	4. Recours à la disposition relative au standard minimum
1	Pologne	Non	Non	
2	République slovaque	Non	Non	
3	République tchèque	Non	Non	
4	Slovénie	Non	Non	

Autres conventions

	1. Partenaires conventionnels	2. Membre du Cadre inclusif
1	Albanie	Oui
2	Allemagne	Oui
3	Autriche	Oui
4	Azerbaïdjan*	Non

5	Bélarus	Oui
6	Belgique	Oui
7	Bosnie-Herzégovine	Oui
8	Bulgarie	Oui
9	Chine	Oui
10	Chypre*	Non
11	Croatie	Oui
12	Danemark	Oui
13	Égypte	Oui
14	Émirats arabes unis	Oui
15	Fédération de Russie	Oui
16	Finlande	Oui
17	France	Oui
18	Hongrie	Oui
19	Inde	Oui
20	Iran*	Non
21	Irlande	Oui
22	Italie	Oui
23	Koweït*	Non
24	Lettonie	Oui
25	Macédoine du Nord	Oui
26	Malaisie	Oui
27	Malte	Oui
28	Moldova*	Non
29	Norvège	Oui
30	Pays-Bas	Oui
31	Portugal	Oui
32	République populaire démocratique de Corée*	Non
33	Roumanie	Oui
34	Royaume-Uni	Oui
35	Serbie	Oui
36	Sri Lanka	Oui
37	Suède	Oui
38	Suisse	Oui
39	Turquie	Oui
40	Ukraine	Oui

Montserrat

A. Progrès dans la mise en œuvre du standard minimum

Montserrat compte deux conventions fiscales en vigueur, comme l'indique sa réponse au questionnaire d'examen par les pairs. Aucune de ces conventions n'est conforme au standard minimum.

Montserrat n'a pas adhéré à l'IM.

Montserrat a indiqué dans sa réponse au questionnaire d'examen par les pairs avoir pris des mesures (autres qu'au titre de l'IM) afin de mettre en œuvre le standard minimum dans sa convention avec le Royaume-Uni.

Dans sa réponse au questionnaire d'examen par les pairs, la Suisse a indiqué que sa convention avec Montserrat ne soulevait pas de préoccupations importantes en matière de chalandage fiscal, au regard de sa juridiction.

B. Conclusion

Aucune juridiction n'a signalé de préoccupation relative à ses conventions conclues avec Montserrat.

Synthèse de la réponse de la juridiction — Montserrat

	1. Partenaires conventionnels	2. Conformité avec le standard	3. Signature d'un instrument de mise en conformité	4. Recours à la disposition relative au standard minimum
1	Royaume-Uni	Non	Non	COP

Autres conventions

	1. Partenaires conventionnels	2. Membre du Cadre inclusif
1	Suisse	Oui

Namibie

A. Progrès dans la mise en œuvre du standard minimum

La Namibie compte onze conventions fiscales en vigueur, comme l'indique sa réponse au questionnaire d'examen par les pairs. Aucune de ces conventions n'est conforme au standard minimum.

La Namibie a signé l'IM en septembre 2021, et a notifié ses conventions non conformes. Les conventions qui seront modifiées par l'IM deviendront conformes au standard minimum une fois que les dispositions de l'IM auront pris effet.

La Namibie met en œuvre le standard minimum par l'inclusion de la disposition de la déclaration du préambule et de la règle COP associée à la règle LOB[128].

B. Conclusion

Étant donné que la Namibie a signé l'IM en septembre 2021, aucune recommandation invitant la Namibie à ratifier l'IM en 2021 n'a été formulée. La Namibie devrait cependant rapidement mettre en œuvre les mesures nécessaires afin que l'IM prenne effet au regard de ses conventions fiscales notifiées aux fins de l'IM, car ces conventions ne seront modifiées par l'IM (et ne deviendront conformes au standard minimum) qu'une fois que les dispositions de l'IM auront pris effet.

Synthèse de la réponse de la juridiction — Namibie

	1. Partenaires conventionnels	2. Conformité avec le standard	3. Signature d'un instrument de mise en conformité	4. Recours à la disposition relative au standard minimum
1	Afrique du Sud	Non	Oui, IM	COP + LOB
2	Allemagne	Non	Non	COP + LOB
3	Botswana	Non	Non	COP + LOB
4	Fédération de Russie	Non	Non	COP + LOB
5	France	Non	Oui, IM	COP + LOB
6	Inde	Non	Oui, IM	COP + LOB
7	Malaisie	Non	Oui, IM	COP + LOB
8	Maurice	Non	Oui, IM	COP + LOB
9	Roumanie	Non	Oui, IM	COP + LOB
10	Royaume-Uni	Non	Oui, IM	COP + LOB
11	Suède	Non	Oui, IM	COP + LOB

128 Pour ses conventions notifiées aux fins de l'IM, la Namibie choisit d'appliquer la disposition de la déclaration du préambule (article 6 de l'IM), la règle COP (article 7 de l'IM) et la règle LOB simplifiée (article 7(6) de l'IM). La Namibie a déclaré, conformément à l'article 7(17)(a) de l'IM, que même si elle accepte d'appliquer uniquement la règle COP de manière provisoire, elle a l'intention d'adopter, dans la mesure du possible, une règle LOB venant compléter ou remplacer la règle COP via des négociations bilatérales.

Nigéria

A. Progrès dans la mise en œuvre du standard minimum

Le Nigéria compte 15 conventions fiscales en vigueur, comme l'indique sa réponse au questionnaire d'examen par les pairs. Aucune de ces conventions n'est conforme au standard minimum.

Le Nigéria a signé l'IM en 2017 et a notifié ses conventions non conformes. Les conventions qui seront modifiées par l'IM deviendront conformes au standard minimum une fois que les dispositions de l'IM auront pris effet.

Le Nigéria met en œuvre le standard minimum par l'inclusion de la déclaration du préambule et de la règle COP[129].

B. Conclusion

Recommandation

Il est recommandé que le Nigéria prenne les mesures nécessaires afin que l'IM prenne effet au regard de ses conventions fiscales notifiées aux fins de l'IM, car ces conventions ne seront modifiées par l'IM (et ne deviendront conformes au standard minimum) qu'une fois que les dispositions de l'IM auront pris effet.

Synthèse de la réponse de la juridiction — Nigéria

	1. Partenaires conventionnels	2. Conformité avec le standard	3. Signature d'un instrument de mise en conformité	4. Recours à la disposition relative au standard minimum
1	Afrique du Sud	Non	Oui, IM	COP
2	Belgique	Non	Oui, IM	COP
3	Canada	Non	Oui, IM	COP
4	Chine (République populaire de)	Non	Oui, IM	COP
5	Espagne	Non	Oui, IM	COP
6	France	Non	Oui, IM	COP
7	Pakistan	Non	Oui, IM	COP
8	Pays-Bas	Non	Oui, IM	COP
9	Philippines*	Non	Non	COP
10	République slovaque	Non	Oui, IM	COP
11	République tchèque	Non	Oui, IM	COP
12	Roumanie	Non	Oui, IM	COP
13	Royaume-Uni	Non	Oui, IM	COP
14	Singapour	Non	Oui, IM	COP
15	Suède	Non	Oui, IM	COP

[129] Pour ses conventions notifiées aux fins de l'IM, le Nigéria choisit d'appliquer la disposition de la déclaration du préambule (article 6 de l'IM) et la règle COP (article 7 de l'IM).

Norvège

A. Progrès dans la mise en œuvre du standard minimum

La Norvège compte 85 conventions fiscales en vigueur, comme l'indique sa réponse au questionnaire d'examen par les pairs, y compris la Convention nordique multilatérale conclue avec le Danemark, les Îles Féroé, la Finlande, l'Islande et la Suède (la « Convention nordique »)[130]. Vingt- et une de ces conventions, y compris la Convention nordique, sont conformes au standard minimum.

La Norvège a signé l'IM en 2017, déposé son instrument de ratification le 17 juillet 2019, et notifié 28 de ses conventions en vigueur. L'IM est entré en vigueur pour la Norvège le 1er novembre 2019. Les conventions qui seront modifiées par l'IM deviendront conformes au standard minimum une fois que les dispositions de l'IM auront pris effet.

La Norvège n'a pas notifié ses conventions avec l'Albanie l'Allemagne, l'Autriche, la Barbade, la Belgique, le Bénin, la Bosnie-Herzégovine, le Brésil, le Canada, la Corée, la Côte d'Ivoire, la Croatie, Curaçao, l'Égypte, l'Espagne, la France, le Groenland, la Hongrie, l'Indonésie, Israël, l'Italie, la Jamaïque, le Kazakhstan, le Kenya, la Macédoine du Nord, la Malaisie, le Maroc, le Monténégro, la Nouvelle-Zélande, le Pakistan, le Qatar, la République slovaque, le Sénégal, la Sierra Leone, Singapour, le Sri Lanka, la Suisse, la Thaïlande, la Tunisie, l'Ukraine, le Viet Nam, et la Zambie afin qu'elles soient couvertes par l'IM. Aussi, à ce stade, ces conventions ne seront pas modifiées par l'IM. L'Albanie, la Barbade, la Bosnie-Herzégovine, le Canada, la Corée, la Côte d'Ivoire, la Croatie, Curaçao, l'Égypte, la France, la Hongrie, l'Indonésie, Israël, l'Italie, la Jamaïque, le Kazakhstan, le Kenya, la Macédoine du Nord, la Malaisie, le Maroc, la Nouvelle-Zélande, le Pakistan, la République slovaque, le Sénégal, Singapour, la Tunisie, et l'Ukraine ont notifié leurs conventions avec la Norvège aux fins de l'IM.

La Norvège a signé un instrument bilatéral de mise en conformité concernant sa convention avec le Ghana*.

La Norvège a indiqué dans sa réponse au questionnaire d'examen par les pairs avoir pris des mesures (autres qu'au titre de l'IM) afin de mettre en œuvre le standard minimum dans ses conventions avec l'Allemagne, l'Autriche, la Belgique[131], le Brésil, le Canada, la Corée, la France, Israël, l'Italie, la Malaisie, la Nouvelle-Zélande et le Pakistan.

La Norvège a indiqué dans sa réponse au questionnaire d'examen par les pairs que ses conventions avec l'Azerbaïdjan*, le Bangladesh*, la Gambie*, le Malawi*, le Népal*, l'Ouganda*, le Venezuela*, et le Zimbabwe* ne soulevaient pas de préoccupations importantes en matière de chalandage fiscal au regard de sa juridiction.

---

[130] Voir la convention multilatérale conclue par le Danemark, la Finlande, les Îles Féroé, l'Islande, la Norvège et la Suède tendant à éviter la double imposition concernant les impôts sur le revenu et la fortune (1996, 1997, 2008 et 2018). Au total, la Norvège a identifié 89 « accords » dans sa liste des conventions fiscales : 84 conventions bilatérales, et la Convention nordique conclue avec cinq de ses partenaires.

[131] Un instrument de mise en conformité a été signé concernant la convention avec la Belgique le 8 Septembre 2021.

La Norvège met en œuvre le standard minimum par l'inclusion de la déclaration du préambule et de la règle COP[132].

B. Conclusion

L'Albanie, la Barbade, la Bosnie-Herzégovine, le Canada, la Corée, la Côte d'Ivoire, la Croatie, Curaçao, l'Égypte, la France, la Hongrie, l'Indonésie, Israël, l'Italie, la Jamaïque, le Kazakhstan, le Kenya, la Macédoine du Nord, la Malaisie, le Maroc, la Nouvelle-Zélande, le Pakistan, la République slovaque, le Sénégal, Singapour, la Tunisie, et l'Ukraine ont notifié leurs conventions avec la Norvège aux fins de l'IM, ce qui équivaut à une demande de mise en œuvre du standard minimum.

La Norvège a élaboré un plan de mise en œuvre du standard minimum dans ses conventions avec l'Albanie, la Barbade, le Bénin, la Bosnie-Herzégovine, la Côte d'Ivoire, la Croatie, Curaçao, l'Égypte, le Groenland, la Hongrie, l'Indonésie, la Jamaïque, le Kazakhstan, le Kenya, la République de Macédoine du Nord, le Monténégro, le Maroc, le Qatar, le Sénégal, la Sierra Leone, le Sri Lanka, la Tunisie, l'Ukraine, le Viet Nam, et la Zambie. La Norvège a indiqué dans sa réponse au questionnaire d'examen par les pairs que des discussions bilatérales seraient engagées concernant ces conventions.

Synthèse de la réponse de la juridiction — Norvège

	1. Partenaires conventionnels	2. Conformité avec le standard	3. Signature d'un instrument de mise en conformité	4. Recours à la disposition relative au standard minimum
1	Afrique du Sud	Non	Oui, IM	COP
2	Allemagne	Non	Non	
3	Argentine	Non	Oui, IM	COP+LOB
4	Australie	Oui, IM		COP
5	Autriche	Non	Non	
6	Belgique	Non	Non	COP
7	Brésil	Non	Non	COP + LOB
8	Bulgarie	Non	Oui, IM	COP
9	Canada	Non	Non	
10	Chili	Non	Oui, IM	COP + LOB
11	Chine (République populaire de)	Non	Oui, IM	
12	Chypre*	Oui, IM		COP
13	Corée	Non	Non	
14	Danemark	Oui, autres		COP
15	Espagne	Non	Non	
16	Estonie	Non	Oui, IM	COP
17	États-Unis	Non	Non	
18	Fédération de Russie	Oui, IM		COP
19	Finlande	Oui, autres		COP
20	France	Non	Non	
21	Géorgie	Oui, IM		COP

132 Pour ses conventions notifiées aux fins de l'IM, la Norvège choisit d'appliquer la disposition de la déclaration du préambule (article 6 de l'IM) et la règle COP (article 7 de l'IM). En vertu de l'article 7(7)(a) de l'IM, la Norvège met également en œuvre une règle LOB simplifiée (article 7(8 à 13) de l'IM) dans ses conventions conclues avec des partenaires conventionnels ayant opté pour la règle LOB simplifiée. La Norvège a déclaré, conformément à l'article 7(17)(a) de l'IM, que même si elle accepte d'appliquer uniquement la règle COP à titre provisoire, elle a l'intention d'adopter, dans la mesure du possible, une règle LOB venant compléter ou remplacer la règle COP via des négociations bilatérales.

22	Ghana	Non	Oui, autres	COP + LOB
23	Grèce	Non	Oui, IM	COP
24	Îles Féroé	Oui, autres		COP
25	Inde	Oui, IM		COP + LOB
26	Irlande	Oui, IM		COP
27	Islande	Oui, autres		COP
28	Israël	Non	Non	
29	Italie	Non	Non	
30	Japon	Oui, IM		COP
31	Lettonie	Oui, IM		COP
32	Lituanie	Oui, IM		COP
33	Luxembourg	Oui, IM		COP
34	Malaisie	Non	Non	
35	Malte	Oui, IM		COP
36	Mexique	Non	Oui, IM	COP + LOB
37	Nouvelle-Zélande	Non	Non	
38	Pakistan	Non	Non	
39	Pays-Bas	Oui, IM		COP
40	Pologne	Oui, IM		COP
41	Portugal	Oui, IM		COP
42	République slovaque	Non	Non	
43	République tchèque	Oui, IM		COP
44	Roumanie	Non	Oui, IM	COP
45	Royaume-Uni	Oui, IM		COP
46	Serbie	Oui, IM		COP
47	Singapour	Non	Non	
48	Slovénie	Oui, IM		COP
49	Suède	Oui, autres		COP
50	Suisse	Oui, autres		COP
51	Thaïlande	Non	Non	
52	Trinité-et-Tobago	Non	Non	LOB détaillée
53	Turquie	Non	Oui, IM	COP

Autres conventions

	1. Partenaires conventionnels	2. Membre du Cadre inclusif
	Albanie	Oui
1	Azerbaïdjan*	Non
2	Bangladesh*	Non
3	Barbade	Oui
4	Bénin	Oui
5	Bosnie-Herzégovine	Oui
6	Côte d'Ivoire	Oui
7	Croatie	Oui
8	Curaçao	Oui
9	Égypte	Oui
10	Gambie*	Non
11	Groenland	Oui
12	Hongrie	Oui
13	Indonésie	Oui
14	Jamaïque	Oui
15	Kazakhstan	Oui

16	Kenya	Oui
17	Macédoine du Nord	Oui
18	Malawi*	Non
19	Maroc	Oui
20	Monténégro	Oui
21	Népal*	Non
22	Ouganda*	Non
23	Philippines*	Non
24	Qatar	Oui
25	Sénégal	Oui
26	Sierra Leone	Oui
27	Sint Maarten*	Non
28	Sri Lanka	Oui
29	Tanzanie*	Non
31	Tunisie	Oui
32	Ukraine	Oui
33	Venezuela*	Non
34	Viet Nam	Oui
35	Zambie	Oui
36	Zimbabwe*	Non

Nouvelle-Zélande

A. Progrès dans la mise en œuvre du standard minimum

La Nouvelle-Zélande compte 40 conventions fiscales en vigueur, comme l'indique sa réponse au questionnaire d'examen par les pairs. Vingt et une de ces conventions sont conformes au standard minimum.

La Nouvelle-Zélande a signé l'IM en 2017, déposé son instrument de ratification le 27 juin 2018, et notifié ses conventions fiscales non conformes. L'IM est entré en vigueur pour la Nouvelle-Zélande le 1er octobre 2018. Les conventions qui seront modifiées par l'IM deviendront conformes au standard minimum une fois que les dispositions de l'IM auront pris effet.

La Nouvelle-Zélande a signé un instrument bilatéral de mise en conformité concernant sa convention avec la Suisse.

La Nouvelle-Zélande a indiqué dans sa réponse au questionnaire d'examen par les pairs avoir pris des mesures (autres qu'au titre de l'IM) afin de mettre en œuvre le standard minimum dans ses conventions avec l'Allemagne, l'Autriche et la Norvège.

La Nouvelle-Zélande met en œuvre le standard minimum par l'inclusion de la déclaration du préambule et de la règle COP[133].

B. Conclusion

Aucune juridiction n'a signalé de préoccupation relative à ses conventions conclues avec la Nouvelle-Zélande.

Synthèse de la réponse de la juridiction — Nouvelle-Zélande

	1. Partenaires conventionnels	2. Conformité avec le standard	3. Signature d'un instrument de mise en conformité	4. Recours à la disposition relative au standard minimum
1	Afrique du Sud	Non	Oui, IM	COP
2	Allemagne	Non	Non	COP
3	Australie	Oui, IM		COP
4	Autriche	Non	Non	COP
5	Belgique	Oui, IM		COP
6	Canada	Oui, IM		COP
7	Chili	Non	Oui, IM	COP
8	Chine (République populaire de)	Oui, autres		COP
9	Corée	Oui, IM		COP
10	Danemark	Oui, IM		COP
11	Émirats arabes unis	Oui, IM		COP
12	Espagne	Non	Oui, IM	COP
13	États-Unis	Non	Non	LOB détaillée
14	Fédération de Russie	Oui, IM		COP

133 Pour ses conventions notifiées aux fins de l'IM, la Nouvelle-Zélande choisit d'appliquer la disposition de la déclaration du préambule (article 6 de l'IM) et la règle COP (article 7 de l'IM).

15	Fidji*	Non	Oui, IM	COP
16	Finlande	Oui, IM		COP
17	France	Oui, IM		COP
18	Hong Kong (Chine)	Non	Oui, IM	COP
19	Inde	Oui, IM		COP
20	Indonésie	Oui, IM		COP
21	Irlande	Oui, IM		COP
22	Italie	Non	Oui, IM	COP
23	Japon	Oui, IM		COP + LOB
24	Malaisie	Non	Oui, IM	COP
25	Mexique	Non	Oui, IM	COP
26	Norvège	Non	Non	COP
27	Papouasie–Nouvelle-Guinée	Non	Oui, IM	COP
28	Pays-Bas	Oui, IM		COP
29	Philippines*	Non	Non	COP
30	Pologne	Oui, IM		COP
31	République tchèque	Oui, IM		COP
32	Royaume-Uni	Oui, IM		COP
33	Samoa	Oui, autres		COP
34	Singapour	Oui, IM		COP
35	Suède	Non	Oui, IM	COP
36	Suisse	Oui, autres		COP
37	Thaïlande	Non	Non	COP
38	Turquie	Non	Oui, IM	COP
39	Viet Nam	Non	Non	COP

Autres conventions

	1. Partenaires conventionnels	2. Membre du Cadre inclusif
1	Taipei chinois*	Non

Oman

A. Progrès dans la mise en œuvre du standard minimum

Oman compte 35 conventions fiscales en vigueur, comme l'indique sa réponse au questionnaire d'examen par les pairs. Neuf de ces conventions sont conformes au standard minimum.

Oman a signé l'IM en 2019 et a déposé son instrument de ratification le 7 juillet 2020. L'IM est entré en vigueur pour Oman le 1er novembre 2020. Les conventions qui seront modifiées par l'IM deviendront conformes au standard minimum une fois que les dispositions de l'IM auront pris effet.

Oman n'a pas notifié sa convention avec l'Inde, mais a indiqué avoir pris des mesures (autres qu'au titre de l'IM) afin de mettre en œuvre le standard minimum dans cette convention. L'Inde a notifié sa convention avec Oman aux fins de l'IM.

Oman met en œuvre le standard minimum par l'inclusion de la déclaration du préambule et de la règle COP[134].

B. Conclusion

Aucune juridiction n'a signalé de préoccupation relative à ses conventions conclues avec Oman.

L'Inde a notifié sa convention avec Oman aux fins de l'IM, ce qui équivaut à une demande de mise en œuvre du standard minimum.

Synthèse de la réponse de la juridiction — Oman

	1. Partenaires conventionnels	2. Conformité avec le standard	3. Signature d'un instrument de mise en conformité	4. Recours à la disposition relative au standard minimum
1	Afrique du Sud	Non	Oui, IM	COP
2	Algérie*	Non	Non	COP
3	Bélarus	Non	Non	COP
4	Brunei Darussalam	Non	Non	COP
5	Canada	Oui, IM		COP
6	Chine (République populaire de)	Non	Oui, IM	
7	Corée	Oui, IM		COP
8	Croatie	Non	Oui, IM	COP
9	Espagne	Non	Oui, IM	COP
10	France	Oui, IM		
11	Hongrie	Non	Oui, IM	
12	Inde	Non	Non	
13	Iran*	Non	Non	
14	Italie	Non	Non	
15	Japon	Oui, IM		COP
16	Liban*	Non	Non	COP
17	Maroc	Non	Oui, IM	

134 Pour ses conventions notifiées aux fins de l'IM, Oman choisit d'appliquer la disposition de la déclaration du préambule (article 6 de l'IM) et la règle COP (article 7 de l'IM).

18	Maurice	Oui, IM		
19	Moldova*	Non	Non	COP
20	Ouzbékistan*	Non	Non	COP
21	Pakistan	Non	Oui, IM	
22	Pays-Bas	Oui, IM		
23	Portugal	Oui, IM		COP
24	République arabe syrienne*	Non	Non	
25	Royaume-Uni	Oui, IM		COP
26	Seychelles	Non	Oui, IM	COP
27	Singapour	Oui, IM		COP
28	Soudan*	Non	Non	
29	Sri Lanka	Non	Non	COP
30	Suisse	Non	Non	
31	Thaïlande	Non	Non	COP
32	Tunisie	Non	Oui, IM	
33	Turquie	Non	Oui, IM	
34	Viet Nam	Non	Non	COP
35	Yémen*	Non	Non	COP

Pakistan

A. Progrès dans la mise en œuvre du standard minimum

Le Pakistan compte 67 conventions fiscales en vigueur, comme l'indique sa réponse au questionnaire d'examen par les pairs. Vingt-neuf de ces conventions sont conformes au standard minimum.

Le Pakistan a signé l'IM en 2017, déposé son instrument de ratification le 18 décembre 2020, et notifié ses conventions fiscales non conformes. L'IM est entrée en vigueur pour le Pakistan le 1er avril 2021. Les conventions qui seront modifiées par l'IM deviendront conformes au standard minimum une fois que les dispositions de l'IM auront pris effet.

Le Pakistan met en œuvre le standard minimum par l'inclusion de la déclaration du préambule et de la règle COP[135].

B. Conclusion

Aucune juridiction n'a signalé de préoccupation relative à ses conventions conclues avec le Pakistan.

Synthèse de la réponse de la juridiction — Pakistan

	1. Partenaires conventionnels	2. Conformité avec le standard	3. Signature d'un instrument de mise en conformité	4. Recours à la disposition relative au standard minimum
1	Afrique du Sud	Non	Oui, IM	COP
2	Allemagne	Non	Non	
3	Arabie saoudite	Oui, IM		COP
4	Autriche	Oui, IM		COP
5	Azerbaïdjan*	Non	Non	
6	Bahreïn	Non	Oui, IM	COP
7	Bangladesh*	Non	Non	
8	Bélarus	Non	Non	
9	Belgique	Oui, IM		COP
10	Bosnie-Herzégovine	Oui, IM		COP
11	Brunei Darussalam	Non	Non	
12	Bulgarie	Oui, autres		COP
13	Canada	Oui, IM		COP
14	Chine (République populaire de)	Non	Oui, IM	COP
15	Corée	Oui, IM		COP
16	Danemark	Oui, IM		COP + LOB
17	Égypte	Oui, IM		COP
18	Émirats arabes unis	Oui, IM		COP
19	Espagne	Non	Oui, IM	COP
20	États-Unis	Non	Non	LOB détaillée
21	Finlande	Oui, IM		COP
22	France	Oui, IM		COP

[135] Pour ses conventions notifiées aux fins de l'IM, le Pakistan choisit d'appliquer la disposition de la déclaration du préambule (article 6 de l'IM) et la règle COP (article 7 de l'IM).

23	Hong Kong (Chine)	Non	Oui, IM	COP
24	Hongrie	Non	Oui, IM	COP
25	Indonésie	Non	Oui, IM	COP
26	Iran*	Non	Non	
27	Irlande	Oui, IM		COP
28	Italie	Non	Oui, IM	COP
29	Japon	Oui, IM		COP
30	Jordanie	Oui, IM		COP
31	Kazakhstan	Oui, IM		COP + LOB
32	Kirghizistan*	Non	Non	
33	Koweït*	Non	Oui, IM	COP
34	Liban*	Non	Non	
35	Lybie*	Non	Non	
36	Malaisie	Oui, IM		COP
37	Malte	Oui, IM		COP
38	Maroc	Non	Oui, IM	COP
39	Maurice	Oui, IM		COP
40	Népal*	Non	Non	
41	Nigéria	Non	Oui, IM	COP
42	Norvège	Non	Non	COP + LOB
43	Oman	Oui, IM		COP
44	Ouzbékistan*	Non	Non	
45	Pays-Bas	Oui, IM		COP
46	Philippines*	Non	Non	
47	Pologne	Oui, IM		COP
48	Portugal	Oui, IM		COP
49	Qatar	Oui, IM		COP
50	République tchèque	Oui, IM		COP
51	Roumanie	Non	Oui, IM	COP
52	Royaume-Uni	Oui, IM		COP
53	Serbie	Oui, IM		COP
54	Singapour	Oui, IM		COP
55	Sri Lanka	Non	Non	
56	Suède	Non	Oui, IM	COP
57	Suisse	Non	Non	
58	Syrie*	Non	Non	
59	Tadjikistan*	Non	Non	
60	Thaïlande	Non	Non	
61	Tunisie	Non	Oui, IM	COP
62	Turkménistan*	Non	Non	
63	Turquie	Non	Oui, IM	COP
64	Ukraine	Oui, IM		COP
65	Viet Nam	Non	Non	
66	Yémen*	Non	Non	

Panama

A. Progrès dans la mise en œuvre du standard minimum

Le Panama compte 17 conventions fiscales en vigueur, comme l'indique sa réponse au questionnaire d'examen par les pairs. L'une de ces conventions, celle conclue avec Israël, est conforme au standard minimum.

Le Panama a signé l'IM en 2018, déposé son instrument de ratification le 5 novembre 2020, et notifié ses conventions fiscales non conformes. L'IM est entré en vigueur pour le Panama le 1er mars 2021. Les conventions qui seront modifiées par l'IM deviendront conformes au standard minimum une fois que les dispositions de l'IM auront pris effet.

Le Panama met en œuvre le standard minimum par l'inclusion de la déclaration du préambule et de la règle COP[136].

B. Conclusion

Aucune juridiction n'a signalé de préoccupation relative à ses conventions conclues avec le Panama.

Synthèse de la réponse de la juridiction — Panama

	1. Partenaires conventionnels	2. Conformité avec le standard	3. Signature d'un instrument de mise en conformité	4. Recours à la disposition relative au standard minimum
1	Barbade	Non	Oui, IM	COP
2	Corée	Non	Oui, IM	COP
3	Émirats arabes unis	Non	Oui, IM	COP
4	Espagne	Non	Oui, IM	
5	France	Non	Oui, IM	COP
6	Irlande	Non	Oui, IM	COP
7	Israël	Oui, IM		COP
8	Italie	Non	Non	COP
9	Luxembourg	Non	Oui, IM	COP
10	Mexique	Non	Oui, IM	
11	Pays-Bas	Non	Oui, IM	COP
12	Portugal	Non	Oui, IM	COP
13	Qatar	Non	Oui, IM	COP
14	République tchèque	Non	Non	COP
15	Royaume-Uni	Non	Oui, IM	COP
16	Singapour	Non	Oui, IM	COP
17	Viet Nam	Non	Non	

136 Pour ses conventions notifiées aux fins de l'IM, le Panama choisit d'appliquer la disposition de la déclaration du préambule (article 6 de l'IM) et la règle COP (article 7 de l'IM).

Papouasie–Nouvelle-Guinée

A. Progrès dans la mise en œuvre du standard minimum

La Papouasie–Nouvelle-Guinée compte dix conventions fiscales en vigueur, comme l'indique sa réponse au questionnaire d'examen par les pairs. Aucune de ces conventions n'est conforme au standard minimum.

La Papouasie–Nouvelle-Guinée a signé l'IM en 2019, et a notifié ses conventions non conformes. Les conventions qui seront modifiées par l'IM deviendront conformes au standard minimum une fois que les dispositions de l'IM auront pris effet.

La Papouasie–Nouvelle-Guinée met en œuvre le standard minimum par l'inclusion de la déclaration du préambule et de la règle COP[137].

B. Conclusion

Recommandation

Il est recommandé que la Papouasie–Nouvelle-Guinée prenne les mesures nécessaires afin que l'IM prenne effet au regard de ses conventions fiscales notifiées aux fins de l'IM, car ces conventions ne seront modifiées par l'IM (et ne deviendront conformes au standard minimum) qu'une fois que les dispositions de l'IM auront pris effet.

Synthèse de la réponse de la juridiction — Papouasie–Nouvelle-Guinée

	1. Partenaires conventionnels	2. Conformité avec le standard	3. Signature d'un instrument de mise en conformité	4. Recours à la disposition relative au standard minimum
1	Australie	Non	Oui, IM	COP
2	Canada	Non	Oui, IM	COP
3	Chine (République populaire de)	Non	Oui, IM	COP
4	Corée	Non	Oui, IM	COP
5	Fidji*	Non	Oui, IM	COP
6	Indonésie	Non	Non	COP
7	Malaisie	Non	Oui, IM	COP
8	Nouvelle-Zélande	Non	Oui, IM	COP
9	Royaume-Uni	Non	Oui, IM	COP
10	Singapour	Non	Oui, IM	COP

137 Pour ses conventions notifiées aux fins de l'IM, la Papouasie–Nouvelle-Guinée choisit d'appliquer la disposition de la déclaration du préambule (article 6 de l'IM) et la règle COP (article 7 de l'IM).

Paraguay

A. Progrès dans la mise en œuvre du standard minimum

Le Paraguay compte cinq conventions fiscales en vigueur, comme l'indique sa réponse au questionnaire d'examen par les pairs. L'une de ces conventions, celle conclue avec l'Uruguay, est conforme au standard minimum.

Le Paraguay n'a pas signé l'IM.

Le Paraguay a indiqué dans sa réponse au questionnaire d'examen par les pairs avoir pris des mesures (autres qu'au titre de l'IM) afin de mettre en œuvre le standard minimum dans sa convention avec le Chili.

Le Paraguay met en œuvre le standard minimum par l'inclusion de la disposition de la déclaration du préambule et de la règle COP associée à la règle LOB.

B. Conclusion

Le Paraguay développe présentement, en consultation avec le Secrétariat, un plan de mise en œuvre du standard minimum dans sa convention avec le Qatar et les Émirats arabes unis.

Synthèse de la réponse de la juridiction — Paraguay

	1. Partenaires conventionnels	2. Conformité avec le standard	3. Signature d'un instrument de mise en conformité	4. Recours à la disposition relative au standard minimum
1	Chili	Non	Non	COP + LOB
2	Uruguay	Oui, autres		COP + LOB

Autres conventions

	1. Partenaires conventionnels	2. Membre du Cadre inclusif
1	Émirats arabes unis	Oui
2	Qatar	Oui
3	Taipei chinois*	Non

Pays-Bas

A. Progrès dans la mise en œuvre du standard minimum

Les Pays-Bas comptent 94 conventions fiscales en vigueur, comme l'indique leur réponse au questionnaire d'examen par les pairs. Quarante-cinq de ces conventions sont conformes au standard minimum.

Les Pays-Bas ont signé l'IM en 2017 et ont déposé leur instrument d'acceptation en 2019. L'IM est entré en vigueur pour les Pays-Bas le 1er juillet 2019. Le 25 novembre 2021, les Pays-Bas ont formulé une notification additionnelle pour élargir la liste des conventions couvertes par l'IM. Les conventions qui seront modifiées par l'IM deviendront conformes au standard minimum une fois que les dispositions de l'IM auront pris effet. Les Pays-Bas n'ont pas notifié leurs conventions avec le Brésil, la Bulgarie, l'Espagne, la Pologne, et l'Ukraine. Aussi, à ce stade, ces conventions ne seront pas modifiées par l'IM. La Pologne et l'Ukraine ont notifié leurs conventions avec les Pays-Bas aux fins de l'IM.

Les Pays-Bas ont signé un instrument bilatéral de mise en conformité concernant leurs conventions avec l'Allemagne, la Bulgarie, la Pologne et l'Ukraine.

Les Pays-Bas ont indiqué dans leur réponse au questionnaire d'examen par les pairs avoir pris des mesures (autres qu'au titre de l'IM) afin de mettre en œuvre le standard minimum dans leurs conventions avec Aruba, la Belgique, le Brésil, Curaçao, l'Espagne, les États-Unis et Sint-Maarten*.

Les conventions conclues par les Pays-Bas avec Aruba, Curaçao et Sint-Maarten* sont des accords régis par le droit interne du Royaume des Pays-Bas.

Les Pays-Bas mettent en œuvre le standard minimum par l'inclusion de la déclaration du préambule et de la règle COP[138].

B. Conclusion

Aucune juridiction n'a signalé de préoccupation relative à ses conventions conclues avec les Pays-Bas.

Synthèse de la réponse de la juridiction — Pays-Bas

	1. Partenaires conventionnels	2. Conformité avec le standard	3. Signature d'un instrument de mise en conformité	4. Recours à la disposition relative au standard minimum
1	Afrique du Sud	Non	Oui, IM	COP
2	Albanie	Oui, IM		COP
3	Algérie*	Oui, autres		COP
4	Allemagne	Non	Oui, autres	COP
5	Arabie saoudite	Oui, IM		COP
6	Argentine	Non	Oui, IM	COP
7	Arménie	Non	Oui, IM	COP
8	Aruba	Non	Non	

[138] Pour ses conventions notifiées aux fins de l'IM, les Pays-Bas choisissent d'appliquer la disposition de la déclaration du préambule (article 6 de l'IM) et la règle COP (article 7 de l'IM). Les conventions conclues avec Aruba, Curaçao et Sint-Maarten* ne sont pas notifiées aux fins de l'IM, car ce sont des accords régis par le droit interne du Royaume des Pays-Bas.

9	Australie	Oui, IM		COP
10	Autriche	Oui, IM		COP
11	Azerbaïdjan*	Non	Non	COP
12	Bahreïn	Non	Oui, IM	COP
13	Bangladesh*	Non	Non	COP
14	Barbade	Oui, IM		COP
15	Bélarus	Non	Non	COP
16	Belgique	Non	Non	
17	Bosnie-Herzégovine	Oui, IM		COP
18	Brésil	Non	Non	
19	Bulgarie	Non	Oui, autres	COP
20	Canada	Oui, IM		COP
21	Chine (République populaire de)	Non	Oui, IM	COP
22	Corée	Oui, IM		COP
23	Croatie	Non	Oui, IM	COP
24	Curaçao	Non	Non	
25	Danemark	Oui, autres		COP
26	Égypte	Oui, IM		COP
27	Émirats arabes unis	Oui, IM		COP
28	Espagne	Non	Non	
29	Estonie	Non	Oui, IM	COP
30	États-Unis	Non	Non	COP
31	Éthiopie*	Non	Non	COP
32	Fédération de Russie	Oui, IM		COP
33	Finlande	Oui, IM		COP
34	France	Oui, IM		COP
35	Géorgie	Oui, IM		COP
36	Ghana*	Oui, autres		COP
37	Grèce	Non	Oui, IM	COP
38	Hong Kong (Chine)	Non	Oui, IM	COP
39	Hongrie	Non	Oui, IM	COP
40	Inde	Oui, IM		COP
41	Indonésie	Oui, IM		COP
42	Irlande	Oui, autres		COP
43	Islande	Oui, IM		COP
44	Israël	Oui, IM		COP
45	Italie	Non	Oui, IM	COP
46	Japon	Oui, IM		COP + LOB
47	Jordanie	Oui, IM		COP
48	Kazakhstan	Oui, IM		COP
49	Koweït*	Non	Non	COP
50	Lettonie	Oui, IM		COP
51	Liechtenstein	Oui, autres		COP
52	Lituanie	Oui, IM		COP
53	Luxembourg	Oui, IM		COP
54	Macédoine du Nord	Non	Oui, IM	COP
55	Malaisie	Non	Oui, IM	COP
56	Malte	Oui, IM		COP
57	Maroc	Non	Oui, IM	COP
58	Mexique	Non	Oui, IM	COP
59	Moldova*	Non	Non	COP
60	Monténégro	Non	Non	COP
61	Nigéria	Non	Oui, IM	COP

62	Norvège	Oui, IM		COP
63	Nouvelle-Zélande	Oui, IM		COP
64	Oman	Oui, IM		COP
65	Ouganda*	Non		COP
66	Ouzbékistan*	Oui, autres		COP
67	Pakistan	Oui, IM		COP
68	Panama	Oui, IM		COP
69	Philippines*	Non	Non	COP
70	Pologne	Non	Oui, autres	COP
71	Portugal	Oui, IM		COP
72	Qatar	Oui, IM		COP
73	République slovaque	Oui, IM		COP
74	République tchèque	Oui, IM		COP
75	Roumanie	Non	Oui, IM	COP
76	Royaume-Uni	Oui, IM		COP
77	Serbie	Oui, IM		COP
78	Singapour	Oui, IM		COP
79	Sint Maarten*	Non	Non	
80	Slovénie	Oui, IM		COP
81	Sri Lanka	Non	Non	COP
82	Suède	Non	Oui, IM	COP
83	Suisse	Oui, autres		COP
84	Suriname*	Non	Non	COP
85	Tadjikistan*	Non	Non	COP
86	Thaïlande	Non	Non	COP
87	Tunisie	Non	Oui, IM	COP
88	Turquie	Non	Oui, IM	COP
89	Ukraine		Oui, autres	COP
90	Venezuela*	Non	Non	COP
91	Viet Nam	Non	Non	COP
92	Zambie	Non	Non	COP
93	Zimbabwe*	Non	Non	COP

Autres conventions

	1. Partenaires conventionnels	2. Membre du Cadre inclusif
1	Taipei chinois*	Non

Pérou

A. Progrès dans la mise en œuvre du standard minimum

Le Pérou compte neuf conventions fiscales en vigueur, ainsi que l'indique sa réponse au questionnaire d'examen par les pairs, y compris la Décision 578 de la Commission de la Communauté andine pour les membres de la Communauté andine (la convention de la Communauté andine)[139]. Une de ces conventions, celle avec le Japon, est conforme au standard minimum.

Le Pérou a signé l'IM en 2018 et a notifié ses conventions bilatérales non conformes. Les conventions qui seront modifiées par l'IM deviendront conformes au standard minimum une fois que les dispositions de l'IM auront pris effet.

Le Pérou a indiqué dans sa réponse au questionnaire d'examen par les pairs qu'il avait entrepris de renégocier la convention de la Communauté andine afin de mettre en œuvre le standard minimum. Le Pérou a également précisé avoir pris des mesures (autres qu'au titre de l'IM) afin de mettre en œuvre le standard minimum dans ses conventions avec le Brésil et la Suisse.

Le Pérou met en œuvre le standard minimum par l'inclusion de la déclaration du préambule et de la règle COP[140].

B. Conclusion

Recommandation

Il est recommandé que le Pérou prenne les mesures nécessaires afin que l'IM prenne effet au regard de ses conventions fiscales notifiées aux fins de l'IM, car ces conventions ne seront modifiées par l'IM (et ne deviendront conformes au standard minimum) qu'une fois que les dispositions de l'IM auront pris effet.

Synthèse de la réponse de la juridiction — Pérou

	1. Partenaires conventionnels	2. Conformité avec le standard	3. Signature d'un instrument de mise en conformité	4. Recours à la disposition relative au standard minimum
1	Bolivie*	Non	Non	
2	Brésil	Non	Non	

[139] La Décision 578 de la Commission de la Communauté andine établissant un régime tendant à éviter la double imposition et à prévenir la fraude fiscale, adoptée le 4 mai 2004. Les membres actuels de la Communauté andine sont la Bolivie*, la Colombie, l'Équateur* et le Pérou. Au total, la Colombie a notifié onze « accords » dans sa liste de conventions fiscales : huit conventions bilatérales, et la convention de la Communauté andine.

[140] Pour ses conventions notifiées aux fins de l'IM, le Pérou choisit d'appliquer la disposition de la déclaration du préambule (article 6 de l'IM) et la règle COP (article 7 de l'IM). Le Pérou a déclaré, conformément à l'article 7(17)(a) de l'IM, que même s'il accepte l'application de la règle COP aux fins de l'IM, il a l'intention d'adopter, dans la mesure du possible, une règle LOB venant compléter ou remplacer la règle COP via des négociations bilatérales.

3	Canada	Non	Oui, IM	COP
4	Chili	Non	Oui, IM	COP
5	Colombie	Non	Non	
6	Corée	Non	Oui, IM	COP
7	Équateur*	Non	Non	
8	Japon	Oui, autres		COP
9	Mexique	Non	Oui, IM	COP
10	Portugal	Non	Oui, IM	COP
11	Suisse	Non	Non	

Pologne

A. Progrès dans la mise en œuvre du standard minimum

La Pologne compte 82 conventions fiscales en vigueur, comme l'indique sa réponse au questionnaire d'examen par les pairs. Trente-huit de ces conventions sont conformes au standard minimum.

La Pologne a signé l'IM en 2017 et a déposé son instrument de ratification de l'IM le 23 janvier 2018. L'IM est entré en vigueur pour la Pologne le 1er juillet 2018. Les conventions qui seront modifiées par l'IM deviendront conformes au standard minimum une fois que les dispositions de l'IM auront pris effet.

La Pologne a signé un instrument bilatéral de mise en conformité concernant sa convention avec les Pays-Bas.

La Pologne n'a pas notifié ses conventions avec l'Allemagne, les États-Unis, la Géorgie, le Monténégro et la Suisse, mais a indiqué dans sa réponse au questionnaire d'examen par les pairs avoir pris des mesures (autres qu'au titre de l'IM) afin de mettre en œuvre le standard minimum dans ces conventions.

La Pologne met en œuvre le standard minimum par l'inclusion de la déclaration du préambule et de la règle COP[141].

B. Conclusion

Aucune juridiction n'a signalé de préoccupation relative à ses conventions conclues avec la Pologne.

Synthèse de la réponse de la juridiction — Pologne

	1. Partenaires de convention	2. Conformité avec le standard	3. Signature d'un instrument de mise en conformité	4. Recours à la disposition relative au standard minimum
1	Afrique du Sud	Non	Oui, IM	COP
2	Albanie	Oui, IM		COP
3	Allemagne	Non	Non	
4	Arabie saoudite	Oui, IM		COP
5	Arménie	Non	Oui, IM	COP
6	Australie	Oui, IM		COP
7	Autriche	Oui, IM		COP
8	Azerbaïdjan*	Non	Non	COP
9	Bangladesh*	Non	Non	COP
10	Bélarus	Non	Non	COP
11	Belgique	Oui, IM		COP
12	Bosnie-Herzégovine	Oui, IM		COP
13	Bulgarie	Non	Oui, IM	COP
14	Canada	Oui, IM		COP
15	Chili	Non	Oui, IM	COP
16	Chine (République populaire	Non	Oui, IM	COP

141 Pour ses conventions notifiées aux fins de l'IM, la Pologne choisit d'appliquer la disposition de la déclaration du préambule (article 6 de l'IM) et la règle COP (article 7 de l'IM). La Pologne a indiqué que même si elle accepte l'application de la règle COP aux fins de l'IM, elle a l'intention d'adopter dans la mesure du possible une règle LOB par négociation bilatérale.

	de)			
17	Chypre*	Oui, IM		COP
18	Corée	Oui, IM		COP
19	Croatie	Non	Oui, IM	COP
20	Danemark	Oui, IM		COP
21	Égypte	Oui, IM		COP
22	Émirats arabes unis	Oui, IM		COP
23	Espagne	Non	Oui, IM	COP
24	Estonie	Non	Oui, IM	COP
25	États-Unis	Non	Non	
26	Éthiopie*	Non	Non	COP
27	Fédération de Russie	Oui, IM		COP
28	Finlande	Oui, IM		COP
29	France	Oui, IM		COP
30	Géorgie	Non	Non	
31	Grèce	Non	Oui, IM	COP
32	Hongrie	Non	Oui, IM	COP
33	Inde	Oui, IM		COP
34	Indonésie	Oui, IM		COP
35	Iran*	Non	Non	COP
36	Irlande	Oui, IM		COP
37	Islande	Oui, IM		COP
38	Israël	Oui, IM		COP
39	Italie	Non	Oui, IM	COP
40	Japon	Oui, IM		COP
41	Jordanie	Oui, IM		COP
42	Kazakhstan	Oui, IM		COP
43	Kirghizistan*	Non	Non	COP
44	Koweït*	Non	Non	COP
45	Lettonie	Oui, IM		COP
46	Liban*	Non	Non	COP
47	Lituanie	Oui, IM		COP
48	Luxembourg	Oui, IM		COP
49	Macédoine du Nord	Non	Oui, IM	COP
50	Malaisie	Non	Oui, IM	COP
51	Malte	Oui, IM		COP
52	Maroc	Non	Oui, IM	COP
53	Mexique	Non	Oui, IM	COP
54	Moldova*	Non	Non	COP
55	Mongolie	Non	Non	COP
56	Monténégro	Non	Non	
57	Norvège	Oui, IM		COP
58	Nouvelle-Zélande	Oui, IM		COP
59	Ouzbékistan*	Non	Non	COP
60	Pakistan	Non	Oui, IM	COP
61	Pays-Bas	Non	Oui, autres	COP
62	Philippines*	Non	Non	COP
63	Portugal	Oui, IM		COP
64	Qatar	Oui, IM		COP
65	République arabe syrienne*	Non	Non	COP
66	République slovaque	Oui, IM		COP
67	République tchèque	Oui, IM		COP
68	Roumanie	Non	Oui, IM	COP
69	Royaume-Uni	Oui, IM		COP

70	Serbie	Oui, IM		COP
71	Singapour	Oui, IM		COP
72	Slovénie	Oui, IM		COP
73	Sri Lanka	Non	Non	COP
74	Suède	Non	Oui, IM	COP
75	Suisse	Non	Non	
76	Tadjikistan*	Non	Non	COP
77	Thaïlande	Non	Non	COP
78	Tunisie	Non	Oui, IM	COP
79	Turquie	Non	Oui, IM	COP
80	Ukraine	Oui, IM		COP
81	Viet Nam	Non	Non	COP
82	Zimbabwe*	Non	Non	COP

Portugal

A. Progrès dans la mise en œuvre du standard minimum

Le Portugal compte 78 conventions fiscales en vigueur, comme l'indique sa réponse au questionnaire d'examen par les pairs. Trente-cinq de ces conventions sont conformes au standard minimum.

Le Portugal a signé l'IM en 2017, déposé son instrument de ratification le 28 février 2020, et notifié ses conventions fiscales non conformes. L'IM est entré en vigueur pour le Portugal le 1er juin 2020. Les conventions qui seront modifiées par l'IM deviendront conformes au standard minimum une fois que les dispositions de l'IM auront pris effet.

Le Portugal a signé un instrument bilatéral de mise en conformité concernant sa convention avec la Suède.

Le Portugal a indiqué dans sa réponse au questionnaire d'examen par les pairs avoir pris des mesures (autres qu'au titre de l'IM) afin de mettre en œuvre le standard minimum dans ses conventions avec l'Allemagne, le Brésil, le Cabo Verde et le Mozambique*.

Le Portugal met en œuvre le standard minimum par l'inclusion de la déclaration du préambule et de la règle COP[142].

B. Conclusion

Aucune juridiction n'a signalé de préoccupation relative à ses conventions conclues avec le Portugal.

Synthèse de la réponse de la juridiction — Portugal

	1. Partenaires conventionnels	2. Conformité avec le standard	3. Signature d'un instrument de mise en conformité	4. Recours à la disposition relative au standard minimum
1	Afrique du Sud	Non	Oui, IM	COP
2	Algérie*	Non	Non	
3	Allemagne	Non	Non	
4	Andorre	Non	Oui, IM	COP
5	Angola	Oui, autres		COP
6	Arabie saoudite	Oui, IM		COP
7	Autriche	Oui, IM		COP
8	Bahreïn	Non	Oui, IM	COP
9	Barbade	Non	Oui, IM	COP
10	Belgique	Oui, IM		COP
11	Brésil	Non	Non	
12	Bulgarie	Non	Oui, IM	COP
13	Cabo Verde	Non	Non	
14	Canada	Oui, IM		COP
15	Chili	Non	Oui, IM	COP
16	Chine (République populaire de)	Non	Oui, IM	COP
17	Chypre*	Oui, IM		COP

142 Pour ses conventions notifiées aux fins de l'IM, le Portugal choisit d'appliquer la disposition de la déclaration du préambule (article 6 de l'IM) et la règle COP (article 7 de l'IM).

18	Colombie	Non	Oui, IM	COP
19	Corée	Oui, IM		COP
20	Côte d'Ivoire	Non	Oui, IM	COP
21	Croatie	Non	Oui, IM	COP
22	Cuba*	Non	Non	
23	Danemark	Oui, IM		COP
24	Émirats arabes unis	Oui, IM		COP
25	Espagne	Non	Oui, IM	COP
26	Estonie	Non	Oui, IM	COP
27	États-Unis	Non	Non	
28	Éthiopie*	Non	Non	
29	Fédération de Russie	Oui, IM		COP
30	France	Oui, IM		COP
31	Géorgie	Oui, IM		COP
32	Grèce	Non	Oui, IM	COP
33	Guinée-Bissau*	Non	Non	
34	Hong Kong (Chine)	Non	Oui, IM	COP
35	Hongrie	Non	Oui, IM	COP
36	Inde	Oui, IM		COP
37	Indonésie	Oui, IM		COP
38	Irlande	Oui, IM		COP
39	Islande	Oui, IM		COP
40	Israël	Oui, IM		COP
41	Italie	Non	Oui, IM	COP
42	Japon	Oui, IM		COP
43	Koweït*	Non	Oui, IM	COP
44	Lettonie	Oui, IM		COP
45	Lituanie	Oui, IM		COP
46	Luxembourg	Oui, IM		COP
47	Macao (Chine)	Non	Non	
48	Malte	Oui, IM		COP
49	Maroc	Non	Oui, IM	COP
50	Mexique	Non	Oui, IM	COP
51	Moldova*	Non	Non	
52	Monténégro	Non	Non	
53	Mozambique*	Non	Non	
54	Norvège	Oui, IM		COP
55	Oman	Oui, IM		COP
56	Pakistan	Non	Oui, IM	COP
57	Panama	Non	Oui, IM	COP
58	Pays-Bas	Oui, IM		COP
59	Pérou	Non	Oui, IM	COP
60	Pologne	Oui, IM		COP
61	Qatar	Oui, IM		COP
62	République slovaque	Oui, IM		COP
63	République tchèque	Oui, IM		COP
64	Roumanie	Non	Oui, IM	COP
65	Royaume-Uni	Oui, IM		COP
66	Saint-Marin	Oui, IM		COP
67	Sao Tomé-et-Principe*	Non	Non	
68	Sénégal	Non	Oui, IM	COP
69	Singapour	Oui, IM		COP
70	Slovénie	Oui, IM		COP

71	Suède	Non	Oui, autres	COP
72	Suisse	Non	Oui, IM	COP
73	Tunisie	Non	Oui, IM	COP
74	Turquie	Non	Oui, IM	COP
75	Ukraine	Oui, IM		COP
76	Uruguay	Oui, IM		COP
77	Venezuela*	Non	Non	
78	Viet Nam	Non	Non	

Qatar

A. Progrès dans la mise en œuvre du standard minimum

Le Qatar compte 78 conventions fiscales en vigueur, comme l'indique sa réponse au questionnaire d'examen par les pairs. Vingt-neuf de ces conventions sont conformes au standard minimum.

Le Qatar a signé l'IM en 2018 et a déposé son instrument de ratification le 23 décembre 2019. L'IM est entré en vigueur pour le Qatar le 1er avril 2020. Le 25 novembre 2021, le Qatar a formulé une notification additionnelle pour élargir la liste des conventions qui sont couvertes par l'IM. Le Qatar n'a pas notifié ses conventions avec l'Autriche, l'Argentine, Guernesey, la Norvège, la Suisse et l'Ukraine. Aussi, à ce stade, ces conventions ne seront pas modifiées par l'IM. Les conventions qui seront modifiées par l'IM deviendront conformes au standard minimum une fois que les dispositions de l'IM auront pris effet.

Le Qatar a signé un instrument bilatéral de mise en conformité avec les Bermudes.

Le Qatar a indiqué dans sa réponse au questionnaire d'examen par les pairs avoir pris des mesures (autres qu'au titre de l'IM) afin de mettre en œuvre le standard minimum dans ses conventions avec l'Autriche, Guernesey, le Kazakhstan, la Suisse et l'Ukraine.

Le Qatar met en œuvre le standard minimum par l'inclusion de la déclaration du préambule et de la règle COP[143].

B. Conclusion

Le Qatar a donné effet à son plan pour mettre en œuvre le standard minimum pour sa convention avec la Tunisie en formulant une notification le 25 novembre 2021 pour que la liste des conventions couvertes par l'IM inclut cette convention.

Le Qatar a élaboré un plan de mise en œuvre du standard minimum dans ses conventions conclues avec l'Argentine et la Norvège. Le Qatar a indiqué dans sa réponse au questionnaire d'examen par les pairs qu'il prévoit de contacter ces juridictions afin de leur soumettre un projet de protocole pour la mise en œuvre du standard minimum.

Synthèse de la réponse de la juridiction — Qatar

	1. Partenaires conventionnels	2. Conformité avec le standard	3. Signature d'un instrument de mise en conformité	4. Recours à la disposition relative au standard minimum
1	Afrique du Sud	Non	Oui, IM	COP
2	Albanie	Oui, IM		COP
3	Algérie*	Non	Non	COP
4	Arménie	Non	Oui, IM	COP
5	Autriche	Non	Non	COP
6	Azerbaïdjan*	Non	Non	COP
7	Barbade	Oui, IM		COP
8	Bélarus	Non	Non	COP
9	Bermudes	Oui, autres		COP

143 Pour ses conventions notifiées aux fins de l'IM, le Qatar choisit d'appliquer la disposition de la déclaration du préambule (article 6 de l'IM) et la règle COP (article 7 de l'IM).

10	Bosnie-Herzégovine	Oui, IM		COP
11	Brunei Darussalam	Non	Non	COP
12	Bulgarie	Non	Oui, IM	COP
13	Chine (République populaire de)	Non	Oui, IM	COP
14	Chypre*	Oui, IM		COP
15	Corée	Oui, IM		COP
16	Croatie	Non	Oui, IM	COP
17	Cuba*	Non	Non	COP
18	Équateur*	Non	Non	COP
19	Espagne	Non	Oui, IM	COP
20	Fédération de Russie	Oui, IM		COP
21	Fidji*	Non	Oui, IM	COP
22	France	Oui, IM		COP
23	Géorgie	Non	Non	COP
24	Grèce	Non	Oui, IM	COP
25	Guernesey	Non	Non	COP
26	Hong Kong (Chine)	Non	Oui, IM	COP
27	Hongrie	Non	Oui, IM	COP
28	Île de Man	Oui, IM		COP
29	Inde	Oui, IM		COP
30	Indonésie	Oui, IM		COP
31	Iran*	Non	Non	COP
32	Irlande	Oui, IM		COP
33	Italie	Non	Oui, IM	COP
34	Japon	Oui, IM		COP
35	Jersey	Oui, IM		COP
36	Jordanie	Oui, IM		COP
37	Kazakhstan	Non	Non	COP
38	Kenya	Non	Oui, IM	COP
39	Kirghizistan*	Non	Non	COP
40	Lettonie	Oui, IM		COP
41	Liban*	Non	Non	COP
42	Luxembourg	Oui, IM		COP
43	Macédoine du Nord	Non	Oui, IM	COP
44	Malaisie	Oui, IM		COP
45	Malte	Oui, IM		COP
46	Maroc	Non	Oui, IM	COP
47	Maurice	Oui, IM		COP
48	Mexique	Non	Oui, IM	COP
49	Monaco	Oui, IM		COP
50	Népal*	Non	Non	COP
51	Nigéria	Non	Oui, IM	COP
52	Pakistan	Oui, IM		COP
53	Panama	Non	Oui, IM	COP
54	Pays-Bas	Oui, IM		COP
55	Philippines*	Non	Non	COP
56	Pologne	Oui, IM		COP
57	Portugal	Oui, IM		COP
58	République arabe syrienne*	Non	Non	COP
59	Roumanie	Non	Oui, IM	COP
60	Royaume-Uni	Oui, IM		COP
61	Saint-Marin	Oui, IM		COP
62	Sénégal	Non	Oui, IM	COP

63	Serbie	Oui, IM		COP
64	Seychelles	Non	Oui, IM	COP
65	Singapour	Oui, IM		COP
66	Slovénie	Oui, IM		COP
67	Soudan*	Non	Non	COP
68	Sri Lanka	Non	Non	COP
69	Suisse	Non	Non	COP
70	Tchad*	Non	Non	COP
71	Turquie	Non	Oui, IM	COP
72	Ukraine	Non	Non	COP
73	Venezuela*	Non	Non	COP
74	Viet Nam	Non	Non	COP
75	Yémen*	Non	Non	COP

Autres conventions

	1. Partenaires conventionnels	2. Membre du Cadre inclusif
1	Argentine	Oui
2	Norvège	Oui
3	Tunisie	Oui

République démocratique du Congo

A. Progrès dans la mise en œuvre du standard minimum

La République démocratique du Congo compte deux conventions fiscales en vigueur, ainsi que l'indique sa réponse au questionnaire d'examen par les pairs. Aucune de ces conventions n'est conforme au standard minimum.

La République démocratique du Congo n'a pas signé l'IM.

B. Conclusion

Recommandation

Il est recommandé que la République démocratique du Congo élabore un plan afin de mettre en œuvre le standard minimum dans ses conventions pour laquelle aucune mesure n'a encore été prise et qui ont été conclues avec des membres du Cadre inclusif sur le BEPS (Afrique du Sud et Belgique).[144]

Autres conventions

Le tableau ci-après répertorie les conventions non conformes, qui ne font pas l'objet d'un instrument de mise en conformité, qui n'ont pas donné lieu à une déclaration générale relative à l'application d'une règle détaillée de limitation des avantages, et pour lesquelles aucune mesure n'a été prise en vue de mettre en œuvre le standard minimum.

	1. Partenaires conventionnels	2. Membre du Cadre inclusif
1	Afrique du Sud	Oui
2	Belgique	Oui

[144] Il est noté que la République démocratique du Congo a travaillé en collaboration avec le Secrétariat en vue de la signature de l'IM et a préparé un projet de liste de réserves et notifications au titre de l'IM.

République dominicaine

A. Progrès dans la mise en œuvre du standard minimum

La République dominicaine compte deux conventions fiscales en vigueur, comme l'indique sa réponse au questionnaire d'examen par les pairs. Aucune de ces conventions n'est conforme au standard minimum.

La République dominicaine n'a pas signé l'IM.

B. Conclusion

La Dominique a élaboré un plan de mise en œuvre du standard minimum dans ses conventions conclues avec le Canada et l'Espagne. La République dominicaine a indiqué dans sa réponse au questionnaire d'examen par les pairs que des négociations bilatérales seraient engagées concernant ces conventions.

Autres conventions

Le tableau ci-après répertorie les conventions non conformes, qui ne font pas l'objet d'un instrument de mise en conformité, qui n'ont pas donné lieu à une déclaration générale relative à l'application d'une règle détaillée de limitation des avantages, et pour lesquelles aucune mesure n'a été prise en vue de mettre en œuvre le standard minimum.

	1. Partenaires conventionnels	2. Membre du Cadre inclusif
1	Canada	Oui
2	Espagne	Oui

République slovaque

A. Progrès dans la mise en œuvre du standard minimum

La République slovaque compte 69 conventions fiscales en vigueur, comme l'indique sa réponse au questionnaire d'examen par les pairs. Trente-deux de ces conventions sont conformes au standard minimum.

La République slovaque a signé l'IM en 2017 et a déposé son instrument de ratification le 20 septembre 2018. L'IM est entré en vigueur pour la République slovaque le 1er janvier 2019. Les conventions qui seront modifiées par l'IM deviendront conformes au standard minimum une fois que les dispositions de l'IM auront pris effet.

La République slovaque n'a pas notifié ses conventions avec l'Arménie et les Émirats arabes unis, mais a indiqué dans sa réponse au questionnaire d'examen par les pairs avoir pris des mesures (autres qu'au titre de l'IM) afin de mettre en œuvre le standard minimum dans les conventions conclues avec l'Arménie, le Brésil, l'Éthiopie*, l'Iran*, et les Émirats arabes unis. L'Arménie a notifié sa convention avec la République slovaque aux fins de l'IM.

La République slovaque met en œuvre le standard minimum par l'inclusion de la disposition de la déclaration du préambule et de la règle COP associée à la règle LOB[145].

B. Conclusion

Aucune juridiction n'a signalé de préoccupation relative à ses conventions conclues avec la République slovaque.

L'Arménie a notifié sa convention avec la République slovaque aux fins de l'IM, ce qui équivaut à une demande de mise en œuvre du standard minimum.

Synthèse de la réponse de la juridiction — République slovaque

	1. Partenaires conventionnels	2. Conformité avec le standard	3. Signature d'un instrument de mise en conformité	4. Recours à la disposition relative au standard minimum
1	Afrique du Sud	Non	Oui, IM	COP
2	Allemagne	Non	Oui, IM	COP
3	Arménie	Non	Non	COP + LOB
4	Australie	Oui, IM		COP
5	Autriche	Oui, IM		COP
6	Bélarus	Non	Non	
7	Belgique	Oui, IM		COP
8	Bosnie-Herzégovine	Oui, IM		COP
9	Brésil	Non	Non	COP + LOB
10	Bulgarie	Non	Oui, IM	COP
12	Canada	Oui, IM		COP

145 Pour ses conventions notifiées aux fins de l'IM, la République slovaque choisit d'appliquer la disposition de la déclaration du préambule (article 6 de l'IM) et la règle COP (article 7 de l'IM). La République slovaque a également opté pour la règle LOB simplifiée au titre de l'article 7(6) de l'IM.

13	Chine (République populaire de)	Non	Oui, IM	COP
14	Chypre*	Oui, IM		COP
15	Corée	Oui, IM		COP
16	Croatie	Non	Oui, IM	COP
17	Danemark	Oui, IM		COP + LOB
18	Émirats arabes unis	Non	Non	
19	Espagne	Non	Oui, IM	COP
20	Estonie	Non	Oui, IM	COP
21	États-Unis	Non	Non	
22	Éthiopie*	Non	Non	COP + LOB
23	Fédération de Russie	Oui, IM		COP + LOB
24	Finlande	Oui, IM		COP
25	France	Oui, IM		COP
26	Géorgie	Oui, IM		COP
27	Grèce	Non	Oui, IM	COP + LOB
28	Hongrie	Non	Oui, IM	COP
29	Inde	Oui, IM		COP + LOB
30	Indonésie	Oui, IM		COP
31	Iran*	Non	Non	COP + LOB
32	Irlande	Oui, IM		COP
33	Islande	Oui, IM		COP + LOB
34	Israël	Oui, IM		COP
35	Italie	Non	Oui, IM	COP
36	Japon	Oui, IM		COP
37	Kazakhstan	Oui, IM		COP + LOB
38	Koweït*	Non	Oui, IM	COP
39	Lettonie	Oui, IM		COP
40	Lituanie	Oui, IM		COP
41	Luxembourg	Oui, IM		COP
42	Lybie*	Non	Non	
43	Macédoine du Nord	Non	Oui, IM	COP
44	Malaisie	Non	Oui, IM	COP
45	Malte	Oui, IM		COP
46	Mexique	Non	Oui, IM	COP + LOB
47	Moldova*	Non	Non	
48	Monténégro	Non	Non	
49	Nigéria	Non	Oui, IM	COP
50	Norvège	Non	Non	
51	Ouzbékistan*	Non	Non	
52	Pays-Bas	Oui, IM		COP
53	Pologne	Oui, IM		COP
54	Portugal	Oui, IM		COP
55	République arabe syrienne*	Non	Non	
56	République tchèque	Oui, IM		COP
57	Roumanie	Non	Oui, IM	COP
58	Royaume-Uni	Oui, IM		COP
59	Serbie	Oui, IM		COP
60	Singapour	Oui, IM		COP
61	Slovénie	Oui, IM		COP
62	Sri Lanka	Non	Non	
63	Suède	Non	Oui, IM	COP
64	Suisse	Non	Non	
65	Tunisie	Non	Oui, IM	COP

66	Turkménistan*	Non	Non	
67	Turquie	Non	Oui, IM	COP
68	Ukraine	Oui, IM		COP
69	Viet Nam	Non	Non	COP

Autres conventions

	1. Partenaires conventionnels	2. Membre du Cadre inclusif
1	Taipei chinois*	Non

République tchèque

A. Progrès dans la mise en œuvre du standard minimum

La République tchèque compte 92 conventions fiscales en vigueur[146], comme l'indique sa réponse au questionnaire d'examen par les pairs. Trente-cinq de ces conventions[147] sont conformes au standard minimum.

La République tchèque a signé l'IM en 2017 et a déposé son instrument de ratification le 13 mai 2020. L'IM est entré en vigueur pour la République tchèque le 1er septembre 2020. Les conventions qui seront modifiées par l'IM deviendront conformes au standard minimum une fois que les dispositions de l'IM auront pris effet.

La République tchèque n'a pas notifié ses conventions avec l'Albanie, l'Arabie saoudite, Bahreïn, la Barbade, le Bélarus, la Bosnie-Herzégovine, le Botswana, le Brésil, les Émirats arabes unis, l'Estonie, les États-Unis, l'Indonésie, la Jordanie, le Kazakhstan, la Macédoine du Nord, la Malaisie, le Maroc, la Mongolie, le Monténégro[148], le Panama, le Sri Lanka, la Thaïlande, la Tunisie, l'Ukraine et le Viet Nam. Aussi, à ce stade, ces conventions ne seront pas modifiées par l'IM. L'Albanie, l'Arabie saoudite, la Barbade, Bahreïn, la Bosnie-Herzégovine, les Émirats arabes unis, l'Estonie, l'Indonésie, la Jordanie, le Kazakhstan, la Macédoine du Nord, la Malaisie, le Maroc, le Panama, la Tunisie, l'Ukraine et le Viet Nam ont notifié leurs conventions avec la République tchèque aux fins de l'IM.

La République tchèque a indiqué dans sa réponse au questionnaire d'examen par les pairs que des mesures ont été prises (autres qu'au titre de l'IM) pour mettre en œuvre le standard minimum dans ses conventions avec le Brésil, le Monténégro et le Sri Lanka.

La République tchèque met en œuvre le standard minimum par l'inclusion de la déclaration du préambule et de la règle COP[149].

B. Conclusion

L'Albanie, l'Arabie saoudite, la Barbade, Bahreïn, la Bosnie-Herzégovine, les Émirats arabes unis, l'Estonie, l'Indonésie, la Jordanie, le Kazakhstan, la Macédoine du Nord, la Malaisie, le Maroc, le Panama, la Tunisie, l'Ukraine et le Viet Nam ont notifié leurs conventions avec la République tchèque aux fins de l'IM, ce qui équivaut à une demande de mise en œuvre du standard minimum.

La République tchèque a élaboré un plan de mise en œuvre du standard minimum dans ses conventions conclues avec l'Albanie, l'Arabie saoudite, Bahreïn, la Barbade, le Bélarus, la Bosnie-Herzégovine, le Botswana, les Émirats arabes unis, l'Estonie, les États-Unis, l'Indonésie, la Jordanie, le Kazakhstan, la

---

[146] La République tchèque continue d'appliquer le traité conclu avec l'ancienne Serbie-et-Monténégro à la fois à la Serbie et au Monténégro.

[147] Une de ces conventions, soit le traité conclu avec l'ancienne Serbie-et-Monténégro, est conforme au standard minimum seulement en ce qui a trait à la Serbie. La République tchèque a indiqué que des discussions sont en cours pour mettre en œuvre le standard minimum dans la convention avec le Monténégro.

[148] La République tchèque a notifié le traité conclu avec l'ancienne Serbie-et-Monténégro sous l'Instrument multilatéral seulement pour la Serbie.

[149] Pour ses conventions notifiées aux fins de l'IM, la République tchèque choisit d'appliquer la disposition de la déclaration du préambule (article 6 de l'IM) et la règle COP (article 7 de l'IM).

Macédoine du Nord, la Malaisie, le Maroc, la Mongolie, le Panama, la Thaïlande, la Tunisie, l'Ukraine et le Viet Nam.

La République tchèque a indiqué dans sa réponse au questionnaire sur les examens par les pairs qu'elle avait l'intention au cours des deux prochaines années d'élargir la liste des conventions qui seront couvertes par l'IM afin d'y inclure les conventions conclues avec des juridictions qui ont signé l'IM et qui ont notifié leurs conventions avec la République tchèque. La République tchèque a indiqué qu'afin d'éviter des doutes ou malentendus possibles dans le futur, la République tchèque ne notifiera que les juridictions avec lesquelles il y aura confirmation bilatérale au sujet des modifications qui seraient apportées aux conventions sous l'IM. Après complétion de cette procédure, la République tchèque a indiqué qu'elle engagera les renégociations bilatérales ou négociations de protocoles pour mettre en œuvre le standard minimum dans ses autres conventions.

Synthèse de la réponse de la juridiction – République tchèque

	1. Partenaires conventionnels	2. Conformité avec le standard	3. Signature d'un instrument de mise en conformité	4. Recours à la disposition relative au standard minimum
1	Afrique du Sud	Non	Oui, IM	COP
2	Allemagne	Non	Oui, IM	COP
3	Arménie	Non	Oui, IM	COP
4	Australie	Oui, IM		COP
5	Autriche	Oui, IM		COP
6	Bangladesh*	Oui, autres		COP
7	Belgique	Oui, IM		COP
8	Brésil	Non	Non	N/C
9	Bulgarie	Non	Oui, IM	COP
10	Canada	Oui, IM		COP
11	Chili	Non	Oui, IM	COP
12	Chine (République populaire de)	Non	Oui, IM	COP
13	Chypre*	Oui, IM		COP
14	Colombie	Non	Oui, IM	COP
15	Corée	Oui, autres		COP
16	Croatie	Non	Oui, IM	COP
17	Danemark	Oui, IM		COP
18	Égypte	Oui, IM		COP
19	Espagne	Non	Oui, IM	COP
20	États-Unis	Non	Non	N/C
21	Fédération de Russie	Oui, IM		COP
22	Finlande	Oui, IM		COP
23	France	Oui, IM		COP
24	Géorgie	Oui, IM		COP
25	Grèce	Non	Oui, IM	COP
26	Hong Kong (Chine)	Non	Oui, IM	COP
27	Hongrie	Non	Oui, IM	COP
28	Inde	Oui, IM		COP
29	Irlande	Oui, IM		COP
30	Islande	Oui, IM		COP
31	Israël	Oui, IM		COP
32	Italie	Non	Oui, IM	COP
33	Japon	Oui, IM		COP
34	Kirghizistan*	Oui, autres		COP

35	Koweït*	Non	Oui, IM	COP
36	Lettonie	Oui, IM		COP
37	Liechtenstein	Oui, IM		COP
38	Lituanie	Oui, IM		COP
39	Luxembourg	Oui, IM		COP
40	Malte	Oui, IM		COP
41	Mexique	Non	Oui, IM	COP
42	Monténégro	Non	Non	N/C
43	Nigéria	Non	Oui, IM	COP
44	Norvège	Oui, IM		COP
45	Nouvelle-Zélande	Oui, IM		COP
46	Pakistan	Oui, IM		COP
47	Pays-Bas	Oui, IM		COP
48	Pologne	Oui, IM		COP
49	Portugal	Oui, IM		COP
50	République slovaque	Oui, IM		COP
51	Roumanie	Non	Oui, IM	COP
52	Royaume-Uni	Oui, IM		COP
53	Serbie	Oui, IM		COP
54	Singapour	Oui, IM		COP
55	Slovénie	Oui, IM		COP
56	Sri Lanka	Non	Non	N/C
57	Suède	Non	Oui, IM	COP
58	Suisse	Non	Oui, IM	COP
59	Turquie	Non	Oui, IM	COP

Autres conventions

	1. Partenaires conventionnels	2. Membre du Cadre inclusif
1	Albanie	Oui
2	Arabie saoudite	Oui
3	Azerbaïdjan*	Non
4	Bahreïn	Oui
5	Barbade	Oui
6	Bélarus	Oui
7	Bosnie-Herzégovine	Oui
8	Botswana	Oui
9	Émirats arabes unis	Oui
10	Estonie	Oui
11	Éthiopie*	Non
12	Ghana*	Non
13	Indonésie	Oui
14	Iran*	Non
15	Jordanie	Oui
16	Kazakhstan	Oui
17	Liban*	Non
18	Macédoine du Nord	Oui
19	Malaisie	Oui
20	Maroc	Oui
21	Moldova*	Non
22	Mongolie	Oui

23	Ouzbékistan*	Non
24	Panama	Oui
25	Philippines*	Non
26	République arabe syrienne*	Non
27	République populaire démocratique de Corée*	Non
28	Tadjikistan*	Non
29	Thaïlande	Oui
30	Tunisie	Oui
31	Turkménistan*	Non
32	Ukraine	Oui
33	Venezuela*	Non
34	Viet Nam	Oui

Roumanie

A. Progrès dans la mise en œuvre du standard minimum

La Roumanie compte 88 conventions fiscales en vigueur, comme l'indique sa réponse au questionnaire d'examen par les pairs. L'une de ces conventions, celle conclue avec l'Espagne, est conforme au standard minimum.

La Roumanie a signé l'IM en 2017 et a notifié ses conventions non conformes. Les conventions qui seront modifiées par l'IM deviendront conformes au standard minimum une fois que les dispositions de l'IM auront pris effet.

La Roumanie met en œuvre le standard minimum par l'inclusion de la déclaration du préambule et de la règle COP[150].

B. Conclusion

Recommandation

Il est recommandé que la Roumanie prenne les mesures nécessaires afin que l'IM prenne effet au regard de ses conventions fiscales notifiées aux fins de l'IM, car ces conventions ne seront modifiées par l'IM (et ne deviendront conformes au standard minimum) qu'une fois que les dispositions de l'IM auront pris effet.

Synthèse de la réponse de la juridiction — Roumanie

	1. Partenaires conventionnels	2. Conformité avec le standard	3. Signature d'un instrument de mise en conformité	4. Recours à la disposition relative au standard minimum
1	Afrique du Sud	Non	Oui, IM	COP
2	Albanie	Non	Oui, IM	COP
3	Algérie*	Non	Non	COP
4	Allemagne	Non	Oui, IM	
5	Arabie saoudite	Non	Oui, IM	COP
6	Arménie	Non	Oui, IM	COP
7	Australie	Non	Oui, IM	COP
8	Autriche	Non	Oui, IM	COP
9	Azerbaïdjan*	Non	Non	COP
10	Bangladesh*	Non	Non	COP
11	Bélarus	Non	Non	COP
12	Belgique	Non	Oui, IM	COP
13	Bosnie-Herzégovine	Non	Oui, IM	COP
14	Bulgarie	Non	Oui, IM	COP

[150] Pour ses conventions notifiées aux fins de l'IM, la Roumanie choisit d'appliquer la disposition de la déclaration du préambule (article 6 de l'IM) et la règle COP (article 7 de l'IM).

15	Canada	Non	Oui, IM	COP
16	Chine (République populaire de)	Non	Oui, IM	COP
17	Chypre*	Non	Oui, IM	COP
18	Corée	Non	Oui, IM	COP
19	Croatie	Non	Oui, IM	COP
20	Danemark	Non	Oui, IM	COP
21	Égypte	Non	Oui, IM	COP
22	Émirats arabes unis	Non	Oui, IM	COP
23	Équateur*	Non	Non	COP
24	Espagne	Oui, autres		COP
25	Estonie	Non	Oui, IM	COP
26	États-Unis	Non	Non	COP
27	Éthiopie*	Non	Non	COP
28	Fédération de Russie	Non	Oui, IM	COP
29	Finlande	Non	Oui, IM	COP
30	France	Non	Oui, IM	COP
31	Géorgie	Non	Oui, IM	COP
32	Grèce	Non	Oui, IM	COP
33	Hong Kong (Chine)	Non	Oui, IM	COP
34	Hongrie	Non	Oui, IM	COP
35	Inde	Non	Oui, IM	COP
36	Indonésie	Non	Oui, IM	COP
37	Iran*	Non	Non	COP
38	Irlande	Non	Oui, IM	COP
39	Islande	Non	Oui, IM	COP
40	Israël	Non	Oui, IM	COP
41	Italie	Non	Oui, IM	COP
42	Japon	Non	Oui, IM	COP
43	Jordanie	Non	Oui, IM	COP
44	Kazakhstan	Non	Oui, IM	COP
45	Koweït*	Non	Oui, IM	COP
46	Lettonie	Non	Oui, IM	COP
47	Liban*	Non	Non	COP
48	Lituanie	Non	Oui, IM	COP
49	Luxembourg	Non	Oui, IM	COP
50	Macédoine du Nord	Non	Oui, IM	COP
51	Malaisie	Non	Oui, IM	COP
52	Malte	Non	Oui, IM	COP
53	Maroc	Non	Oui, IM	COP
54	Mexique	Non	Oui, IM	COP
55	Moldova*	Non	Non	COP
56	Monténégro	Non	Non	COP
57	Namibie	Non	Non	COP
58	Nigéria	Non	Oui, IM	COP
59	Norvège	Non	Oui, IM	COP
60	Ouzbékistan*	Non	Non	COP
61	Pakistan	Non	Oui, IM	COP
62	Pays-Bas	Non	Oui, IM	COP
63	Philippines*	Non	Non	COP
64	Pologne	Non	Oui, IM	COP
65	Portugal	Non	Oui, IM	COP
66	Qatar	Non	Oui, IM	COP
67	République arabe syrienne*	Non	Non	COP

68	République populaire démocratique de Corée*	Non	Non	COP
69	République slovaque	Non	Oui, IM	COP
70	République tchèque	Non	Oui, IM	COP
71	Royaume-Uni	Non	Oui, IM	COP
72	Saint-Marin	Non	Oui, IM	COP
73	Serbie	Non	Oui, IM	COP
74	Singapour	Non	Oui, IM	COP
75	Slovénie	Non	Oui, IM	COP
76	Soudan*	Non	Non	COP
77	Sri Lanka	Non	Non	COP
78	Suède	Non	Oui, IM	COP
79	Suisse	Non	Non	
80	Tadjikistan*	Non	Non	COP
81	Thaïlande	Non	Non	COP
82	Tunisie	Non	Oui, IM	COP
83	Turkménistan*	Non	Non	COP
84	Turquie	Non	Oui, IM	COP
85	Ukraine	Non	Oui, IM	COP
86	Uruguay	Non	Oui, IM	COP
87	Viet Nam	Non	Oui, IM	COP
88	Zambie	Non	Non	COP

Royaume-Uni

A. Progrès dans la mise en œuvre du standard minimum

Le Royaume-Uni compte 131 conventions fiscales en vigueur, comme l'indique sa réponse au questionnaire d'examen par les pairs. Cinquante-trois de ces conventions sont conformes au standard minimum.

Le Royaume-Uni a signé l'IM en 2017 et a déposé son instrument de ratification le 29 juin 2018. L'IM est entré en vigueur pour le Royaume-Uni le 1er octobre 2018. Les conventions qui seront modifiées par l'IM deviendront conformes au standard minimum une fois que les dispositions de l'IM auront pris effet.

Le Royaume-Uni a signé un instrument bilatéral de mise en conformité concernant ses conventions avec l'Allemagne et la Suède.

Le Royaume-Uni a indiqué dans sa réponse au questionnaire d'examen par les pairs avoir pris des mesures (autres qu'au titre de l'IM) afin de mettre en œuvre le standard minimum dans ses conventions avec Montserrat et le Taipei chinois*.

Le Royaume-Uni met en œuvre le standard minimum par l'inclusion de la déclaration du préambule et de la règle COP[151].

B. Conclusion

Aucune juridiction n'a signalé de préoccupation relative à ses conventions conclues avec le Royaume-Uni.

Synthèse de la réponse de la juridiction — Royaume-Uni

	1. Partenaires conventionnels	2. Conformité avec le standard	3. Signature d'un instrument de mise en conformité	4. Recours à la disposition relative au standard minimum
1	Afrique du Sud	Non	Oui, IM	COP
2	Albanie	Oui, IM		COP
3	Algérie*	Non	Non	COP
4	Allemagne	Non	Oui, autres	COP
5	Antigua-et-Barbuda	Non	Non	COP
6	Arabie saoudite	Oui, IM		COP
7	Argentine	Non	Oui, IM	COP
8	Arménie	Non	Oui, IM	COP
9	Australie	Oui, IM		COP
10	Autriche	Oui, autres		COP
11	Azerbaïdjan*	Non	Non	COP
12	Bahreïn	Non	Oui, IM	COP
13	Bangladesh*	Non	Non	COP
14	Barbade	Non	Oui, IM	COP
15	Bélarus	Oui, autres		COP

[151] Pour leurs conventions notifiées aux fins de l'IM, le Royaume-Uni choisit d'appliquer la disposition de la déclaration du préambule (article 6 de l'IM) et la règle COP (article 7 de l'IM). Le Royaume-Uni a formulé une réserve conformément à l'article 6(4) de l'IM afin de ne pas appliquer l'article 6(1) concernant les conventions qui contiennent déjà la version adéquate du préambule (trois conventions).

16	Belgique	Oui, IM		COP
17	Belize	Non	Oui, IM	COP
18	Bolivie*	Non	Non	COP
19	Bosnie-Herzégovine	Oui, IM		COP
20	Botswana	Non	Non	COP
21	Brunei Darussalam	Non	Non	COP
22	Bulgarie	Non	Oui, IM	COP
23	Canada	Oui, IM		COP
24	Chili	Non	Oui, IM	COP
25	Chine (République populaire de)	Non	Oui, IM	COP
26	Chypre*	Oui, autres		COP
27	Colombie	Oui, autres		COP
28	Corée	Oui, IM		COP
29	Côte d'Ivoire	Non	Oui, IM	COP
30	Croatie	Non	Oui, IM	COP
31	Danemark	Oui, IM		COP
32	Égypte	Oui, IM		COP
33	Émirats arabes unis	Oui, IM		COP
34	Espagne	Non	Oui, IM	COP
35	Estonie	Non	Oui, IM	COP
36	Eswatini	Non	Non	COP
37	États-Unis	Non	Non	COP
38	Éthiopie*	Non	Non	COP
39	Fédération de Russie	Oui, IM		COP
40	Fidji*	Non	Oui, IM	COP
41	Finlande	Oui, IM		COP
42	France	Oui, IM		COP
43	Gambie*	Non	Non	COP
44	Géorgie	Oui, IM		COP
45	Ghana*	Non	Non	COP
46	Gibraltar	Oui, autres		COP
47	Grèce	Non	Oui, IM	COP
48	Grenade	Non	Non	COP
49	Guernesey	Oui, autres		COP
50	Guyana*	Non	Non	COP
51	Hong Kong (Chine)	Non	Oui, IM	COP
52	Hongrie	Non	Oui, IM	COP
53	Île de Man	Oui, autres		COP
54	Îles Féroé	Non	Non	COP
55	Îles Salomon*	Non	Non	COP
56	Inde	Oui, IM		COP
57	Indonésie	Oui, IM		COP
58	Irlande	Oui, IM		COP
59	Islande	Oui, IM		COP
60	Israël	Oui, autres		COP
61	Italie	Non	Oui, IM	COP
62	Jamaïque	Non	Oui, IM	COP
63	Japon	Oui, IM		COP + LOB
64	Jersey	Oui, autres		COP
65	Jordanie	Oui, IM		COP
66	Kazakhstan	Oui, IM		COP
67	Kenya	Non	Oui, IM	COP
68	Kiribati*	Non	Non	COP

69	Kosovo*	Non	Non	COP
70	Koweït*	Non	Oui, IM	COP
71	Lesotho*	Non	Non	COP
72	Lettonie	Oui, IM		COP
73	Liechtenstein	Oui, IM		COP
74	Lituanie	Oui, IM		COP
75	Luxembourg	Oui, IM		COP
76	Lybie*	Non	Non	COP
77	Macédoine du Nord	Non	Oui, IM	COP
78	Malaisie	Non	Oui, IM	COP
79	Malawi*	Non	Non	COP
80	Malte	Oui, IM		COP
81	Maroc	Non	Oui, IM	COP
82	Maurice	Oui, IM		COP
83	Mexique	Non	Oui, IM	COP
84	Moldova*	Non	Non	COP
85	Mongolie	Non	Non	COP
86	Monténégro	Non	Non	COP
87	Montserrat	Non	Non	COP
88	Myanmar*	Non	Non	COP
89	Namibie	Non	Non	COP
90	Nigéria	Non	Oui, IM	COP
91	Norvège	Oui, IM		COP
92	Nouvelle-Zélande	Oui, IM		COP
93	Oman	Oui, IM		COP
94	Ouganda*	Non	Non	COP
95	Ouzbékistan*	Oui, autres		COP
96	Pakistan	Oui, IM		COP
97	Panama	Non	Oui, IM	COP
98	Papouasie–Nouvelle-Guinée	Non	Oui, IM	COP
99	Pays-Bas	Oui, IM		COP
100	Philippines*	Non	Non	COP
101	Pologne	Oui, IM		COP
102	Portugal	Oui, IM		COP
103	Qatar	Oui, IM		COP
104	République slovaque	Oui, IM		COP
105	République tchèque	Oui, IM		COP
106	Roumanie	Non	Oui, IM	COP
107	Saint-Kitts-et-Nevis	Non	Non	COP
108	Sénégal	Non	Oui, IM	COP
109	Serbie	Oui, IM		COP
110	Sierra Leone	Non	Non	COP
111	Singapour	Oui, IM		COP
112	Slovénie	Oui, IM		COP
113	Soudan*	Non	Non	COP
114	Sri Lanka	Non	Non	COP
115	Suède	Non	Oui, autres	COP
116	Suisse	Oui, autres		COP
117	Tadjikistan*	Non	Non	COP
118	Taipei chinois*	Non	Non	COP
119	Thaïlande	Non	Non	COP
120	Trinité-et-Tobago	Non	Non	COP
121	Tunisie	Non	Oui, IM	COP

122	Turkménistan*	Non	Non	COP
123	Turquie	Non	Oui, IM	COP
124	Tuvalu*	Non	Non	COP
125	Ukraine	Oui, IM		COP
126	Uruguay	Oui, IM		COP
127	Venezuela*	Non	Non	COP
128	Viet Nam	Non	Non	COP
129	Zambie	Non	Non	COP
130	Zimbabwe*	Non	Non	COP

Autres conventions

	1. Partenaires conventionnels	2. Membre du Cadre inclusif
1	Îles Falkland*	Non

Saint-Kitts-et-Nevis

A. Progrès dans la mise en œuvre du standard minimum

Saint-Kitts-et-Nevis compte neuf conventions fiscales en vigueur, comme l'indique sa réponse au questionnaire d'examen par les pairs, y compris la convention multilatérale entre les membres de la CARICOM conclue avec dix de ses partenaires (la convention de la CARICOM)[152]. Aucune de ces conventions n'est conforme au standard minimum.

Saint-Kitts-et-Nevis n'a pas signé l'IM.

Saint-Kitts-et-Nevis a précisé que sa convention avec la Suisse ne soulevait pas de préoccupations importantes en matière de chalandage fiscal au regard de sa juridiction. Dans sa réponse au questionnaire d'examen par les pairs, la Suisse a aussi indiqué que sa convention avec Saint-Kitts-et-Nevis ne soulevait pas de préoccupations importantes en matière de chalandage fiscal au regard de sa juridiction.

B. Conclusion

Saint-Kitts-et-Nevis développe présentement, en consultation avec le Secrétariat, un plan de mise en œuvre du standard minimum dans ses conventions conclues avec le Danemark, Monaco, la Norvège, la Nouvelle-Zélande, le Royaume-Uni, Saint-Marin, et la Suède.

Saint-Kitts-et-Nevis reconnaît que la convention de la CARICOM n'est pas conforme au standard minimum à ce stade, et que des discussions visant à la mettre à jour seraient envisagées[153].

Autres conventions

Le tableau ci-après répertorie les conventions non conformes, qui ne font pas l'objet d'un instrument de mise en conformité, d'une déclaration générale relative à l'application d'une règle détaillée de limitation des avantages, et pour lesquelles aucune mesure n'a été prise en vue de mettre en œuvre le standard minimum.

	1. Partenaires conventionnels	2. Membre du Cadre inclusif
1	Antigua-et-Barbuda	Oui
2	Barbade	Oui
3	Belize	Oui
4	Danemark	Oui

[152] Accord entre les gouvernements des États membres de la Communauté des Caraïbes tendant à éviter la double imposition et à prévenir l'évasion fiscale en matière d'impôts sur le revenu, sur les profits ou les gains en capital et pour l'encouragement du commerce régional et de l'investissement, Saint-Michel (Barbade), 6 juillet 1994 ; entre Antigua-et-Barbuda (18 février 1998), la Barbade (7 juillet 1995), le Belize (30 novembre 1994), la Dominique (19 juin 1996), la Grenade (1er mars 1996), le Guyana* (26 novembre 1997), la Jamaïque (16 février 1995), Saint-Kitts-et-Nevis (8 mai 1997), Sainte-Lucie (22 mai 1995), Saint-Vincent-et-les-Grenadines (12 février 1998) et Trinité-et-Tobago (29 novembre 1994). Au total, Saint-Kitts-et-Nevis a identifié 14 « accords » dans sa liste des conventions fiscales : quatre conventions bilatérales et la convention de la CARICOM conclue avec dix de ses partenaires.

[153] Les révisions de la convention de la CARICOM nécessitent l'accord de ses onze partenaires.

5	Dominique	Oui
6	Grenade	Oui
7	Guyana*	Non
8	Jamaïque	Oui
9	Monaco	Oui
10	Norvège	Oui
11	Nouvelle-Zélande	Oui
12	Royaume-Uni	Oui
13	Sainte-Lucie	Oui
14	Saint-Marin	Oui
15	Saint-Vincent-et-les-Grenadines	Oui
16	Suède	Oui
17	Suisse	Oui
18	Trinité-et-Tobago	Oui

Saint-Marin

A. Progrès dans la mise en œuvre du standard minimum

Saint-Marin compte 23 conventions fiscales en vigueur, comme l'indique sa réponse au questionnaire d'examen par les pairs. Dix de ces conventions sont conformes au standard minimum.

Saint-Marin a signé l'IM en 2017, a déposé son instrument de ratification le 11 mars 2020, et a notifié ses conventions fiscales non conformes. L'IM est entré en vigueur pour Saint-Marin le 1er juillet 2020. Les conventions qui seront modifiées par l'IM deviendront conformes au standard minimum une fois que les dispositions de l'IM auront pris effet.

Saint-Marin met en œuvre le standard minimum par l'inclusion de la déclaration du préambule et de la règle COP[154].

B. Conclusion

Aucune juridiction n'a signalé de préoccupation relative à ses conventions conclues avec Saint-Marin.

Synthèse de la réponse de la juridiction — Saint-Marin

	1. Partenaires conventionnels	2. Conformité avec le standard	3. Signature d'un instrument de mise en conformité	4. Recours à la disposition relative au standard minimum
1	Autriche	Non	Non	COP
2	Azerbaïdjan*	Non	Non	COP
3	Barbade	Non	Oui, IM	COP
4	Belgique	Oui, IM		COP
5	Chypre*	Oui, IM		COP
6	Croatie	Non	Oui, IM	COP
7	Émirats arabes unis	Non	Non	COP
8	Géorgie	Oui, IM		COP
9	Grèce	Non	Oui, IM	COP
10	Hongrie	Non	Oui, IM	COP
11	Italie	Non	Oui, IM	COP
12	Liechtenstein	Oui, IM		COP
13	Luxembourg	Oui, IM		COP
14	Malaisie	Non	Oui, IM	COP
15	Malte	Oui, IM		COP
16	Portugal	Oui, IM		COP
17	Qatar	Oui, IM		COP
18	Roumanie	Non	Oui, IM	COP
19	Saint-Kitts-et-Nevis	Non	Non	COP
20	Serbie	Oui, autres		COP
21	Seychelles	Non	Oui, IM	COP
22	Singapour	Oui, IM		COP
23	Viet Nam	Non	Non	COP

[154] Pour ses conventions notifiées aux fins de l'IM, Saint-Marin choisit d'appliquer la disposition de la déclaration du préambule (article 6 de l'IM) et la règle COP (article 7 de l'IM). Saint-Marin a formulé une réserve conformément à l'article 7(15)(b) de l'IM afin de ne pas appliquer l'article 7(1) concernant les conventions qui contiennent déjà une règle COP (trois conventions).

Sainte-Lucie

A. Progrès dans la mise en œuvre du standard minimum

Sainte-Lucie compte deux conventions fiscales en vigueur, comme l'indique sa réponse au questionnaire d'examen par les pairs, y compris la convention multilatérale entre les membres de la CARICOM conclue avec dix de ses partenaires (la convention de la CARICOM)[155]. Aucune de ces conventions n'est conforme au standard minimum.

Sainte-Lucie n'a pas signé l'IM.

Sainte-Lucie a précisé dans sa réponse au questionnaire d'examen par les pairs que sa convention avec la Suisse ne soulevait pas de préoccupations importantes en matière de chalandage fiscal, au regard de sa juridiction. Dans sa réponse au questionnaire d'examen par les pairs, la Suisse a aussi indiqué que sa convention avec Sainte-Lucie ne soulevait pas de préoccupations importantes en matière de chalandage fiscal, au regard de sa juridiction.

B. Conclusion

Sainte-Lucie reconnaît que la convention de la CARICOM n'est pas conforme au standard minimum à ce stade, et que des discussions visant à la mettre à jour seraient envisagées[156].

Autres conventions

Le tableau ci-après répertorie les conventions non conformes, qui ne font pas l'objet d'un instrument de mise en conformité, d'une déclaration générale relative à l'application d'une règle détaillée de limitation des avantages, et pour lesquelles aucune mesure n'a été prise en vue de mettre en œuvre le standard minimum.

	1. Partenaires conventionnels	2. Membre du Cadre inclusif
1	Antigua-et-Barbuda	Oui
2	Barbade	Oui
3	Belize	Oui
4	Dominique	Oui
5	Grenade	Oui

155 Accord entre les gouvernements des États membres de la Communauté des Caraïbes tendant à éviter la double imposition et à prévenir l'évasion fiscale en matière d'impôts sur le revenu, sur les profits ou les gains en capital et pour l'encouragement du commerce régional et de l'investissement, Saint-Michel (Barbade), 6 juillet 1994 ; entre Antigua-et-Barbuda (18 février 1998), la Barbade (7 juillet 1995), le Belize (30 novembre 1994), la Dominique (19 juin 1996), la Grenade (1er mars 1996), le Guyana* (26 novembre 1997), la Jamaïque (16 février 1995), Saint-Kitts-et-Nevis (8 mai 1997), Sainte-Lucie (22 mai 1995), Saint-Vincent-et-les-Grenadines (12 février 1998) et Trinité-et-Tobago (29 novembre 1994). Au total, Sainte-Lucie a identifié 11 « accords » dans sa liste des conventions fiscales : une convention bilatérale et la convention de la CARICOM conclue avec dix de ses partenaires.

156 Les révisions de la convention de la CARICOM nécessitent l'accord de ses onze partenaires.

6	Guyana*	Non
7	Jamaïque	Oui
8	Saint-Kitts-et-Nevis	Oui
9	Saint-Vincent-et-les-Grenadines	Oui
10	Suisse	Oui
11	Trinité-et-Tobago	Oui

Saint-Vincent-et-les-Grenadines

A. Progrès dans la mise en œuvre du standard minimum

Saint-Vincent-et-les-Grenadines compte trois conventions fiscales en vigueur, comme l'indique sa réponse au questionnaire d'examen par les pairs, y compris la convention multilatérale entre les membres de la CARICOM conclue avec dix de ses partenaires (la convention de la CARICOM)[157]. Aucune de ces conventions n'est conforme au standard minimum.

Saint-Vincent-et-les-Grenadines n'a pas signé l'IM.

Saint-Vincent-et-les-Grenadines a indiqué dans sa réponse au questionnaire d'examen par les pairs que des mesures sont envisagées afin de mettre en œuvre le standard minimum dans sa convention avec les Émirats arabes unis.

Saint-Vincent-et-les-Grenadines a en outre précisé que sa convention avec la Suisse ne soulevait pas de préoccupations importantes en matière de chalandage fiscal, au regard de sa juridiction. Dans sa réponse au questionnaire d'examen par les pairs, la Suisse a aussi indiqué que sa convention avec Saint-Vincent-et-les-Grenadines ne soulevait pas de préoccupations importantes en matière de chalandage fiscal, au regard de sa juridiction.

B. Conclusion

Saint-Vincent-et-les-Grenadines reconnaît que la convention de la CARICOM n'est pas conforme au standard minimum à ce stade, et que des discussions visant à la mettre à jour seraient envisagées[158].

Synthèse de la réponse de la juridiction — Saint-Vincent-et-les-Grenadines

	1. Partenaires conventionnels	2. Conformité avec le standard	3. Signature d'un instrument de mise en conformité	4. Recours à la disposition relative au standard minimum
1	Émirats arabes unis	Non	Non	

Autres conventions

	1. Partenaires conventionnels	2. Membre du Cadre inclusif

[157] Accord entre les gouvernements des États membres de la Communauté des Caraïbes tendant à éviter la double imposition et à prévenir l'évasion fiscale en matière d'impôts sur le revenu, sur les profits ou les gains en capital et pour l'encouragement du commerce régional et de l'investissement, Saint-Michel (Barbade), 6 juillet 1994 ; entre Antigua-et-Barbuda (18 février 1998), la Barbade (7 juillet 1995), le Belize (30 novembre 1994), la Dominique (19 juin 1996), la Grenade (1er mars 1996), le Guyana* (26 novembre 1997), la Jamaïque (16 février 1995), Saint-Kitts-et-Nevis (8 mai 1997), Sainte-Lucie (22 mai 1995), Saint-Vincent-et-les-Grenadines (12 février 1998) et Trinité-et-Tobago (29 novembre 1994). Au total, Saint-Vincent-et-les-Grenadines a identifié 11 « accords » dans sa liste des conventions fiscales : une convention bilatérale et la convention de la CARICOM conclue avec dix de ses partenaires.

[158] Les révisions de la convention de la CARICOM nécessitent l'accord de ses onze partenaires.

1	Antigua-et-Barbuda	Oui
2	Barbade	Oui
3	Belize	Oui
4	Dominique	Oui
5	Grenade	Oui
6	Guyana*	Non
7	Jamaïque	Oui
8	Sainte-Lucie	Oui
9	Saint-Kitts-et-Nevis	Oui
10	Suisse	Oui
11	Trinité-et-Tobago	Oui

Samoa

A. Progrès dans la mise en œuvre du standard minimum

Samoa compte une convention fiscale en vigueur avec la Nouvelle-Zélande, comme l'indique sa réponse au questionnaire d'examen par les pairs. Cette convention est conforme au standard minimum.

B. Conclusion

Aucune juridiction n'a signalé de préoccupation relative à ses conventions conclues avec Samoa.

Synthèse de la réponse de la juridiction — Samoa

	1. Partenaires conventionnels	2. Conformité avec le standard	3. Signature d'un instrument de mise en conformité	4. Recours à la disposition relative au standard minimum
1	Nouvelle-Zélande	Oui, autres		COP

Sénégal

A. Progrès dans la mise en œuvre du standard minimum

Le Sénégal compte 19 conventions fiscales en vigueur, ainsi que l'indique sa réponse au questionnaire d'examen par les pairs, y compris le Règlement multilatéral 08/2008/COM portant adoption des règles visant à éviter la double imposition au sein de l'Union économique et monétaire ouest-africaine (l'UEMOA) et des règles d'assistance en matière fiscale conclu avec sept de ses partenaires. L'une de ces conventions, celle conclue avec le Luxembourg, est conforme au standard minimum.

Le Sénégal a signé l'IM en 2017 et a notifié ses conventions bilatérales non conformes. Les conventions qui seront modifiées par l'IM deviendront conformes au standard minimum une fois que les dispositions de l'IM auront pris effet.

Le Sénégal met en œuvre le standard minimum par l'inclusion de la disposition de la déclaration du préambule et de la règle COP associée à la règle LOB[159].

B. Conclusion

La convention de l'UEMOA n'est pas conforme au standard minimum à ce stade, et des discussions visant à la mettre à jour devraient être envisagées[160].

[159] Pour ses conventions notifiées aux fins de l'IM, le Sénégal choisit d'appliquer la disposition de la déclaration du préambule (article 6 de l'IM) et la règle COP (article 7 de l'IM). Le Sénégal a également opté pour la règle LOB simplifiée conformément à l'article 7(6) de l'IM, et a indiqué, en vertu de l'article 7(17)(a) de l'IM, que même s'il accepte l'application de la règle COP aux fins de l'IM, il a l'intention dans la mesure du possible d'adopter une règle LOB via des négociations bilatérales. Le Sénégal a formulé une réserve conformément à l'article 6(4) de l'IM afin de ne pas appliquer l'article 6(1) concernant les conventions qui contiennent déjà la version adéquate du préambule (une convention). Le Sénégal a également formulé une réserve conformément à l'article 7(15)(b) de l'IM afin de ne pas appliquer l'article 7(1) concernant les conventions qui contiennent déjà une règle COP (une convention).

[160] Les révisions de la convention de l'UEMOA nécessitent l'accord de ses huit partenaires.

Recommandation

Il est recommandé que le Sénégal prenne les mesures nécessaires afin que l'IM prenne effet au regard de ses conventions fiscales notifiées aux fins de l'IM, car ces conventions ne seront modifiées par l'IM (et ne deviendront conformes au standard minimum) qu'une fois que les dispositions de l'IM auront pris effet.

Synthèse de la réponse de la juridiction — Sénégal

	1. Partenaires conventionnels	2. Conformité avec le standard	3. Signature d'un instrument de mise en conformité	4. Recours à la disposition relative au standard minimum
1	Belgique	Non	Oui, IM	COP
2	Cabo Verde	Oui, autres		COP
3	Canada	Non	Oui, IM	COP
4	Émirats arabes unis	Non	Oui, IM	COP
5	Espagne	Non	Oui, IM	COP
6	France	Non	Oui, IM	COP
7	Italie	Non	Oui, IM	COP
8	Liban*	Non	Non	COP
9	Luxembourg	Oui, autres		COP
10	Malaisie	Non	Oui, IM	COP
11	Maroc	Non	Oui, IM	COP
12	Mauritanie*	Non	Non	COP
13	Norvège	Non	Non	COP
14	Portugal	Non	Oui, IM	COP
15	Qatar	Non	Oui, IM	COP
16	Royaume-Uni	Non	Oui, IM	COP
17	Tunisie	Non	Oui, IM	COP

Autres conventions

	1. Partenaires conventionnels	2. Membre du Cadre inclusif
1	Bénin	Oui
2	Burkina Faso	Oui
3	Côte d'Ivoire	Oui
4	Guinée-Bissau*	Non
5	Mali*	Non
6	Niger*	Non
7	Taipei chinois*	Non
8	Togo*	Non

Serbie

A. Progrès dans la mise en œuvre du standard minimum

La Serbie compte 61 conventions fiscales en vigueur, comme l'indique sa réponse au questionnaire d'examen par les pairs. Trente-cinq de ces conventions sont conformes au standard minimum.

La Serbie a signé l'IM en 2017, a déposé son instrument de ratification le 5 juin 2018, et a notifié ses conventions fiscales non conformes. L'IM est entré en vigueur pour la Serbie le 1er octobre 2018. Les conventions qui seront modifiées par l'IM deviendront conformes au standard minimum une fois que les dispositions de l'IM auront pris effet.

La Serbie met en œuvre le standard minimum par l'inclusion de la déclaration du préambule et de la règle COP[161].

B. Conclusion

Aucune juridiction n'a signalé de préoccupation relative à ses conventions conclues avec la Serbie.

Synthèse de la réponse de la juridiction — Serbie

	1. Partenaires conventionnels	2. Conformité avec le standard	3. Signature d'un instrument de mise en conformité	4. Recours à la disposition relative au standard minimum
1	Albanie	Oui, IM		COP
2	Allemagne	Non	Non	COP
3	Arménie	Non	Oui, IM	COP
4	Autriche	Oui, IM		COP
5	Azerbaïdjan*	Non	Non	COP
6	Bélarus	Non	Non	COP
7	Belgique	Oui, IM		COP
8	Bosnie-Herzégovine	Oui, IM		COP
9	Bulgarie	Non	Oui, IM	COP
10	Canada	Oui, IM		COP
11	Chine (République populaire de)	Non	Oui, IM	COP
12	Chypre*	Oui, IM		COP
13	Corée	Oui, IM		COP
14	Croatie	Non	Oui, IM	COP
15	Danemark	Oui, IM		COP
16	Égypte	Oui, IM		COP
17	Émirats arabes unis	Oui, IM		COP
18	Espagne	Non	Oui, IM	COP
19	Estonie	Non	Oui, IM	COP
20	Fédération de Russie	Oui, IM		COP
21	Finlande	Oui, IM		COP
22	France	Oui, IM		COP

161 Pour ses conventions notifiées aux fins de l'IM, la Serbie choisit d'appliquer la disposition de la déclaration du préambule (article 6 de l'IM) et la règle COP (article 7 de l'IM).

23	Géorgie	Oui, IM		COP
24	Grèce	Non	Oui, IM	COP
25	Hong Kong (Chine)	Oui, autres		COP
26	Hongrie	Non	Oui, IM	COP
27	Inde	Oui, IM		COP
28	Indonésie	Oui, IM		COP
29	Iran*	Non	Non	COP
30	Irlande	Oui, IM		COP
31	Israël	Oui, autres		COP
32	Italie	Non	Oui, IM	COP
33	Kazakhstan	Oui, IM		COP
34	Koweït*	Non	Oui, IM	COP
35	Lettonie	Oui, IM		COP
36	Lituanie	Oui, IM		COP
37	Luxembourg	Oui, IM		COP
38	Lybie*	Non	Non	COP
39	Macédoine du Nord	Non	Oui, IM	COP
40	Malte	Oui, IM		COP
41	Moldova*	Non	Non	COP
42	Monténégro	Non	Non	COP
43	Norvège	Oui, IM		COP
44	Pakistan	Oui, IM		COP
45	Pays-Bas	Oui, IM		COP
46	Pologne	Oui, IM		COP
47	Qatar	Oui, IM		COP
48	République populaire démocratique de Corée*	Non	Non	COP
49	République slovaque	Oui, IM		COP
50	République tchèque	Oui, IM		COP
51	Roumanie	Non	Oui, IM	COP
52	Royaume-Uni	Oui, IM		COP
53	Saint-Marin	Oui, autres		COP
54	Slovénie	Oui, IM		COP
55	Sri Lanka	Non	Non	COP
56	Suède	Non	Non	COP
57	Suisse	Non	Non	COP
58	Tunisie	Non	Oui, IM	COP
59	Turquie	Non	Oui, IM	COP
60	Ukraine	Oui, IM		COP
61	Viet Nam	Non	Non	COP

Seychelles

A. Progrès dans la mise en œuvre du standard minimum

Les Seychelles comptent 28 conventions fiscales en vigueur, comme l'indique leur réponse au questionnaire d'examen par les pairs. Aucune de ces conventions n'est conforme au standard minimum.

Les Seychelles ont signé l'IM en 2017 et a déposé son instrument de ratification le 14 décembre 2021, et notifié leurs conventions fiscales non conformes. L'IM entre en vigueur aux Seychelles le 1er avril 2022. Les conventions qui seront modifiées par l'IM deviendront conformes au standard minimum une fois que les dispositions de l'IM auront pris effet.

Les Seychelles mettent en œuvre le standard minimum par l'inclusion de la déclaration du préambule et de la règle COP[162].

B. Conclusion

Aucune juridiction n'a signalé de préoccupation relative à ses conventions conclues avec les Seychelles.

Synthèse de la réponse de la juridiction — Seychelles

	1. Partenaires conventionnels	2. Conformité avec le standard	3. Signature d'un instrument de mise en conformité	4. Recours à la disposition relative au standard minimum
1	Afrique du Sud	Non	Oui, IM	COP
2	Bahreïn	Non	Oui, IM	COP
3	Barbade	Non	Oui, IM	COP
4	Belgique	Non	Oui, IM	COP
5	Bermudes	Non	Non	
6	Botswana	Non	Non	
7	Chine (République populaire de)	Non	Oui, IM	COP
8	Chypre*	Non	Oui, IM	COP
9	Émirats arabes unis	Non	Oui, IM	COP
10	Eswatini	Non	Non	
11	Éthiopie*	Non	Non	
12	Guernesey	Non	Oui, IM	COP
13	Île de Man	Non	Oui, IM	COP
14	Indonésie	Non	Oui, IM	COP
15	Jersey	Non	Oui, IM	COP
16	Kenya	Non	Oui, IM	COP
17	Luxembourg	Non	Oui, IM	COP
18	Malaisie	Non	Oui, IM	COP
19	Maurice	Non	Oui, IM	COP
20	Monaco	Non	Oui, IM	COP

162 Pour leurs conventions notifiées aux fins de l'IM, les Seychelles choisissent d'appliquer la disposition de la déclaration du préambule (article 6 de l'IM) et la règle COP (article 7 de l'IM). Les Seychelles ont indiqué que même si elles acceptent l'application de la règle COP aux fins de l'IM, elles ont l'intention d'adopter dans la mesure du possible une règle LOB par négociation bilatérale.

21	Oman	Non	Oui, IM	COP
22	Qatar	Non	Oui, IM	COP
23	Saint-Marin	Non	Oui, IM	COP
24	Singapour	Non	Oui, IM	COP
25	Sri Lanka	Non	Non	
26	Thaïlande	Non	Non	
27	Viet Nam	Non	Non	
28	Zambie	Non	Non	

Sierra Leone

A. Progrès dans la mise en œuvre du standard minimum

La Sierra Leone compte trois conventions fiscales en vigueur, comme l'indique sa réponse au questionnaire d'examen par les pairs.

Aucune de ces conventions n'est conforme au standard minimum.

La Sierra Leone n'a pas signé l'IM.

B. Conclusion

Recommandation

Il est recommandé que la Sierra Leone élabore un plan afin de mettre en œuvre le standard minimum dans ses conventions pour lesquelles aucune mesure n'a encore été prise, et qui ont été conclues avec des membres du Cadre inclusif sur le BEPS (Afrique du Sud, Norvège et Royaume-Uni).

Autres conventions

Le tableau ci-après répertorie les conventions non conformes, qui ne font pas l'objet d'un instrument de mise en conformité, d'une déclaration générale relative à l'application d'une règle détaillée de limitation des avantages, et pour lesquelles aucune mesure n'a été prise en vue de mettre en œuvre le standard minimum.

	1. Partenaires conventionnels	2. Membre du Cadre inclusif
1	Afrique du Sud	Oui
2	Norvège	Oui
3	Royaume-Uni	Oui

Singapour

A. Progrès dans la mise en œuvre du standard minimum

Singapour compte 88 conventions fiscales en vigueur, comme l'indique sa réponse au questionnaire d'examen par les pairs. Quarante-cinq de ces conventions sont conformes au standard minimum.

Singapour a signé l'IM en 2017, déposé son instrument de ratification le 21 décembre 2018, et notifié ses conventions fiscales non conformes conclues avec d'autres membres du Cadre inclusif. L'IM est entré en vigueur pour Singapour le 1er avril 2019. Les conventions qui seront modifiées par l'IM deviendront conformes au standard minimum une fois que les dispositions de l'IM auront pris effet.

Singapour met en œuvre le standard minimum par l'inclusion de la disposition de la déclaration du préambule et de la règle COP[163].

B. Conclusion

Aucune juridiction n'a signalé de préoccupation relative à ses conventions conclues avec Singapour.

Synthèse de la réponse de la juridiction — Singapour

	1. Partenaires conventionnels	2. Conformité avec le standard	3. Signature d'un instrument de mise en conformité	4. Recours à la disposition relative au standard minimum
1	Afrique du Sud	Non	Oui, IM	COP
2	Albanie	Oui, IM		COP
3	Allemagne	Oui, autres		COP
4	Arabie saoudite	Oui, IM		COP
5	Australie	Oui, IM		COP
6	Autriche	Oui, IM		COP
7	Bahreïn	Non	Oui, IM	COP
8	Bangladesh*	Non	Non	COP
9	Barbade	Non	Oui, IM	COP
10	Bélarus	Non	Non	COP
11	Belgique	Oui, IM		COP
12	Brunei Darussalam	Non	Non	COP
13	Bulgarie	Non	Oui, IM	COP
14	Cambodge*	Non	Non	COP
15	Canada	Oui, IM		COP
16	Chine (République populaire de)	Non	Oui, IM	COP
17	Chypre*	Oui, IM		COP
18	Corée	Oui, autres		COP
19	Danemark	Oui, IM		COP
20	Égypte	Oui, IM		COP
21	Émirats arabes unis	Oui, IM		COP
22	Équateur*	Non	Non	COP

163 Pour ses conventions notifiées aux fins de l'IM, Singapour choisit d'appliquer la disposition de la déclaration du préambule (article 6 de l'IM) et la règle COP (article 7 de l'IM).

23	Espagne	Non	Oui, IM	COP
24	Estonie	Non	Oui, IM	COP
25	Éthiopie*	Non	Non	COP
26	Fédération de Russie	Oui, IM		COP
27	Fidji*	Non	Oui, IM	COP
28	Finlande	Oui, IM		COP
29	France	Oui, IM		COP
30	Géorgie	Oui, IM		COP
31	Ghana*	Non	Non	COP
32	Guernesey	Oui, IM		COP
33	Hongrie	Non	Oui, IM	COP
34	Île de Man	Oui, IM		COP
35	Inde	Oui, IM		COP
36	Indonésie	Oui, IM		COP
37	Irlande	Oui, IM		COP
38	Israël	Oui, IM		COP
39	Italie	Non	Oui, IM	COP
40	Japon	Oui, IM		COP
41	Jersey	Oui, IM		COP
42	Kazakhstan	Oui, IM		COP
43	Koweït*	Non	Oui, IM	COP
44	Lettonie	Oui, IM		COP
45	Libye*	Non	Non	COP
46	Liechtenstein	Oui, IM		COP
47	Lituanie	Oui, IM		COP
48	Luxembourg	Oui, IM		COP
49	Malaisie	Non	Oui, IM	COP
50	Malte	Oui, IM		COP
51	Maroc	Non	Oui, IM	COP
52	Maurice	Oui, IM		COP
53	Mexique	Non	Oui, IM	COP
54	Mongolie	Non	Non	COP
55	Myanmar*	Non	Non	COP
56	Nigéria	Non	Oui, IM	COP
57	Norvège	Non	Non	COP
58	Nouvelle-Zélande	Oui, IM		COP
59	Oman	Oui, IM		COP
60	Ouzbékistan*	Non	Non	COP
61	Pakistan	Non	Oui, IM	COP
62	Panama	Non	Oui, IM	COP
63	Papouasie–Nouvelle-Guinée	Non	Oui, IM	COP
64	Pays-Bas	Oui, IM		COP
65	Philippines*	Non	Non	COP
66	Pologne	Oui, IM		COP
67	Portugal	Oui, IM		COP
68	Qatar	Oui, IM		COP
69	République démocratique populaire lao*	Non	Non	COP
70	République slovaque	Oui, IM		COP
71	République tchèque	Oui, IM		COP
72	Roumanie	Non	Oui, IM	COP
73	Royaume-Uni	Oui, IM		COP
74	Rwanda*	Non	Non	COP
75	Saint-Marin	Oui, IM		COP

76	Seychelles	Non	Oui, IM	COP
77	Slovénie	Oui, IM		COP
78	Sri Lanka	Non	Non	COP
79	Suède	Non	Non	COP
80	Suisse	Non	Non	COP
81	Taipei chinois*	Non	Non	COP
82	Thaïlande	Non	Non	COP
83	Tunisie	Non	Oui, IM	COP
84	Turkménistan*	Oui, autres		COP
85	Turquie	Non	Oui, IM	COP
86	Ukraine	Oui, IM		COP
87	Uruguay	Oui, IM		COP
88	Viet Nam	Non	Non	COP

Slovénie

A. Progrès dans la mise en œuvre du standard minimum

La Slovénie compte 59 conventions fiscales en vigueur, comme l'indique sa réponse au questionnaire d'examen par les pairs. Trente-quatre de ces conventions sont conformes au standard minimum.

La Slovénie a signé l'IM en 2017, et a déposé son instrument de ratification de l'IM le 22 mars 2018. L'IM est entré en vigueur pour la Slovénie le 1er juillet 2018. Les conventions qui seront modifiées par l'IM deviendront conformes au standard minimum une fois que les dispositions de l'IM auront pris effet.

La Slovénie a signé un instrument bilatéral de mise en conformité concernant sa convention avec la Suède.

La Slovénie n'a pas notifié ses conventions avec l'Allemagne et le Monténégro, mais a indiqué dans sa réponse au questionnaire d'examen par les pairs avoir pris des mesures (autres qu'au titre de l'IM) afin de mettre en œuvre le standard minimum dans ces deux conventions.

La Slovénie met en œuvre le standard minimum par l'inclusion de la déclaration du préambule et de la règle COP[164].

B. Conclusion

Aucune juridiction n'a signalé de préoccupation relative à ses conventions conclues avec la Slovénie.

Synthèse de la réponse de la juridiction — Slovénie

	1. Partenaires conventionnels	2. Conformité avec le standard	3. Signature d'un instrument de mise en conformité	4. Recours à la disposition relative au standard minimum
1	Albanie	Oui, IM		COP
2	Allemagne	Non	Non	COP
3	Arménie	Non	Oui, IM	COP
4	Autriche	Oui, IM		COP
5	Azerbaïdjan*	Non	Non	COP
6	Bélarus	Non	Non	COP
7	Belgique	Oui, IM		COP
8	Bosnie-Herzégovine	Oui, IM		COP
9	Bulgarie	Non	Oui, IM	COP
10	Canada	Oui, IM		COP
11	Chine (République populaire de)	Non	Oui, IM	COP
12	Chypre*	Oui, IM		COP
13	Corée	Oui, IM		COP
14	Croatie	Non	Oui, IM	COP
15	Danemark	Oui, IM		COP
16	Émirats arabes unis	Oui, IM		COP
17	Espagne	Non	Oui, IM	COP
18	Estonie	Non	Oui, IM	COP

164 Pour ses conventions notifiées aux fins de l'IM, la Slovénie choisit d'appliquer la disposition de la déclaration du préambule (article 6 de l'IM) et la règle COP (article 7 de l'IM).

19	États-Unis	Non	Non	COP
20	Fédération de Russie	Oui, IM		COP
21	Finlande	Oui, IM		COP
22	France	Oui, IM		COP
23	Géorgie	Oui, IM		COP
24	Grèce	Non	Oui, IM	COP
25	Hongrie	Non	Oui, IM	COP
26	Inde	Oui, IM		COP
27	Iran*	Non	Non	COP
28	Irlande	Oui, IM		COP
29	Islande	Oui, IM		COP
30	Israël	Oui, IM		COP
31	Italie	Non	Oui, IM	COP
32	Japon	Oui, autres		COP
33	Kazakhstan	Oui, IM		COP
34	Kosovo*	Non	Non	COP
35	Koweït*	Non	Oui, IM	COP
36	Lettonie	Oui, IM		COP
37	Lituanie	Oui, IM		COP
38	Luxembourg	Oui, IM		COP
39	Macédoine du Nord	Non	Oui, IM	COP
40	Malte	Oui, IM		COP
41	Moldova*	Non	Non	COP
42	Monténégro	Non	Non	COP
43	Norvège	Oui, IM		COP
44	Ouzbékistan*	Non	Non	COP
45	Pays-Bas	Oui, IM		COP
46	Pologne	Oui, IM		COP
47	Portugal	Oui, IM		COP
48	Qatar	Oui, IM		COP
49	République slovaque	Oui, IM		COP
50	République tchèque	Oui, IM		COP
51	Roumanie	Non	Oui, IM	COP
52	Royaume-Uni	Oui, IM		COP
53	Serbie	Oui, IM		COP
54	Singapour	Oui, IM		COP
55	Suède	Non	Oui, autres	COP
56	Suisse	Non	Non	COP
57	Thaïlande	Non	Non	COP
58	Turquie	Non	Oui, IM	COP
59	Ukraine	Oui, IM		COP

Sri Lanka

A. Progrès dans la mise en œuvre du standard minimum

Le Sri Lanka compte 43 conventions fiscales en vigueur, comme l'indique sa réponse au questionnaire d'examen par les pairs. Aucune de ces conventions n'est conforme au standard minimum.

Le Sri Lanka n'a pas signé l'IM.

Le Sri Lanka a indiqué dans sa réponse au questionnaire d'examen par les pairs avoir pris des mesures (autres qu'au titre de l'IM) afin de mettre en œuvre le standard minimum dans ses conventions avec la Belgique, le Danemark, l'Inde, le Luxembourg, le Pakistan, les Pays-Bas, la République tchèque, la Roumanie et la Suisse.

Le Sri Lanka met en œuvre le standard minimum par l'inclusion de la disposition de la déclaration du préambule et de la règle COP, associée à la règle LOB en ce qui concerne sa convention avec l'Inde.

Dans leurs réponses au questionnaire d'examen par les pairs, l'Indonésie et le Japon ont indiqué que leurs conventions avec le Sri Lanka ne soulevaient pas de préoccupations importantes en matière de chalandage fiscal, au regard de leurs juridictions respectives.

B. Conclusion

Le Sri Lanka a élaboré un plan de mise en œuvre du standard minimum dans ses conventions avec l'Allemagne, l'Australie, Bahreïn, le Bélarus, le Canada, la Chine (République populaire de), la Corée, les Émirats arabes unis, la Fédération de Russie, la Finlande, la France, l'Indonésie, l'Italie, le Japon, la Malaisie, Maurice, la Norvège, Oman, la Pologne, le Qatar, la République slovaque, les Seychelles, Singapour, la Suède, la Thaïlande, le Royaume-Uni et le Viet Nam. Le Sri Lanka a indiqué dans sa réponse au questionnaire d'examen par les pairs que des négociations bilatérales seraient engagées concernant ces conventions.

Synthèse de la réponse de la juridiction — Sri Lanka

	1. Partenaires conventionnels	2. Conformité avec le standard	3. Signature d'un instrument de mise en conformité	4. Recours à la disposition relative au standard minimum
1	Belgique	Non	Non	COP
2	Danemark	Non	Non	COP
3	États-Unis	Non	Non	LOB détaillée
4	Inde	Non	Non	LOB
5	Luxembourg	Non	Non	COP
6	Pakistan	Non	Non	COP
7	Pays-Bas	Non	Non	COP
8	République tchèque	Non	Non	COP
9	Roumanie	Non	Non	COP
10	Suisse	Non	Non	COP

Autres conventions

	1. Partenaires conventionnels	2. Membre du Cadre inclusif
1	Allemagne	Oui
2	Australie	Oui
3	Bahreïn	Oui
4	Bangladesh*	Non
5	Bélarus	Oui
6	Canada	Oui
7	Chine (République populaire de)	Oui
8	Corée	Oui
9	Émirats arabes unis	Oui
10	Fédération de Russie	Oui
11	Finlande	Oui
12	France	Oui
13	Indonésie	Oui
14	Iran*	Non
15	Italie	Oui
16	Japon	Oui
17	Koweït*	Non
18	Malaisie	Oui
19	Maurice	Oui
20	Népal*	Non
21	Norvège	Oui
22	Oman	Oui
23	Palestine*	Non
24	Philippines*	Non
25	Pologne	Oui
26	Qatar	Oui
27	République slovaque	Oui
28	Royaume-Uni	Oui
29	Seychelles	Oui
30	Singapour	Oui
31	Suède	Oui
32	Thaïlande	Oui
33	Viet Nam	Oui

Suède

A. Progrès dans la mise en œuvre du standard minimum

La Suède compte 81 conventions fiscales en vigueur, comme l'indique sa réponse au questionnaire d'examen par les pairs, y compris la Convention nordique multilatérale conclue avec le Danemark, les Îles Féroé, la Finlande, l'Islande et la Norvège (la « Convention nordique »)[165]. Trois de ces conventions, y compris la Convention nordique, sont conformes au standard minimum.

La Suède a signé l'IM en 2017 et a déposé son instrument de ratification le 22 juin 2018. L'IM est entré en vigueur pour la Suède le 1er octobre 2018. Les conventions qui seront modifiées par l'IM deviendront conformes au standard minimum une fois que les dispositions de l'IM auront pris effet.

La Suède se réserve le droit de retarder la prise d'effet des dispositions de l'IM jusqu'à ce qu'elle ait accompli les procédures internes prévues à cet effet au regard de chacune des conventions notifiées[166]. La Suède n'a pas encore notifié qu'elle avait accompli ses procédures internes relatives à la prise d'effet de l'IM au regard de ses conventions fiscales.

La Suède n'a pas notifié ses conventions avec l'Allemagne, l'Australie, l'Autriche, la Bosnie-Herzégovine, le Brésil, la Croatie, l'Espagne, la France, le Monténégro, la Namibie, le Portugal, la Serbie, Singapour et la Slovénie aux fins de l'IM. Aussi, à ce stade, ces conventions ne seront pas modifiées par l'IM. L'Australie, la Bosnie-Herzégovine, la Croatie, la France, le Portugal, la Serbie et Singapour ont notifié leurs conventions conclues avec la Suède aux fins de l'IM.

La Suède a signé un instrument bilatéral de mise en conformité concernant ses conventions avec le Brésil, le Portugal, le Royaume-Uni et la Slovénie.

La Suède a indiqué dans sa réponse au questionnaire d'examen par les pairs avoir pris des mesures (autres qu'au titre de l'IM) afin de mettre en œuvre le standard minimum dans ses conventions avec l'Allemagne, l'Autriche, l'Espagne, la France, la Namibie et Singapour.

La Suède a indiqué dans sa réponse au questionnaire d'examen par les pairs que ses conventions avec l'Australie, la Bosnie-Herzégovine, la Croatie, le Kosovo*, le Monténégro et la Serbie ne soulevaient pas de préoccupations importantes en matière de chalandage fiscal au regard de sa juridiction.

La Suède met en œuvre le standard minimum par l'inclusion de la déclaration du préambule et de la règle COP[167].

---

[165] Voir la convention multilatérale conclue par le Danemark, la Finlande, les Îles Féroé, l'Islande, la Norvège et la Suède tendant à éviter la double imposition concernant les impôts sur le revenu et la fortune (1996, 1997, 2008 et 2018). Au total, la Suède a identifié 85 « accords » dans sa liste des conventions fiscales : 80 conventions bilatérales et la Convention nordique conclue avec cinq partenaires.

[166] Les réserves ont été formulées en vertu de l'article 35(7)(a) de l'IM.

[167] Pour ses conventions notifiées aux fins de l'IM, la Suède choisit d'appliquer la disposition de la déclaration du préambule (article 6 de l'IM) et la règle COP (article 7 de l'IM).

B. Conclusion

L'Australie, la Bosnie-Herzégovine, la Croatie, la France, la Serbie et Singapour ont notifié leurs conventions conclues avec la Suède aux fins de l'IM, ce qui équivaut à une demande de mise en œuvre du standard minimum.

Recommandation

Il est recommandé que la Suède prenne les mesures nécessaires afin que l'IM prenne effet au regard de ses conventions fiscales notifiées aux fins de l'IM, car ces conventions ne seront modifiées par l'IM (et ne deviendront conformes au standard minimum) qu'une fois que les dispositions de l'IM auront pris effet.

Il est également recommandé que la Suède élabore un plan de mise en œuvre du standard minimum dans ses conventions pour lesquelles aucune mesure n'a encore été prise, et qui ont été conclues avec des membres du Cadre inclusif sur le BEPS (Australie, Bosnie-Herzégovine, Croatie et Serbie).

Synthèse de la réponse de la juridiction — Suède

	1. Partenaires conventionnels	2. Conformité avec le standard	3. Signature d'un instrument de mise en conformité	4. Recours à la disposition relative au standard minimum
1	Afrique du Sud	Non	Oui, IM	COP
2	Albanie	Non	Oui, IM	COP
3	Allemagne	Non	Non	
4	Arabie saoudite	Non	Oui, IM	COP
5	Argentine	Non	Oui, IM	COP
6	Arménie	Non	Oui, IM	COP
7	Autriche	Non	Non	
8	Azerbaïdjan*	Non	Non	
9	Bangladesh*	Non	Non	
10	Barbade	Non	Oui, IM	
11	Bélarus	Non	Non	
12	Belgique	Non	Oui, IM	COP
13	Bolivie*	Non	Non	
14	Botswana	Non	Non	
15	Brésil	Non	Oui, autres	COP + LOB
16	Bulgarie	Non	Oui, IM	COP
17	Canada	Non	Oui, IM	COP
18	Chili	Non	Oui, IM	COP
19	Chine (République populaire de)	Non	Oui, IM	COP
20	Chypre*	Non	Oui, IM	COP
21	Corée	Non	Oui, IM	COP
22	Danemark	Oui, autres		COP
23	Égypte	Non	Oui, IM	COP
24	Espagne	Non	Non	
25	Estonie	Non	Oui, IM	COP
26	États-Unis	Non	Non	

27	Fédération de Russie	Oui, autres		COP
28	Finlande	Oui, autres		COP
29	France	Non	Non	
30	Gambie*	Non	Non	
31	Géorgie	Non	Oui, IM	COP
32	Grèce	Non	Oui, IM	COP
33	Hongrie	Non	Oui, IM	COP
34	Îles Féroé	Oui, autres		COP
35	Inde	Non	Oui, IM	COP
36	Indonésie	Non	Oui, IM	COP
37	Irlande	Non	Oui, IM	COP
38	Islande	Oui, autres		COP
39	Israël	Non	Oui, IM	COP
40	Italie	Non	Oui, IM	COP
41	Jamaïque	Non	Oui, IM	COP
42	Japon	Non	Oui, IM	COP + LOB
43	Kazakhstan	Non	Oui, IM	COP
44	Kenya	Non	Oui, IM	COP
45	Lettonie	Non	Oui, IM	COP
46	Lituanie	Non	Oui, IM	COP
47	Luxembourg	Non	Oui, IM	COP
48	Macédoine du Nord	Non	Oui, IM	COP
49	Malaisie	Non	Oui, IM	COP
50	Malte	Non	Oui, IM	COP
51	Maurice	Non	Oui, IM	COP
52	Mexique	Non	Oui, IM	COP
53	Namibie	Non	Non	
54	Nigéria	Non	Oui, IM	COP
55	Norvège	Oui, autres		COP
56	Nouvelle-Zélande	Non	Oui, IM	COP
57	Pakistan	Non	Oui, IM	COP
58	Pays-Bas	Non	Oui, IM	COP
59	Philippines*	Non	Non	
60	Pologne	Non	Oui, IM	COP
61	Portugal	Non	Oui, autres	
62	République slovaque	Non	Oui, IM	COP
63	République tchèque	Non	Oui, IM	COP
64	Roumanie	Non	Oui, IM	COP
65	Royaume-Uni	Non	Oui, IM/autres	COP
66	Singapour	Non	Non	
67	Slovénie	Non	Oui, autres	COP
68	Sri Lanka	Non	Non	
69	Suisse	Oui, autres		COP
70	Tanzanie*	Non	Non	
71	Thaïlande	Non	Non	
72	Trinité-et-Tobago	Non	Non	
73	Tunisie	Non	Oui, IM	COP
74	Turquie	Non	Oui, IM	COP
75	Ukraine	Non	Oui, IM	COP
76	Venezuela*	Non	Non	
77	Viet Nam	Non	Non	
78	Zambie	Non	Non	
79	Zimbabwe*	Non	Non	

Autres conventions

	1. Partenaires conventionnels	2. Membre du Cadre inclusif
1	Australie	Oui
2	Bosnie-Herzégovine	Oui
3	Croatie	Oui
4	Kosovo*	Non
5	Monténégro	Oui
6	Serbie	Oui

Suisse

A. Progrès dans la mise en œuvre du standard minimum

La Suisse compte 107 conventions fiscales en vigueur, comme l'indique sa réponse au questionnaire d'examen par les pairs. Quatorze de ces conventions sont conformes au standard minimum.

La Suisse a signé l'IM en 2017 et a déposé son instrument de ratification le 29 août 2019. L'IM est entré en vigueur pour la Suisse le 1er décembre 2019. Les conventions qui seront modifiées par l'IM deviendront conformes au standard minimum une fois que les dispositions de l'IM auront pris effet. La Suisse a notifié douze de ses conventions aux fins de l'IM, et a indiqué dans sa réponse au questionnaire d'examen par les pairs qu'elle notifierait une convention aux fins de l'IM uniquement si elle parvient à s'accorder avec ses partenaires sur la façon dont l'IM modifiera leur convention. La Suisse considère que l'IM modifie une convention fiscale couverte de la même manière qu'un protocole portant modification. Un accord avec l'autre juridiction contractante sur la formulation précise des modifications à apporter à la convention fiscale correspondante par l'intermédiaire de l'IM est donc nécessaire pour que la Suisse notifie une convention fiscale aux fins de l'IM.

La Suisse se réserve le droit de retarder la prise d'effet des dispositions de l'IM jusqu'à ce qu'elle ait accompli les procédures internes prévues à cet effet au regard de chacune des conventions notifiées[168]. La Suisse a indiqué avoir accompli ses procédures internes relatives à l'entrée en vigueur de l'IM au regard de ses conventions conclues avec le Luxembourg le 27 mai 2020, ainsi qu'avec la République tchèque et la Lituanie le 18 décembre 2020.

La Suisse n'a pas notifié ses conventions avec les pays suivants : Albanie, Allemagne, Antigua-et-Barbuda, Arménie, Australie, Barbade, Bélarus, Belgique, Belize, Bulgarie, Canada, Chine (République populaire de), Colombie, Corée, Côte d'Ivoire, Croatie, Danemark, Dominique, Égypte, Espagne, Estonie, Finlande, France, Géorgie, Grèce, Grenade, Hong Kong (Chine), Hongrie, Inde, Indonésie, Îles Vierges britanniques, Israël, Jamaïque, Japon, Kazakhstan, Liechtenstein, Macédoine du Nord, Malaisie, Malte, Maroc, Mongolie, Monténégro, Montserrat, Oman, Pakistan, Pérou, Pologne, Qatar, République slovaque, Roumanie, Russie, Sainte-Lucie, Saint-Kitts-et-Nevis, Saint-Vincent-et-les-Grenadines, Serbie, Singapour, Slovénie, Sri Lanka, Thaïlande, Tunisie, Émirats arabes unis, Uruguay et Viet Nam. Aussi, à ce stade, ces conventions ne seront pas modifiées par l'IM. L'Albanie, l'Arménie, l'Australie, la Barbade, le Belize, la Chine (République populaire de), la Colombie, la Croatie, l'Égypte, les Émirats arabes unis, l'Espagne, la Finlande, la France, la Grèce, Hong Kong (Chine), la Hongrie, l'Inde, l'Indonésie, la Jamaïque, le Kazakhstan, la Malaisie, le Maroc, Oman, le Pakistan, le Pérou, la Pologne, la Roumanie, la Serbie, Singapour, la République slovaque, la Slovénie, la Tunisie et l'Uruguay ont notifié leur convention avec la Suisse aux fins de l'IM.

La Suisse a signé un instrument bilatéral de mise en conformité concernant ses conventions conclues avec Chypre*, l'Iran*, le Koweït*, le Liechtenstein, Malte et la Macédoine du Nord.

La Suisse a indiqué dans sa réponse au questionnaire d'examen par les pairs avoir pris des mesures (autres qu'au titre de l'IM) afin de mettre en œuvre le standard minimum dans ses conventions avec l'Albanie, l'Algérie*, l'Allemagne, l'Arménie, l'Australie, le Bangladesh*, le Bélarus, la Belgique, la Bulgarie, le Canada, la Chine (République populaire de), la Colombie, la Côte d'Ivoire, la Croatie, le Danemark, l'Égypte, les Émirats arabes unis, l'Espagne, l'Estonie, les États-Unis, la Finlande, la France, la Géorgie, la Grèce, Hong Kong (Chine), la Hongrie, l'Inde, l'Indonésie, Israël, la Jamaïque, le Japon, le Kazakhstan, le Kirghizistan*, la Malaisie, le Maroc, la Mongolie, le Monténégro, Oman, le Pakistan, le Pérou, les

[168] Les réserves ont été formulées en vertu de l'article 35(7)(a) de l'IM.

Philippines*, la Pologne, le Qatar, la République slovaque, la Roumanie, la Russie, la Serbie, Singapour, la Slovénie, le Sri Lanka, le Tadjikistan*, la Thaïlande, Trinité-et-Tobago, la Tunisie, l'Uruguay et le Viet Nam.

La Suisse a en outre précisé dans sa réponse au questionnaire d'examen par les pairs que ses conventions avec Antigua-et-Barbuda, l'Azerbaïdjan*, la Barbade, le Belize, les Îles Vierges britanniques, le Taipei chinois*, la Dominique, l'Équateur*, la Gambie*, le Ghana*, la Grenade, le Malawi*, la Moldova*, Montserrat, Saint-Kitts-et-Nevis, Sainte-Lucie, Saint-Vincent-et-les-Grenadines, le Turkménistan*, l'Ouzbékistan* et le Venezuela* ne soulevaient pas de préoccupations importantes en matière de chalandage fiscal, au regard de sa juridiction.

La Suisse met en œuvre le standard minimum par l'inclusion de la déclaration du préambule et de la règle COP[169].

Dans leurs réponses au questionnaire d'examen par les pairs, Saint-Kitts-et-Nevis, Sainte-Lucie et Saint-Vincent-et-les-Grenadines ont indiqué que leurs conventions avec la Suisse ne soulevaient pas de préoccupations importantes en matière de chalandage fiscal, au regard de leurs juridictions respectives.

B. Conclusion

L'Albanie, l'Arménie, l'Australie, les Barbades, le Bélize, la Chine (République populaire de), la Colombie, la Croatie, l'Égypte, les Émirats arabes unis, l'Espagne, la Finlande, la France, la Grèce, Hong Knog (Chine), la Hongrie, l'Inde, l'Indonésie, le Kazakhstan, la Malaisie, le Maroc, Oman, le Pakistan, le Pérou, la Pologne, la Roumanie, la Serbie, Singapour, la République slovaque, la Slovénie, la Tunisie et l'Uruguay ont notifié leurs conventions conclues avec la Suisse aux fins de l'IM, ce qui équivaut à une demande de mise en œuvre du standard minimum.

La Suisse est invitée à accomplir et notifier ses procédures internes relatives à la prise d'effet de l'IM et à le notifier au regard de ses conventions fiscales couvertes par l'IM n'ayant pas encore fait l'objet d'une telle notification.

Synthèse de la réponse de la juridiction — Suisse

	1. Partenaires conventionnels	2. Conformité avec le standard	3. Signature d'un instrument de mise en conformité	4. Recours à la disposition relative au standard minimum
1	Afrique du Sud	Non	Oui, IM	COP
2	Albanie	Non	Non	COP
3	Algérie*	Non	Non	COP
4	Allemagne	Non	Non	COP
5	Arabie saoudite	Oui, autres		COP
6	Argentine	Non	Oui, IM	COP
7	Arménie	Non	Non	COP
8	Australie	Non	Non	COP
9	Autriche	Non	Oui, IM	COP
10	Bangladesh*	Non	Non	COP
11	Bélarus	Non	Non	COP
12	Belgique	Non	Non	COP
13	Brésil	Oui, autres		COP
14	Bulgarie	Non	Non	COP

169 Pour ses conventions notifiées aux fins de l'IM, la Suisse choisit d'appliquer la disposition de la déclaration du préambule (article 6 de l'IM) et la règle COP (article 7 de l'IM).

15	Canada	Non	Non	COP
16	Chili	Non	Oui, IM	COP
17	Chine (République populaire de)	Non	Non	COP
18	Chypre*	Non	Oui, autres	COP
19	Colombie	Non	Non	COP
20	Corée	Oui, autres		COP
21	Côte d'Ivoire	Non	Non	COP
22	Croatie	Non	Non	COP
23	Danemark	Non	Non	COP
24	Égypte	Non	Non	COP
25	Émirats arabes unis	Non	Non	COP
26	Espagne	Non	Non	COP
27	Estonie	Non	Non	COP
28	États-Unis	Non	Non	LOB détaillée
29	Finlande	Non	Non	COP
30	France	Non	Non	COP
31	Géorgie	Non	Non	COP
32	Grèce	Non	Non	COP
33	Hong Kong (Chine)	Non	Non	COP
34	Hongrie	Non	Non	COP
35	Inde	Non	Non	COP
36	Indonésie	Non	Non	COP
37	Iran*	Non	Oui, autres	COP
38	Irlande	Oui, autres		COP
39	Islande	Non	Oui, IM	COP
40	Israël	Non	Non	COP
41	Italie	Non	Oui, IM	COP
42	Jamaïque	Non	Non	COP
43	Japon	Non	Non	COP + LOB
44	Kazakhstan	Non	Non	COP
45	Kirghizistan*	Non	Non	COP
46	Kosovo*	Oui, autres		COP
47	Koweït*	Non	Oui, autres	COP
48	Lettonie	Oui, autres		COP
49	Liechtenstein	Non	Oui, autres	COP
50	Lituanie	Non	Oui, IM	COP
51	Luxembourg	Oui, IM		COP
52	Macédoine du Nord	Non	Oui, autres	COP
53	Malaisie	Non	Non	COP
54	Malte	Non	Oui, autres	COP
55	Maroc	Non	Non	COP
56	Mexique	Non	Oui, IM	COP
57	Mongolie	Non	Non	COP
58	Monténégro	Non	Non	COP
59	Norvège	Oui, autres		COP
60	Nouvelle-Zélande	Oui, autres		COP
61	Oman	Non	Non	COP
62	Pakistan	Non	Non	COP
63	Pays-Bas	Oui, autres		COP
64	Pérou	Non	Non	COP
65	Philippines*	Non	Non	COP
66	Pologne	Non	Non	COP
67	Portugal	Non	Oui, IM	COP

68	Qatar	Non	Non	COP
69	République slovaque	Non	Non	COP
70	République tchèque	Non	Oui, IM	COP
71	Roumanie	Non	Non	COP
72	Royaume-Uni	Oui, autres		COP
73	Russie	Non	Non	COP
74	Serbie	Non	Non	COP
75	Singapour	Non	Non	COP
76	Slovénie	Non	Non	COP
77	Sri Lanka	Non	Non	COP
78	Suède	Oui, autres		COP
79	Tadjikistan*	Non	Non	COP
80	Thaïlande	Non	Non	COP
81	Trinité-et-Tobago	Non	Non	COP
82	Tunisie	Non	Non	COP
83	Turquie	Non	Oui, IM	COP
84	Ukraine	Oui, autres		COP
85	Uruguay	Non	Non	COP
86	Viet Nam	Non	Non	COP
87	Zambie	Oui, autres		COP

Autres conventions

	1. Partenaires conventionnels	2. Membre du Cadre inclusif
1	Antigua-et-Barbuda	Oui
2	Azerbaïdjan*	Non
3	Barbade	Oui
4	Belize	Oui
5	Dominique	Oui
6	Équateur*	Non
7	Gambie*	Non
8	Ghana*	Non
9	Grenade	Oui
10	Îles Vierges britanniques	Oui
11	Malawi*	Non
12	Moldova*	Non
13	Montserrat	Oui
14	Ouzbékistan*	Non
15	Sainte-Lucie	Oui
16	Saint-Kitts-et-Nevis	Oui
17	Saint-Vincent-et-les-Grenadines	Oui
18	Taipei chinois*	Non
19	Turkménistan*	Non
20	Venezuela*	Non

Thaïlande

A. Progrès dans la mise en œuvre du standard minimum

La Thaïlande compte 61 conventions fiscales en vigueur, comme l'indique sa réponse au questionnaire d'examen par les pairs. Aucune de ces conventions n'est conforme au standard minimum.

La Thaïlande n'a pas signé l'IM.

La Thaïlande a indiqué dans sa réponse au questionnaire d'examen par les pairs avoir pris des mesures (autres qu'au titre de l'IM) afin de mettre en œuvre le standard minimum dans ses conventions avec les Pays-Bas et la Norvège.

La Thaïlande a indiqué dans sa réponse au questionnaire d'examen par les pairs qu'elle prévoyait d'adhérer à l'IM. La Thaïlande a indiqué que son processus interne d'approbation de l'IM était en cours et qu'elle espérait pouvoir signer l'IM au début de 2022.

Dans sa réponse au questionnaire d'examen par les pairs, le Japon a indiqué que sa convention avec la Thaïlande ne soulevait pas de préoccupations importantes en matière de chalandage fiscal, au regard de sa juridiction.

B. Conclusion

La Thaïlande a élaboré un plan pour la mise en œuvre du standard minimum dans ses accords avec les pays suivants : Afrique du Sud, Allemagne, Arménie, Australie, Autriche, Bahreïn, Bélarus, Belgique, Bulgarie, Canada, Chili, Chine (République populaire de), Corée, Danemark, Émirats arabes unis, Espagne, Estonie, Fédération de Russie, Finlande, France, Hong Kong (Chine), Hongrie, Inde, Indonésie, Irlande, Israël, Italie, Japon, Luxembourg, Malaisie, Maurice, Nouvelle-Zélande, Oman, Pakistan, Pologne, République tchèque, Roumanie, Royaume-Uni, Seychelles, Singapour, Slovénie, Sri Lanka, Suède, Suisse, Turquie, Ukraine et Viet Nam. La Thaïlande a indiqué dans sa réponse au questionnaire d'examen par les pairs qu'elle prévoyait de signer l'IM au début de 2022, et de notifier la plupart de ses conventions à être couvertes par l'IM.

Synthèse de la réponse de la juridiction — Thaïlande

	1. Partenaires conventionnels	2. Conformité avec le standard	3. Signature d'un instrument de mise en conformité	4. Recours à la disposition relative au standard minimum
1	États-Unis	Non	Non	LOB détaillée
2	Norvège	Non	Non	
3	Pays-Bas	Non	Non	

Autres conventions

	1. Partenaires conventionnels	2. Membre du Cadre inclusif
1	Afrique du Sud	Oui
2	Allemagne	Oui
3	Arménie	Oui
4	Australie	Oui
5	Autriche	Oui
6	Bahreïn	Oui

7	Bangladesh*	Non
8	Bélarus	Oui
9	Belgique	Oui
10	Bulgarie	Oui
11	Cambodge*	Non
12	Canada	Oui
13	Chili	Oui
14	Chine (République populaire de)	Oui
15	Chypre*	Non
16	Corée	Oui
17	Danemark	Oui
18	Émirats arabes unis	Oui
19	Espagne	Oui
20	Estonie	Oui
21	Fédération de Russie	Oui
22	Finlande	Oui
23	France	Oui
24	Hong Kong (Chine)	Oui
25	Hongrie	Oui
26	Inde	Oui
27	Indonésie	Oui
28	Irlande	Oui
29	Israël	Oui
30	Italie	Oui
31	Japon	Oui
32	Koweït*	Non
33	Luxembourg	Oui
34	Malaisie	Oui
35	Maurice	Oui
36	Myanmar*	Non
37	Népal*	Non
38	Nouvelle-Zélande	Oui
39	Oman	Oui
40	Ouzbékistan*	Non
41	Pakistan	Oui
42	Philippines*	Non
43	Pologne	Oui
44	République démocratique populaire lao*	Non
45	République tchèque	Oui
46	Roumanie	Oui
47	Royaume-Uni	Oui
48	Seychelles	Oui
49	Singapour	Oui
50	Slovénie	Oui
51	Sri Lanka	Oui
52	Suède	Oui
53	Suisse	Oui
54	Tadjikistan*	Non
55	Taipei chinois*	Non
56	Turquie	Oui
57	Ukraine	Oui
58	Viet Nam	Oui

Trinité-et-Tobago

A. Progrès dans la mise en œuvre du standard minimum

Trinité-et-Tobago compte 17 conventions fiscales en vigueur, comme l'indique sa réponse au questionnaire d'examen par les pairs, y compris la convention multilatérale entre les membres de la CARICOM conclue avec dix de ses partenaires (la convention de la CARICOM)[170].

Aucune de ces conventions n'est conforme au standard minimum.

Trinité-et-Tobago n'a pas signé l'IM.

Trinité-et-Tobago a fourni une déclaration générale dans sa réponse au questionnaire d'examen par les pairs stipulant qu'il a l'intention de recourir à la règle détaillée de limitation des avantages dans le cadre de son engagement à mettre en œuvre le standard minimum.

B. Conclusion

La convention de la CARICOM n'est pas conforme au standard minimum à ce stade, et des discussions visant à la mettre à jour devraient être envisagées[171].

Synthèse de la réponse de la juridiction — Trinité-et-Tobago

	1. Partenaires conventionnels	2. Conformité avec le standard	3. Signature d'un instrument de mise en conformité	4. Recours à la disposition relative au standard minimum
1	Allemagne	Non	Non	
2	Antigua-et-Barbuda	Non	Non	
3	Barbade	Non	Non	
4	Belize	Non	Non	
5	Brésil	Non	Non	
6	Canada	Non	Non	
7	Chine (République populaire de)	Non	Non	
8	Danemark	Non	Non	
9	Dominique	Non	Non	
10	Espagne	Non	Non	
11	États-Unis	Non	Non	
12	France	Non	Non	

[170] Accord entre les gouvernements des États membres de la Communauté des Caraïbes tendant à éviter la double imposition et à prévenir l'évasion fiscale en matière d'impôts sur le revenu, sur les profits ou les gains en capital et pour l'encouragement du commerce régional et de l'investissement, Saint-Michel (Barbade), 6 juillet 1994 ; entre Antigua-et-Barbuda (18 février 1998), la Barbade (7 juillet 1995), le Belize (30 novembre 1994), la Dominique (19 juin 1996), la Grenade (1er mars 1996), le Guyana* (26 novembre 1997), la Jamaïque (16 février 1995), Saint-Kitts-et-Nevis (8 mai 1997), Sainte-Lucie (22 mai 1995), Saint-Vincent-et-les-Grenadines (12 février 1998) et Trinité-et-Tobago (29 novembre 1994). Au total, Trinité-et-Tobago a notifié 26 « accords » dans sa liste des conventions fiscales : 16 conventions bilatérales, et la convention de la CARICOM conclue avec dix de ses partenaires.

[171] Les révisions de la convention de la CARICOM nécessitent l'accord de ses onze partenaires.

13	Grenade	Non	Non	
14	Guyana*	Non	Non	
15	Inde	Non	Non	
16	Italie	Non	Non	
17	Jamaïque	Non	Non	
18	Luxembourg	Non	Non	
19	Norvège	Non	Non	
20	Royaume-Uni	Non	Non	
21	Sainte-Lucie	Non	Non	
22	Saint-Kitts-et-Nevis	Non	Non	
23	Saint-Vincent-et-les-Grenadines	Non	Non	
24	Suède	Non	Non	
25	Suisse	Non	Non	
26	Venezuela*	Non	Non	

Tunisie

A. Progrès dans la mise en œuvre du standard minimum

La Tunisie compte 56 conventions fiscales en vigueur, comme l'indique sa réponse au questionnaire d'examen par les pairs, y compris la Convention en matière d'impôts sur le revenu de l'Union du Maghreb arabe conclue avec quatre partenaires (la Convention UMA)[172]. Aucune de ces conventions n'est conforme au standard minimum.

La Tunisie a signé l'IM en 2018, et a notifié ses conventions non conformes[173]. Les conventions qui seront modifiées par l'IM deviendront conformes au standard minimum une fois que les dispositions de l'IM auront pris effet.

La Tunisie a indiqué dans sa réponse au questionnaire d'examen par les pairs avoir pris des mesures (autres qu'au titre de l'IM) afin de mettre en œuvre le standard minimum dans ses conventions avec l'Autriche, la Norvège, le Soudan* et la Suisse.

La Tunisie met en œuvre le standard minimum par l'inclusion de la déclaration du préambule et de la règle COP[174].

B. Conclusion

Recommandation

Il est recommandé que la Tunisie prenne les mesures nécessaires afin que l'IM prenne effet au regard de ses conventions fiscales notifiées aux fins de l'IM, car ces conventions ne seront modifiées par l'IM (et ne deviendront conformes au standard minimum) qu'une fois que les dispositions de l'IM auront pris effet.

Synthèse de la réponse de la juridiction — Tunisie

	1. Partenaires conventionnels	2. Conformité avec le standard	3. Signature d'un instrument de mise en conformité	4. Recours à la disposition relative au standard minimum
1	Afrique du Sud	Non	Oui, IM	COP
2	Algérie*	Non	Non	

[172] Au total, la Tunisie a identifié 59 « accords » dans sa liste des conventions fiscales : 55 conventions bilatérales et la Convention UMA, conclue avec quatre partenaires conventionnels.

[173] Bien que la Tunisie n'ait pas notifié toutes ses conventions non conformes dans sa liste provisoire de réserves et notifications au titre de l'IM (Position sur l'IM), elle a inclus ces conventions qui doivent être couvertes par l'IM dans son projet de Position définitive sur l'IM, qui sera soumis lors du dépôt par la Tunisie de son instrument de ratification de l'IM.

[174] Pour ses conventions notifiées aux fins de l'IM, la Tunisie choisit d'appliquer la disposition de la déclaration du préambule (article 6 de l'IM) et la règle COP (article 7 de l'IM).

3	Algérie* (UMA)	Non	Non	
4	Allemagne	Non	Non	
5	Arabie saoudite	Non	Oui, IM	COP
6	Autriche	Non	Non	COP
7	Belgique	Non	Oui, IM	COP
8	Burkina Faso	Non	Oui, IM	COP
9	Cameroun	Non	Oui, IM	COP
10	Canada	Non	Oui, IM	COP
11	Chine (République populaire de)	Non	Oui, IM	COP
12	Corée	Non	Oui, IM	COP
13	Côte d'Ivoire	Non	Oui, IM	COP
14	Danemark	Non	Oui, IM	COP
15	Égypte	Non	Oui, IM	COP
16	Émirats arabes unis	Non	Oui, IM	COP
17	Espagne	Non	Oui, IM	COP
18	États-Unis	Non	Non	
19	Éthiopie*	Non	Non	
20	France	Non	Oui, IM	COP
21	Grèce	Non	Oui, IM	COP
22	Hongrie	Non	Oui, IM	COP
23	Indonésie	Non	Non	
24	Iran*	Non	Non	
25	Italie	Non	Oui, IM	COP
26	Jordanie	Non	Oui, IM	COP
27	Koweït*	Non	Oui, IM	COP
28	Liban*	Non	Non	
29	Luxembourg	Non	Oui, IM	COP
30	Lybie*	Non	Non	
31	Lybie* (UMA)	Non	Non	
32	Mali*	Non	Non	
33	Malte	Non	Oui, IM	COP
34	Maroc	Non	Non	COP
35	Maroc (UMA)	Non	Non	
36	Maurice	Non	Oui, IM	COP
37	Mauritanie*	Non	Non	
38	Mauritanie* (UMA)	Non	Non	
39	Norvège	Non	Non	COP
40	Oman	Non	Oui, IM	COP
41	Pakistan	Non	Oui, IM	COP
42	Pays-Bas	Non	Oui, IM	COP
43	Pologne	Non	Oui, IM	COP
44	Portugal	Non	Oui, IM	COP
45	Qatar	Non	Non	
46	République slovaque	Non	Oui, IM	COP
47	République tchèque	Non	Non	
48	Roumanie	Non	Oui, IM	COP
49	Royaume-Uni	Non	Oui, IM	COP
50	Sénégal	Non	Oui, IM	COP
51	Serbie	Non	Oui, IM	COP
52	Singapour	Non	Oui, IM	COP
53	Soudan*	Non	Non	COP
54	Suède	Non	Oui, IM	COP
55	Suisse	Non	Non	COP

56	Syrie*	Non	Non	
57	Turquie	Non	Oui, IM	COP
58	Viet Nam	Non	Non	
59	Yémen*	Non	Non	

Turquie

A. Progrès dans la mise en œuvre du standard minimum

La Turquie compte 87 conventions fiscales en vigueur, comme l'indique sa réponse au questionnaire d'examen par les pairs. L'une de ces conventions, celle conclue avec le Rwanda*, est conforme au standard minimum.

La Turquie a signé l'IM en 2017 et a notifié ses conventions non conformes. Les conventions qui seront modifiées par l'IM deviendront conformes au standard minimum une fois que les dispositions de l'IM auront pris effet.

La Turquie a indiqué dans sa réponse au questionnaire d'examen par les pairs avoir pris des mesures (autres qu'au titre de l'IM) afin de mettre en œuvre le standard minimum dans sa convention avec la Corée.

La Turquie met en œuvre le standard minimum par l'inclusion de la déclaration du préambule et de la règle COP[175].

B. Conclusion

Recommandation

Il est recommandé que la Turquie prenne les mesures nécessaires afin que l'IM prenne effet au regard de ses conventions fiscales notifiées aux fins de l'IM, car ces conventions ne seront modifiées par l'IM (et ne deviendront conformes au standard minimum) qu'une fois que les dispositions de l'IM auront pris effet.

Synthèse de la réponse de la juridiction — Turquie

	1. Partenaires conventionnels	2. Conformité avec le standard	3. Signature d'un instrument de mise en conformité	4. Recours à la disposition relative au standard minimum
1	Afrique du Sud	Non	Oui, IM	COP
2	Albanie	Non	Oui, IM	COP
3	Algérie*	Non	Non	COP
4	Allemagne	Non	Oui, IM	COP
5	Arabie saoudite	Non	Oui, IM	COP
6	Australie	Non	Oui, IM	COP
7	Autriche	Non	Oui, IM	COP
8	Azerbaïdjan*	Non	Non	COP
9	Bahreïn	Non	Oui, IM	COP
10	Bangladesh*	Non	Non	COP
11	Bélarus	Non	Non	COP
12	Belgique	Non	Oui, IM	COP

175 Pour ses conventions notifiées aux fins de l'IM, la Turquie choisit d'appliquer la disposition de la déclaration du préambule (article 6 de l'IM) et la règle COP (article 7 de l'IM).

13	Bosnie-Herzégovine	Non	Oui, IM	COP
14	Brésil	Non	Non	COP
15	Bulgarie	Non	Oui, IM	COP
16	Canada	Non	Oui, IM	COP
17	Chine (République populaire de)	Non	Oui, IM	COP
18	Corée	Non	Non	COP
19	Croatie	Non	Oui, IM	COP
20	Danemark	Non	Oui, IM	COP
21	Égypte	Non	Oui, IM	COP
22	Émirats arabes unis	Non	Oui, IM	COP
23	Espagne	Non	Oui, IM	COP
24	Estonie	Non	Oui, IM	COP
25	États-Unis	Non	Non	COP
26	Éthiopie*	Non	Non	COP
27	Fédération de Russie	Non	Oui, IM	COP
28	Finlande	Non	Oui, IM	COP
29	France	Non	Oui, IM	COP
30	Gambie*	Non	Non	COP
31	Géorgie	Non	Oui, IM	COP
32	Grèce	Non	Oui, IM	COP
33	Hongrie	Non	Oui, IM	COP
34	Inde	Non	Oui, IM	COP
35	Indonésie	Non	Oui, IM	COP
36	Iran*	Non	Non	COP
37	Irlande	Non	Oui, IM	COP
38	Israël	Non	Oui, IM	COP
39	Italie	Non	Oui, IM	COP
40	Japon	Non	Oui, IM	COP
41	Jordanie	Non	Oui, IM	COP
42	Kazakhstan	Non	Oui, IM	COP
43	Kirghizistan*	Non	Non	COP
44	Kosovo*	Non	Non	COP
45	Koweït*	Non	Oui, IM	COP
46	Lettonie	Non	Oui, IM	COP
47	Liban*	Non	Non	COP
48	Lituanie	Non	Oui, IM	COP
49	Luxembourg	Non	Oui, IM	COP
50	Macédoine du Nord	Non	Oui, IM	COP
51	Malaisie	Non	Oui, IM	COP
52	Malte	Non	Oui, IM	COP
53	Maroc	Non	Oui, IM	COP
54	Mexique	Non	Oui, IM	COP
55	Moldova*	Non	Non	COP
56	Mongolie	Non	Non	COP
57	Monténégro	Non	Non	COP
58	Norvège	Non	Oui, IM	COP
59	Nouvelle-Zélande	Non	Oui, IM	COP
60	Oman	Non	Oui, IM	COP
61	Ouzbékistan*	Non	Non	COP
62	Pakistan	Non	Oui, IM	COP
63	Pays-Bas	Non	Oui, IM	COP
64	Philippines*	Non	Non	COP
65	Pologne	Non	Oui, IM	COP

66	Portugal	Non	Oui, IM	COP
67	Qatar	Non	Oui, IM	COP
68	République arabe syrienne*	Non	Non	COP
69	République slovaque	Non	Oui, IM	COP
70	République tchèque	Non	Oui, IM	COP
71	République turque de Chypre du Nord*	Non	Non	COP
72	Roumanie	Non	Oui, IM	COP
73	Royaume-Uni	Non	Oui, IM	COP
74	Rwanda*	Oui, autres		COP
75	Serbie	Non	Oui, IM	COP
76	Singapour	Non	Oui, IM	COP
77	Slovénie	Non	Oui, IM	COP
78	Soudan*	Non	Non	COP
79	Suède	Non	Oui, IM	COP
80	Suisse	Non	Oui, IM	COP
81	Tadjikistan*	Non	Non	COP
82	Thaïlande	Non	Non	COP
83	Tunisie	Non	Oui, IM	COP
84	Turkménistan*	Non	Non	COP
85	Ukraine	Non	Oui, IM	COP
86	Viet Nam	Non	Non	COP
87	Yémen*	Non	Non	COP

Ukraine

A. Progrès dans la mise en œuvre du standard minimum

L'Ukraine compte 75 conventions fiscales en vigueur, comme l'indique sa réponse au questionnaire d'examen par les pairs. Trente-et-une de ces conventions sont conformes au standard minimum.

L'Ukraine a signé l'IM en 2018 et a déposé son instrument de ratification le 8 août 2019. L'IM est entré en vigueur pour l'Ukraine le 1er décembre 2019. Les conventions qui seront modifiées par l'IM deviendront conformes au standard minimum une fois que les dispositions de l'IM auront pris effet.

L'Ukraine a également signé un instrument bilatéral de mise en conformité concernant ses conventions avec l'Espagne et les Pays-Bas.

L'Ukraine n'a pas notifié sa convention avec le Qatar comme devant être modifiée, mais a indiqué dans sa réponse au questionnaire d'examen par les pairs avoir pris des mesures (autres qu'au titre de l'IM) afin de mettre en œuvre le standard minimum dans ses conventions avec l'Allemagne et le Qatar.

L'Ukraine met en œuvre le standard minimum par l'inclusion de la déclaration du préambule et de la règle COP[176].

B. Conclusion

Aucune juridiction n'a signalé de préoccupation relative à ses conventions conclues avec l'Ukraine.

Synthèse de la réponse de la juridiction — Ukraine

	1. Partenaires conventionnels	2. Conformité avec le standard	3. Signature d'un instrument de mise en conformité	4. Recours à la disposition relative au standard minimum
1	Afrique du Sud	Non	Oui, IM	COP
2	Algérie*	Non	Non	COP
3	Allemagne	Non	Non	COP
4	Arabie saoudite	Oui, IM		COP
5	Arménie	Non	Oui, IM	COP
6	Autriche	Non	Non	COP
7	Azerbaïdjan*	Non	Non	COP
8	Bélarus	Non	Non	COP
9	Belgique	Oui, IM		COP
10	Brésil	Non	Non	COP
11	Bulgarie	Non	Oui, IM	COP
12	Canada	Oui, IM		COP
13	Chine (République populaire de)	Non	Oui, IM	COP
14	Chypre*	Oui, IM		COP
15	Corée	Oui, IM		COP
16	Croatie	Non	Oui, IM	COP
17	Danemark	Oui, IM		COP

176 Pour ses conventions notifiées aux fins de l'IM, l'Ukraine choisit d'appliquer la disposition de la déclaration du préambule (article 6 de l'IM) et la règle COP (article 7 de l'IM).

18	Égypte	Oui, IM		COP
19	Émirats arabes unis	Oui, IM		COP
20	Espagne	Non	Oui, autres	COP
21	Estonie	Non	Oui, IM	COP
22	États-Unis	Non	Non	COP
23	Fédération de Russie	Oui, IM		COP
24	Finlande	Oui, IM		COP
25	France	Oui, IM		COP
26	Géorgie	Non	Non	COP
27	Grèce	Non	Oui, IM	COP
28	Hongrie	Non	Oui, IM	COP
29	Inde	Oui, IM		COP
30	Indonésie	Non	Non	COP
31	Iran*	Non	Non	COP
32	Irlande	Oui, IM		COP
33	Islande	Oui, IM		COP
34	Israël	Oui, IM		COP
35	Italie	Non	Oui, IM	COP
36	Japon	Oui, IM		COP
37	Jordanie	Oui, IM		COP
38	Kazakhstan	Oui, IM		COP
39	Kirghizistan*	Non	Non	COP
40	Koweït*	Non	Non	COP
41	Lettonie	Oui, IM		COP
42	Liban*	Non	Non	COP
43	Lituanie	Oui, IM		COP
44	Luxembourg	Oui, IM		COP
45	Lybie*	Non	Non	COP
46	Macédoine du Nord	Non	Oui, IM	COP
47	Malaisie	Non	Non	COP
48	Malte	Oui, IM		COP
49	Maroc	Non	Oui, IM	COP
50	Mexique	Non	Oui, IM	COP
51	Moldova*	Non	Non	COP
52	Mongolie	Non	Non	COP
53	Monténégro	Non	Non	COP
54	Norvège	Non	Non	COP
55	Ouzbékistan*	Non	Non	COP
56	Pakistan	Oui, IM		COP
57	Pays-Bas	Non	Oui, autres	COP
58	Pologne	Oui, IM		COP
59	Portugal	Oui, IM		COP
60	Qatar	Non	Non	COP
61	République arabe syrienne*	Non	Non	COP
62	République slovaque	Oui, IM		COP
63	République tchèque	Non	Non	COP
64	Roumanie	Non	Oui, IM	COP
65	Royaume-Uni	Oui, autres		COP
66	Serbie	Oui, IM		COP
67	Singapour	Oui, IM		COP
68	Slovénie	Oui, IM		COP
69	Suède	Non	Oui, IM	COP
70	Suisse	Oui, autres		COP

71	Tadjikistan*	Non	Non	COP
72	Thaïlande	Non	Non	COP
73	Turkménistan*	Non	Non	COP
74	Turquie	Non	Oui, IM	COP
75	Viet Nam	Non	Non	COP

Uruguay

A. Progrès dans la mise en œuvre du standard minimum

L'Uruguay compte 22 conventions fiscales en vigueur, comme l'indique sa réponse au questionnaire d'examen par les pairs. Quatorze de ces conventions sont conformes au standard minimum.

L'Uruguay a signé l'IM en 2017, a déposé son instrument de ratification le 6 février 2020, et a notifié ses conventions fiscales non conformes. L'IM est entré en vigueur pour l'Uruguay le 1er juin 2020. Les conventions qui seront modifiées par l'IM deviendront conformes au standard minimum une fois que les dispositions de l'IM auront pris effet.

L'Uruguay met en œuvre le standard minimum par l'inclusion de la disposition de la déclaration du préambule et de la règle COP associée à la règle LOB[177].

B. Conclusion

Aucune juridiction n'a signalé de préoccupation relative à ses conventions conclues avec l'Uruguay.

Synthèse de la réponse de la juridiction — Uruguay

	1. Partenaires conventionnels	2. Conformité avec le standard	3. Signature d'un instrument de mise en conformité	4. Recours à la disposition relative au standard minimum
1	Allemagne	Non	Non	
2	Belgique	Oui, IM		COP
3	Chili	Oui, autres		COP et LOB
4	Corée	Oui, IM		COP
5	Émirats arabes unis	Oui, IM		COP
6	Équateur*	Non	Non	COP et LOB
7	Espagne	Non	Oui, IM	COP
8	Finlande	Oui, IM		COP
9	Hongrie	Non	Oui, IM	COP
10	Inde	Oui, IM		COP et LOB
11	Italie	Oui, autres		COP
12	Liechtenstein	Oui, IM		COP
13	Luxembourg	Oui, IM		COP
14	Malte	Oui, IM		COP
15	Mexique	Non	Oui, IM	COP et LOB
16	Paraguay	Oui, autres		COP et LOB
17	Portugal	Oui, IM		COP
18	Roumanie	Non	Oui, IM	COP
19	Royaume-Uni	Oui, IM		COP
20	Singapour	Oui, IM		COP
21	Suisse	Non	Non	
22	Viet Nam	Non	Non	COP

177 Pour ses conventions notifiées aux fins de l'IM, l'Uruguay choisit d'appliquer la disposition de la déclaration du préambule (article 6 de l'IM) et la règle COP (article 7 de l'IM). L'Uruguay a également opté pour la règle LOB simplifiée en vertu de l'article 7(6) de l'IM.

Viet Nam

A. Progrès dans la mise en œuvre du standard minimum

Le Viet Nam compte 76 conventions fiscales en vigueur, comme l'indique sa réponse au questionnaire d'examen par les pairs. Aucune de ces conventions n'est conforme au standard minimum.

Le Viet Nam n'a pas signé l'IM.

Le Viet Nam a indiqué dans sa réponse au questionnaire d'examen par les pairs qu'il prévoyait d'adhérer à l'IM au début de 2022.

Dans sa réponse au questionnaire d'examen par les pairs, le Japon a indiqué que sa convention avec le Viet Nam ne soulevait pas de préoccupations importantes en matière de chalandage fiscal, au regard de sa juridiction.

B. Conclusion

Le Viet Nam a élaboré un plan de mise en œuvre du standard minimum dans ses conventions avec l'Allemagne, l'Arabie saoudite, l'Australie, l'Autriche, le Bélarus, la Belgique, le Brunei Darussalam, la Bulgarie, le Canada, la Chine (République populaire de), la Croatie, la Corée, le Danemark, les Émirats arabes unis, l'Espagne, l'Estonie, la Fédération de Russie, la Finlande, la France, Hong Kong (Chine), la Hongrie, l'Islande, l'Inde, l'Indonésie, l'Irlande, Israël, l'Italie, le Japon, le Kazakhstan, la Lettonie, le Luxembourg, Macao (Chine), la Malaisie, Malte, le Maroc, la Mongolie, la Norvège, la Nouvelle-Zélande, les Pays-Bas, Oman, le Pakistan, le Panama, la Pologne, le Portugal, le Qatar, la République slovaque, la République tchèque, la Roumanie, le Royaume-Uni, le Sri Lanka, Saint-Marin, la Serbie, les Seychelles, Singapour, la Suède, la Suisse, la Thaïlande, la Tunisie, la Turquie, l'Ukraine et l'Uruguay.

Le Viet Nam a indiqué dans sa réponse au questionnaire d'examen par les pairs qu'il prévoyait de signer l'IM au début de 2022 et de notifier les conventions devant être couvertes par l'IM.

Autres conventions

Le tableau ci-après répertorie les conventions non conformes, qui ne font pas l'objet d'un instrument de mise en conformité, d'une déclaration générale relative à l'application d'une règle détaillée de limitation des avantages, et pour lesquelles aucune mesure n'a été prise en vue de mettre en œuvre le standard minimum.

	1. Partenaires conventionnels	2. Membre du Cadre inclusif
1	Allemagne	Oui
2	Arabie saoudite	Oui
3	Australie	Oui
4	Autorité palestinienne	Non
5	Autriche	Oui
6	Azerbaïdjan*	Non
7	Bangladesh*	Non
8	Bélarus	Oui
9	Belgique	Oui
10	Brunei Darussalam	Oui
11	Bulgarie	Oui

12	Cambodge*	Non
13	Canada	Oui
14	Chine (République populaire de)	Oui
15	Corée	Oui
16	Croatie	Oui
17	Cuba*	Non
18	Danemark	Oui
19	Émirats arabes unis	Oui
20	Espagne	Oui
21	Estonie	Oui
22	Fédération de Russie	Oui
23	Finlande	Oui
24	France	Oui
25	Hong Kong (Chine)	Oui
26	Hongrie	Oui
27	Inde	Oui
28	Indonésie	Oui
29	Iran*	Non
30	Irlande	Oui
31	Islande	Oui
32	Israël	Oui
33	Italie	Oui
34	Japon	Oui
35	Kazakhstan	Oui
36	Koweït*	Non
37	Lettonie	Oui
38	Luxembourg	Oui
39	Macao (Chine)	Oui
40	Malaisie	Oui
41	Malte	Oui
42	Maroc	Oui
43	Mongolie	Oui
44	Mozambique*	Non
45	Myanmar*	Non
46	Norvège	Oui
47	Nouvelle-Zélande	Oui
48	Oman	Oui
49	Ouzbékistan*	Non
50	Pakistan	Oui
51	Panama	Oui
52	Pays-Bas	Oui
53	Philippines*	Non
54	Pologne	Oui
55	Portugal	Oui
56	Qatar	Oui
57	République démocratique populaire lao*	Non
58	République populaire démocratique de Corée*	Non
59	République slovaque	Oui
60	République tchèque	Oui
61	Roumanie	Oui
62	Royaume-Uni	Oui
63	Saint-Marin	Oui

64	Serbie	Oui
65	Seychelles	Oui
66	Singapour	Oui
67	Sri Lanka	Oui
68	Suède	Oui
69	Suisse	Oui
70	Taipei chinois*	Non
71	Thaïlande	Oui
72	Tunisie	Oui
73	Turquie	Oui
74	Ukraine	Oui
75	Uruguay	Oui
76	Venezuela*	Non

Zambie

A. Progrès dans la mise en œuvre du standard minimum

La Zambie compte 23 conventions fiscales en vigueur, comme l'indique sa réponse au questionnaire d'examen par les pairs. L'une de ces conventions, celle conclue avec la Suisse, est conforme au standard minimum.

La Zambie n'a pas signé l'IM.

La Zambie a indiqué dans sa réponse au questionnaire d'examen par les pairs avoir pris des mesures (autres qu'au titre de l'IM) afin de mettre en œuvre le standard minimum dans ses conventions avec l'Afrique du Sud et l'Inde.

La Zambie met en œuvre le standard minimum par l'inclusion de la déclaration du préambule et de la règle COP.

Dans leurs réponses au questionnaire d'examen par les pairs, l'Allemagne et le Japon ont indiqué que leurs conventions avec la Zambie ne soulevaient pas de préoccupations importantes en matière de chalandage fiscal, au regard de leurs juridictions respectives.

B. Conclusion

La Zambie développe présentement, en consultation avec le Secrétariat, un plan de mise en œuvre du standard minimum dans ses conventions avec l'Allemagne, le Botswana, le Canada, la Chine (République populaire de), le Danemark, la Finlande, la France, l'Irlande, l'Italie, le Japon, le Kenya, le Maroc, la Norvège, les Pays-Bas, la Roumanie, le Royaume-Uni, les Seychelles et la Suède.

Synthèse de la réponse de la juridiction — Zambie

	1. Partenaires conventionnels	2. Conformité avec le standard	3. Signature d'un instrument de mise en conformité	4. Recours à la disposition relative au standard minimum
1	Afrique du Sud	Non	Non	COP
2	Inde	Non	Non	
3	Suisse	Oui, autres		COP

Autres conventions

	1. Partenaires conventionnels	2. Membre du Cadre inclusif
1	Allemagne	Oui
2	Botswana	Oui
3	Canada	Oui
4	Chine (République populaire de)	Oui
5	Danemark	Oui
6	Finlande	Oui
7	France	Oui
8	Irlande	Oui
9	Italie	Oui
10	Japon	Oui

11	Kenya	Oui
12	Maroc	Oui
13	Norvège	Oui
14	Ouganda*	Non
15	Pays-Bas	Oui
16	Roumanie	Oui
17	Royaume-Uni	Oui
18	Seychelles	Oui
19	Suède	Oui
20	Tanzanie*	Non

www.ingramcontent.com/pod-product-compliance
Lightning Source LLC
LaVergne TN
LVHW080643011026
849160LV00014B/1304